"十三五"江苏省重点图书出版规划项目
城市中心空间形态研究
杨俊宴／主编

城市中心体系时空行为大数据研究

史　宜　杨俊宴　著

东南大学出版社
SOUTHEAST UNIVERSITY PRESS
·南京·

内容提要

我国在经历二十世纪末的快速城市化进程后，城市规模急剧扩张、城市空间重组、市民消费能力提升，导致了中国城市中心体系的跨越式发展，中心体系空间结构的复杂化成为当下这一时期中国城市空间发展的重要特征。同时，新型城市化的时代背景和贯彻"以人为本"的城市建设理念转型，对中国城市中心体系的发展又提出了新的要求。本书采用空间本体视角和时空行为视角相结合的方式进行研究。在空间本体层面，依托上海城市中心体系的土地利用和空间形态数据，对上海城市中心体系的发展溯源、空间构成、形态特征进行了分析，并总结了传统空间视角进行城市中心体系研究的优势和局限。在时空行为层面，将手机信令数据所记录的时空行为信息与空间数据相结合，分析上海城市中心体系的时空行为分布和行为规律，从时空行为视角对城市中心体系定义进行重新阐述，探讨了城市中心体系空间识别、等级界定、形态建构的方法，并提出城市中心体系"叠环"空间形态模型。期望通过本书的研究，促进城市规划及管理更加关注城市空间使用者的行为制约及能动因素，深入了解居民个性化的服务需求，从而使城市规划更加精细、社会管理更加智慧、居民服务更加个性。

图书在版编目（CIP）数据

城市中心体系时空行为大数据研究 / 史宜，杨俊宴著.

南京：东南大学出版社，2020.12（2024.1重印）

（城市中心空间形态研究 / 杨俊宴主编）

ISBN 978-7-5641-9259-4

Ⅰ.①城… Ⅱ.①史… ②杨… Ⅲ.①数据处理–应用–现代化城市–城市建设–研究 Ⅳ.① C912.81-39

中国版本图书馆 CIP 数据核字（2020）第 244417 号

城市中心体系时空行为大数据研究
Chengshi Zhongxin Tixi Shikong Xingwei Dashuju Yanjiu

著　　者	史　宜　杨俊宴
出版发行	东南大学出版社
社　　址	南京市四牌楼 2 号　邮编：210096
出 版 人	江建中
责任编辑	丁　丁
网　　址	http://www.seupress.com
电子邮箱	press@seupress.com
经　　销	全国各地新华书店
印　　刷	苏州市古得堡数码印刷有限公司
开　　本	787mm×1092mm　1/16
印　　张	14.75
字　　数	368 千字
版　　次	2020 年 12 月第 1 版
印　　次	2024 年 1 月第 2 次印刷
书　　号	ISBN 978-7-5641-9259-4
定　　价	78.00 元

本社图书若有印装质量问题，请直接与营销部联系. 电话：025-83791830

丛书序

进入 21 世纪以来，中国的城市化进程不断深化，到了发展转型的中后期。新型城镇化的发展理念引领城市建设向提升城市文化及公共服务等内涵式增长转变，使得城市文化、公共服务及经济活动最为集中的城市中心区成为新型城镇化建设的核心要素之一，而城市中心区科学有序地发展，也成为带动新型城镇化全面深化的关键。在此基础上，近年来国家重大基础设施的建设，特别是高速铁路网络的建设发展及城市内部轨道交通网络的不断发展及完善，促进了新的城市中心类型的出现，进而推动了城市中心公共服务体系的不断演进及完善，大量现代服务业开始在城市中心区形成新的集聚。中心区这些前所未有的发展与变化，吸引了国际社会的广泛关注，也对广大学者从更高、更广的国际视野研究城市中心区的新问题，提出了更多的要求与挑战。东南大学建筑学院是较早关注城市中心区规划研究的院校，在学界有一定影响。本丛书主编杨俊宴为东南大学城市中心区研究所所长，通过国际 200 多个城市空间大模型数据库的横向建构和南京中心近 40 年的纵向持续跟踪研究，先后主持了 4 项国家自然科学基金项目，取得了系列创新的成果。本丛书着眼于未来 10～30 年城市中心研究的前沿动态，包括国际城市中心区的极化现象、空间结构、空间集约利用、中心体系等研究，包含了多项国家级课题内涵，并结合作者重大规划项目的实践，提出中国本土城市化过程中对城市中心的理论与方法体系建构，具有以下几个特点：

1. 对城市中心研究的理论体系具有前沿性。在中国城市化走向中后期深化阶段的特殊时期，大量特大城市、超大城市的紧凑集聚是其主要特征。城市中心的发展承载了这种主要特征，出现大量多核化、极核化的发展态势；同时，中国特有的高密度中心城市也出现了空间品质低下、特色湮灭等问题，而相关的研究在我国规划界的应用尚未全面展开，许多规划工作者都是根据自己实践的感性探索来提出解决规划。本丛书依托作者主持的多项国家自然科学基金项目，住建部、教育部等课题，在多年规划实践积累的基础上，深入城市中心的前沿研究领域，系统地从空间形态角度就如何应对城市中心的这种发展态势，提出中国特色的城市化理论体系。

2. 理论联系实际，具有较强的实用性。城市规划上升为一级学科后，对于其学科核心理论的争论一直是热点问题。本丛书以城市空间形态的视角，紧扣城市规划学科的最核心理论方法，从空间集聚到空间分析方法，更具有全面性，所有技术方法均有切身参加的大量城市中心案例分析为依托，凝练在规划设计实践应用，阐述更深入。

3. 多学科协作的团队力量。本丛书依托多个科研协作团队力量，作者群跨越城市服务产业、空间物理环境、城市交通等交叉学科，具有全面覆盖的特点。主编具有建筑设计、城市规划、人文地理等多重学科背景，也主持了不同类别中心区的规划项目，能够全面把握城市中心未来的发展态势并对其进行系统解析。

4. 第一手的研究资料和分析方法。本丛书的基础资料完全为杨俊宴工作室近 10 年来在国内外城市中心区的定量建模数据库，均为第一手空间资料；研究所采用的技术方法很多也为原创性的国家技术发明专利。无论是对于规划设计师、科研工作者、规划管理者还是对于院校学生，都具有极强的吸引力。城市中心区的研究是一项系统而复杂的工作，涉及城市规划、经济社会、道路交通、景观环境等诸多学科和方面，且各个方面相互影响、相互融合，形成了一个复杂的整体系统，因此具有相当大的研究难度。然而城市中心区又是一个与城市发展及市民生活息息相关的场所，具有非常重要的研究意义及价值。这套丛书沿承了东南大学城市中心区及空间形态的研究特色，在城市中心区理论体系、结构模式、定量研究等方面做出探索与突破，我也希望这套丛书可以为我国城市中心区的深化研究提供一个基础与平台，也期待更多学界人士共同参与其中，为城市中心区的发展，也为中国城市化的道路提供更多科学的指导。

吴明伟

2016 年 7 月

前　言

20世纪后半叶，随着经济全球化和城市化进程的加快，使得部分城市公共服务设施出现了新的空间结构现象——服务业向城市多个中心区聚集，并出现中心区职能分工和空间错位发展的趋向，即城市中心体系的形成。改革开放以来，我国所处的快速城市化进程中城市规模、城市人口总量、城市化水平始终处于上升态势，城市化所带来的城市空间的急剧扩张，必然导致城市中心体系的相应增长。由于城市在国际、区域范围内总体定位、自然条件、区域环境、社会文化等多方面因素的不同，国内外城市中心体系的发展阶段和成熟度各不相同：东京已经形成包含四个主中心的"多中心网络"结构，伦敦、北京、上海和香港等城市在"两主多副"基础上已经形成相对成熟的城市中心体系；广州、武汉和厦门等城市也逐步进入"两主多副"结构的发展阶段；南京、深圳、杭州、郑州等城市正在从"一主多副"的中心体系结构向更高方向发展。可以预见，伴随着中心体系的跨越式发展，中心体系空间结构的复杂化将成为当下这一时期中国城市空间发展的重要特征。

作者在多年的以城市中心区为对象的城市定量研究工作中迫切体会到，拓展传统空间本体视角研究方法，将人群时空行为分析等方法引入城市空间研究的重要性。无论是在宏观城市层面，还是在微观建筑层面，城市规划的根本目标始终是为社会大众提供舒适、合理、易于使用的物质空间和社会空间。人是空间规划的主体，人的活动是其中的主要内容。城市中心区作为城市重要的公共空间，集聚着众多的市民，产生巨大的经济效益。中心区能否最大限度地满足使用者的需求，其空间是否便于消费者、工作者的使用，并且产生最大的经济效益，必须要通过中心区空间的使用者——市民的行为来进行评判。本书由此引发，基于手机信令数据获取的人群时空行为，记录市民如何到达、使用、停留和离开中心区，对城市中心体系空间的使用者的行为模式、使用规律进行详细解析，研究中心区的布局、规模和形态与周边人口布局的关系，以及市民的通勤行为、消费行为和居住行为对城市中心区功能形态的影响，达到从使用者——人的层面了解中心体系空间运行规律的目的。

期望通过本书的研究，促进城市规划与管理专业人士更加关注城市空间使用者的行为能动因素，深入了解居民个性化的服务需求，为我国未来城市中心体系的规划管理提供科学依据，使城市规划更加精细、社会管理更加智慧、居民服务更加个性。

目 录

第一章 绪论 ·· 1
  1.1 城市中心体系及其构成要素 ··· 1
    1.1.1 城市中心体系相关概念和内涵 ·· 1
    1.1.2 城市中心体系的等级构成 ·· 4
    1.1.3 城市中心体系的结构类型 ·· 5
    1.1.4 城市中心体系的阶段演变 ·· 7
  1.2 城市中心体系空间研究进展 ··· 9
    1.2.1 中心体系早期研究与反思 ·· 9
    1.2.2 城市中心体系的空间结构 ·· 10
    1.2.3 城市中心体系的空间形态 ·· 10
    1.2.4 城市中心体系研究技术方法 ·· 11
  1.3 基于手机信令数据的时空行为研究进展 ·· 12
    1.3.1 基于手机信令数据的城市空间研究 ··· 12
    1.3.2 基于手机信令数据的行为密度算法 ··· 12
    1.3.3 手机信令数据研究的优势及局限 ·· 16
  1.4 研究目的及意义 ·· 17
    1.4.1 研究背景 ··· 17
    1.4.2 研究目的 ··· 20
    1.4.3 研究意义 ··· 20
  1.5 研究方法及技术路线 ··· 21
    1.5.1 研究对象选择 ·· 21
    1.5.2 研究方法 ··· 28
    1.5.3 研究技术路线 ·· 30

第二章 空间本体视角下的中心体系形态解析 ·· 31
  2.1 上海城市中心体系的发展历程 ·· 31
    2.1.1 外滩开埠：单中心区萌芽阶段 ··· 31
    2.1.2 远东大都市：单中心区成熟阶段 ·· 32
    2.1.3 改革开放：一主多副发展阶段 ··· 33
    2.1.4 跨江发展：两主多副发展阶段 ··· 35
  2.2 空间视角下的城市中心体系界定方法 ·· 38

2.2.1　城市中心区空间界定方法 ································· 38
　　2.2.2　城市中心体系等级界定方法 ····························· 43
2.3　上海城市中心体系发展现状 ··· 50
　　2.3.1　上海中心体系总体概况 ····································· 51
　　2.3.2　上海主中心区发展现状 ····································· 52
　　2.3.3　上海副中心区发展现状 ····································· 57
　　2.3.4　上海片区级中心区发展现状 ······························ 63
2.4　上海城市中心体系空间形态分析 ································· 65
　　2.4.1　中心体系建设强度分析 ····································· 65
　　2.4.2　中心体系建筑密度分析 ····································· 74
　　2.4.3　中心体系高度分析 ·· 82
　　2.4.4　中心体系路网结构分析 ····································· 91
2.5　传统中心体系空间研究的优势和局限 ·························· 100

第三章　城市中心体系的时空动态特征 ································· 103
3.1　基于手机数据的行为密度计算 ···································· 103
　　3.1.1　三维活动空间视角的行为密度计算方法 ············· 103
　　3.1.2　上海行为密度计算实证研究 ······························ 106
　　3.1.3　上海行为密度计算结果的验证与讨论 ················ 112
3.2　城市中心体系的行为密度特征 ···································· 114
　　3.2.1　城市中心体系个体行为的类型构成 ··················· 114
　　3.2.2　城市中心体系设施布局与行为密度的相关性分析 ··· 116
3.3　城市中心体系设施布局与个体行为密度的动态关联规律 ··· 121
　　3.3.1　城市中心体系"行为—空间"动态关联规律 ········ 121
　　3.3.2　工作日/节假日行为差异对中心体系动态关联的影响 ··· 124
　　3.3.3　季节行为差异对中心体系动态关联的影响 ········· 125

第四章　时空行为视角下城市中心体系的新内涵 ··················· 129
4.1　城市中心体系的重新界定 ··· 129
　　4.1.1　中心区与时空行为的空间异化作用 ··················· 129
　　4.1.2　中心体系与时空行为的空间选择作用 ················ 133
4.2　上海行为密度分布呈现多中心结构 ···························· 135
　　4.2.1　单核心模型检验 ··· 135
　　4.2.2　多核心模型检验 ··· 138
4.3　基于行为密度的城市中心体系识别 ···························· 140
　　4.3.1　基于昼间行为密度识别中心区 ··························· 140
　　4.3.2　基于夜间行为密度识别居住地 ··························· 142

第五章　时空行为视角下的城市中心体系等级结构 … 144
5.1　从行为密度视角测定中心体系等级 … 144
5.1.1　中心区等级 … 144
5.1.2　居住地等级 … 148
5.2　从行为距离视角测定中心体系等级 … 153
5.2.1　中心区等级 … 155
5.2.2　居住地等级 … 157
5.3　中心体系等级构成综合判定 … 163
5.3.1　两种视角测定结果的比较 … 163
5.3.2　中心体系等级构成的综合判定 … 165

第六章　时空行为视角下的城市中心体系"叠环"空间模型 … 168
6.1　单中心区空间结构：环形单元 … 168
6.1.1　"环形单元"结构的发现 … 168
6.1.2　环形单元的概念内涵 … 170
6.2　多中心区复合结构："叠环"规律 … 172
6.2.1　中心体系的空间演化律："叠环"形态生长链 … 172
6.2.2　中心体系的等级扩展律："叠环"能级衰减链 … 176
6.2.3　中心体系的职住熵减律："叠环"职住分离链 … 177
6.3　城市中心体系的"叠环"空间模型 … 179
6.3.1　一级中心区 … 180
6.3.2　二级中心区 … 182
6.3.3　三级中心区 … 184
6.3.4　四级中心区 … 186
6.3.5　上海"叠环"空间模型总体结构 … 188

第七章　总结与讨论 … 193
7.1　研究总结 … 193
7.1.1　本书的主要研究观点总结 … 193
7.1.2　本书的主要创新点总结 … 195
7.2　对本研究的反思与辨析 … 196
7.3　研究的不足及未来的研究方向 … 198
结语 … 199

参考文献 … 200
中文文献 … 200
英文文献 … 206

彩图附录 … 213

第一章 绪论

1.1 城市中心体系及其构成要素

20世纪后半叶,随着经济全球化和城市化进程的加快,部分城市公共服务设施出现了新的空间结构现象——服务业向城市多个中心区聚集,并出现中心区职能分工和空间错位发展的趋向,即城市中心体系的形成。

1.1.1 城市中心体系相关概念和内涵

在本书的研究过程中,会涉及以下几个重要的概念。其中有的概念在学术界已有公认的定义,有的还尚未形成共识,因此在此进行简要的分析和界定。

1)城市中心区

城市中心区是本研究的重要概念,由于中心区自身的演变和各类理论研究者侧重角度的不同,导致了中心区在概念上的多义性和模糊性。具体的城市规划者和专业研究人员,从不同学科视角,对中心区有着不尽相同乃至相去甚远的看法和理解。为了避免在讨论这一概念时可能产生的混淆或障碍,有必要对中心区概念进行界定分析。

城市中心区,也被称为公共中心,在综合性辞典及专业词典中都有相应的阐述(表1.1),对《中国大百科全书:建筑 园林 城市规划》《土木建筑工程词典》等相关词典定义进行综合归纳,可以相对整体地看出城市中心区的概念特征。

表1.1 相关词典文献释义表

字词名目	文献名称	阐述角度	主要观点
"公共"	《辞海》	辐射范围 服务对象	从定义上指出,城市中心区作为城市核心,其辐射范围为整个城市,服务对象为全体市民
	《英汉辞海》	社会属性 服务对象	从社会服务的角度强调中心区的开放性与可进入性,同时也说明了其服务对象为全体市民
"中心"	《辞海》	空间区位 等级地位	城市中心在进行空间区位选择时,会使当地靠近城市几何中心;同时其在整个城市内部处于主导地位,起到主干作用
"城市中心"	《中国大百科全书》	社会活动	强调城市中心的公共性和开放性,同时也指明了各中心区之间存在规模和服务半径等方面的等级差异

续表 1.1

字词名目	文献名称	阐述角度	主要观点
"城市中心"	《建筑大辞典》	物质空间形态	强调了中心区在空间、尺度以及设施方面与城市其他区域的差异,也着重阐述了各中心区间的功能错位发展形成中心体系
	《土木建筑工程词典》	功能业态	强调中心区功能的公众性和混合性,明确中心区的核心地位和交通支撑的重要性

* 资料来源：作者根据相关文献整理

由于中心区划分标准的多样性,并不存在一个唯一的概念定义标准,但可以发现其中诸多的理解与认识的相似之处：在空间视角下,城市中心区是公共服务设施聚集的产物,在历史上,随着城市各职能用地的集聚效益导致城市空间的地域分化,其中的商业、办公、行政、文化等公共服务职能在市场经济的推动下相对集聚,这些集聚的物质空间形态逐渐形成城市中心区。因此,就其空间要素而言,中心区主要指各类公共服务设施的集聚区。

上述基于空间视角对城市中心区的界定中,杨俊宴(2013)在《城市中心区规划设计理论与方法》中的论述获得较多的共识：城市中心区是位于城市功能结构的核心地带,以高度集聚的公共设施及街道交通为空间载体,以特色鲜明的公共建筑和开放空间为景观形象,以种类齐全完善的服务产业和公共活动为经营内容,凝聚着市民心理认同的物质空间形态。

2) 城市中心体系

城市中心体系可看作是城市内部各中心区构成的整体,作为城市内部公共服务设施的空间核点,其主要的构成单元为城市主中心区-副中心区-区级中心。但是城市中心体系又不能简单地看作是所有中心区的叠加。《辞海》指出："所谓'体系'即指若干有关事物互相联系、互相制约而构成的一个整体。"该定义强调的是相互联系性和统一整体性,城市的多个中心区作为城市的重要组成部分,相互之间必然会存在一定程度的互动；同时共生于城市内形成统一的整体,共同发挥城市中心职能,引领城市服务产业的聚集和发展。

城市中心体系的形成是随着城市的发展,城市人口和用地规模的扩大以及承担职能的多元化而带来的城市空间结构的变化。在这一过程中,城市空间结构的变化直接影响着城市服务产业集聚的空间区位选择。城市中心体系的形成大致经历了如下的发展历程：城市的商业贸易、公共活动不断聚集衍生出城市中心区,城市中心区成为一个城市的公共活动和交流的重要场所空间；随着工业化进程的加快,城市人口及用地规模急剧增长,城市中心区逐步拓展规模并进行产业升级,在发展过程中受到基础设施及辐射范围等因素的限制,城市中心由单个中心区开始分裂,并重组为多个中心区的发展阶段,形成多中心的城市结构,而各中心区之间的相互关系即构成了城市的中心体系。

城市规模的扩大和经济水平的提升直接带来的结果是城市服务机构和市场服务需求的增加,在空间上就是城市中心区数量的增加；而服务产业规模的增加和功能的细化,又导致中心区主体内容的多样化,不同职能服务业的同类聚集产生了城市的不同职能的专业中心。城市中心区作为服务业的空间载体,随着城市的拓展和服务产业的发展,单一中心也发展为多个中心区,由于功能、等级、区位、规模的差异,逐步形成多样化的城市中心体系。

在空间视角下，城市中心体系被定义为：在一个城市中，由不同主导职能、不同等级规模、不同服务范围的中心区集合构成的联系密切、互相依存的有机整体。在城市内部，城市中心体系呈现出两种不同层面的功能效用：在宏观层面，中心体系作为一个整体带动着城市的经济和产业向前发展，参与到激烈的市场和全球化竞争网络中去；在中观层面，中心体系内部的各中心区之间又存在相互竞争、相互合作的紧密联系，同时也由于各种自然人文的要素差异，导致了中心区之间的空间差异化和业态错位发展。

一般来说，城市中心体系具有以下特征：

（1）整体性：中心体系作为一个整体而存在，体系内的各中心区以城市交通为基础通道，在产业、市场、信息流、资金流、物流等方面紧密联系，其中一个中心区的变迁必将导致体系内其他中心区的相应变化。最为明显的例子就是在市场竞争作用的推动下各中心区产业之间的错位发展：主中心区发展商务办公、大型商业等综合产业，副中心区积极发展特色商业、娱乐休闲、文化艺术、商贸批发等错位服务产业，区级中心则发展日用百货零售、餐饮娱乐等辐射本片区的生活服务业，主－副－区各级中心共同构成了服务于城市的完整第三产业群。这不仅是市场有效调配资源的结果，同时也凸显出中心体系作为一个整体受到规划政策调控的可能性和必要性。中心体系作为城市服务的重要构架，面向的是全部的城市居民，甚至城市外部居民，因此中心体系的服务范围涵盖整个城市区域，构成一个完整的城市服务系统。

（2）等级性：中心体系内各中心区体现出强烈的等级关系，根据所承担的职能、服务对象和服务范围的不同，中心区可以划分为市级和区级；两者之间的等级关系造就了其内部服务产业的等级分化，业态档次出现了明显的高低端分布；同时结构等级差异带来的是中心区空间规模的等级化。从国内城市中心体系内部各中心区间的首位度比较来看，上海最综合的人民广场中心区总建筑面积首位度为1.9，北京最大的朝阳中心区建筑面积首位度为2.0。从主副中心区之间的级差比较来看，广州主中心区与副中心区用地级差比为3.1∶1，建筑面积级差比为3.2∶1；北京主副中心区建筑面积级差比为3.5∶1，上海主副中心区建筑面积级差比为4.3∶1，均呈现出较为强烈的等级差异。

（3）差异性：中心体系内各中心区主导功能出现了明显的差异化分工，尤其以专业性中心区为甚，如出现了商业中心区、商务中心区等；但从体系整体角度来看的话，各中心区的主导服务产业错位发展、分工协作，共同构成了服务于整个城市的完整构架。以广州为例，中心体系内各中心区产业发展形成了各自特色，如北京路中心区以零售商业、贸易咨询、行政办公为主导；三元里中心区则以会展、贸易咨询等产业为主导。

（4）非均衡性：中心体系内各中心区是城市建设的核心，也是空间发展的聚集点，具有强烈的内聚作用，其等级越高、规模越大，内向性就越强，空间聚集度就越高。从产业角度分析，中心体系集聚了城市内部绝大部分服务产业，形成服务产业的集聚核心；从空间形态分析，中心体系内部的开发强度和建设密度均与周边地区形成强烈反差；从交通便捷程度分析，各中心区内部均具备城市中最为优越的交通条件，可达性较高，同时疏散能力也较强；从整个城市角度观察，中心体系就是城市建成区内分布的多个大型公共服务设施空间的集聚，其空间分布具有强烈的非均衡性。

1.1.2 城市中心体系的等级构成

城市中心体系内各个中心区之间也存在较大的差异，基于空间区位、服务范围、规模等级、主导职能、产业特征、经营模式等划分标准，可以将城市中心体系内的中心区划分为两个等级：市级中心区、片区级中心区。其中市级中心区主要为整个城市乃至更大的区域范围服务，根据服务类型差异分为综合职能型和专业职能型两种，分别对应于主中心区和副中心区，副中心区又可以分为生活服务副中心区、生产服务副中心区、公益服务副中心区等类型；而片区级中心区则主要为所在片区提供日常公共服务（图1.1）。主中心区、副中心区、片区级中心区的具体定义见表1.2。

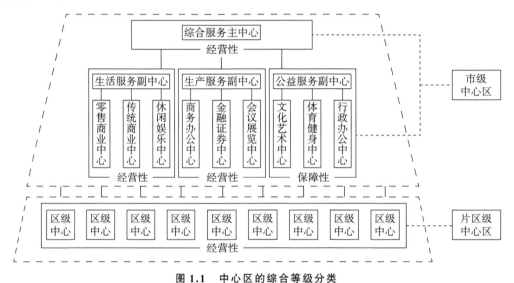

图 1.1　中心区的综合等级分类
* 资料来源：作者绘制

表 1.2　城市中心区相关分类定义

城市中心区	分类	描　　述
市级中心区	主中心区	市级综合性中心区，是城市结构和功能的核心地区，是城市公共建筑和第三产业的综合集中地，为城市提供经济、文化社会等活动设施和服务空间，并在空间特征上有别于城市其他地区，主导职能为商业餐饮、商务办公、文化娱乐、信息咨询等。作为城市政治、经济、文化等活动的聚集核，以及城市公共建筑和第三产业的衍生地域，集中体现城市的经济社会发展水平，承担经济运作和公共管理职能，其服务辐射整个城市范围。在高度发达成熟的主中心区内，由于其庞大的空间规模，结构逐步演化为各类错位发展的硬核与亚核聚集区，共同构成综合服务职能

续表 1.2

城市中心区	分类	描述
市级中心区	副中心区	市级专业性中心区，对主中心区起到辅助职能，它以某一类或两类市级专业性服务职能为主导，单类公共活动高度集中，其专业服务辐射整个城市范围。副中心区除了发挥其城市副中心区职能外，通常与片区级中心联动发展，起到带动新城发展的职能，因此很多副中心区兼有新城区级中心的职能，叠加的中心定位要求其用地规模和建筑规模达到一定门槛数量，才能起到其应有的职能作用。如特大城市的副中心区一般要在 1 km² 以上，才能起到足够的聚集效应，发挥其应有的职能作用。与服务产业的生活服务业、生产服务业和公益服务业对应的，城市副中心区通常也包含生活服务副中心区、生产服务副中心区和公益服务副中心区三类 ① 生活服务副中心区：以零售商业、娱乐休闲、餐饮消费等职能为主导，为城市提供生活消费的专业服务集中区，如传统商业中心区、休闲娱乐中心区、大宗零售购物中心区等 ② 生产服务副中心区：以金融证券保险、总部办公、贸易办公、技术咨询、会议展览等职能为主导，为城市和区域提供商务管理的专业服务集中区，如商务中心区、会展中心区等 ③ 公益服务副中心区：以行政管理、教育科研、体育文化、医疗卫生、交通枢纽等职能为主导，为城市提供公益保障的专业服务集中区，如行政中心区、体育文化中心区等
片区级中心区		城市二级中心区，主要为政策分区相对独立的地区或为行政区范围提供服务的公共中心。它是片区内部服务功能的载体，作为城市片区功能体的经济、政治、文化等活动的集聚核，对所服务的片区起到综合服务职能，根据其服务范围的不同，区级中心的用地规模、业态档次相差很大

* 资料来源：作者绘制

1.1.3 城市中心体系的结构类型

从城市中心体系的整体结构入手，可将其分为以下三种类型："一主多副"结构、"两主多副"结构以及"多主中心区"结构。城市的发展具有明显的阶段性，每个不同的阶段呈现出不同的城市空间形态，而中心体系则是城市空间形态的结构骨架之一，因此三种中心体系形态也从一个侧面反映出城市发展的不同阶段。

1) "一主多副"结构

在城市内部出现一个主中心区、多个副中心区以及一定数量的区级中心，这些公共服务中心共同构成城市中心体系，即为"一主多副"中心体系（图1.2）。

从功能产业角度分析，该形态是由一个城市综合主公共服务中心区、多个专业公共服务副中心区以及一定数量的服务本片区的区级中心共同构成。主中心区功能的产业不论是从规模大小、业态档次、产业活力、业态混合度等方面上均在整个中心体系内拥有绝对的首位度优势，主中心区作为城市发展的核心和"龙头"，带领其他副中心区和区级中心共同发展，进而带动城市乃至所在区域的服务业发展；从中心区建设规模和用地规模分析，主中心区同样保持着绝对的统治地位，与副中心区间的首位度较大；从交通环境考虑，主中心区占据着城市中最为有利的交通优势，交通可达性较高，同时未来交通的建设同样会最大限度地考虑主中心区的发展；从空间结构分析，主中心区一般位于城市相对中心的位置，外围环绕着多个副中心区和区级中心，形成一种"核心－边缘"结构模式；从发展历程来看，主中心区一般经历了较长时间的发展，经历过产业升级、功能置换与业态混合，最终形成多主导产业混合化的城市综合公共服务中心区，副中心区有些是服务产业在长期的历史积淀中逐步发展而来，有些则是在快速城市化过程中通过新城建设而培育生成。处于此发展阶段的城市主要有大阪、南京、沈阳、大连和厦门等。

2)"两主多副"结构

在城市内部出现了两个同等级的主中心区、多个副中心区以及一定数量的区级中心，共同构成城市的中心体系，即为"两主多副"中心体系（图1.3）。

与"一主多副"中心体系相比较，"两主多副"的中心体系内部又发展出一个新的城市主中心区，这种主中心区数量结构的变化带来中心体系特征的整体变化。从功能产业角度分析，该形态是由两个城市综合主公共服务中心区、多个专业次公共服务中心区以及一定数量的片区服务中心共同构成的城市中心体系。一般来说，新产生的主中心区，其主导产业会倾向于商务办公、金融保险等现代服务产业和高端大型综合商业，而原有的主中心区则主要以零售商业、休闲娱乐与商务办公为主，两个主中心区之间存在着产业的联动错位发展。从中心区建设规模和用地规模首位度角度分析看，由于两个主中心区的出现，中心体系内部首位度急剧变化，随着新的主中心区规模档次发展提高，逐步赶上甚至超过既有的主中心区，中心体系的地理重心开始迁移，首位度也出现了一个先减小后又变大的变化过程。从空间结构分析，新主中心区的出现区位一般会离既有主中心区有一定的空间距离，而且与城市主要发展方向相吻合，原因是若距离旧主中心区过近，新主中心区将受到旧主中心区过强的吸引力，导致其内部高端服务产业无法集聚，而若距离旧主中心区过远，又会造成新主中心区的孤立，同样不利于其发展。两个主中心区外围环绕的多个副中心区，会形成"哑铃"状空间结构。从发展历程来看，新主中心区一般是由原来的副中心区逐渐发展而来，由于具备交通区位、服务范围、土地存量、拆建成本等方面的发展优势而逐步发展成为城市主中心区。中心体系处于"两主多副"发展阶段的案例城市主要有香港、北京、上海、广州、深圳等。

3)"多主中心区"结构

在城市内部出现三个或者三个以上主中心区、多个副中心区以及数量极大的区级中心，所有的公共服务中心共同构成城市内网络节点状的中心体系，即为"多主

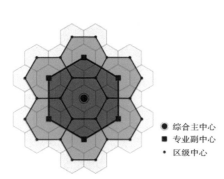

图1.2 "一主多副"中心体系抽象结构

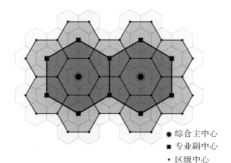

图1.3 "两主多副"中心体系抽象结构

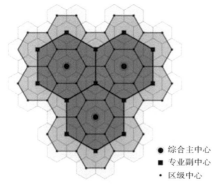

图1.4 "多主中心区"中心体系抽象结构

*资料来源：章飚绘制

中心区"结构（图 1.4）。

"多主中心区"结构是特大城市中心体系发展的高级形态，即城市中同时出现了多个发展成熟、特色独具的大型综合公共服务中心。从功能产业角度分析看，在这一发展过程中主中心区呈现出"专业化"的趋势，而副中心区则呈现出"综合化"的趋势。由于主中心区的规模庞大，在其内部的服务产业空间规模也相应较大，在高度发达的市场运营过程中业态逐步精细化，相同特性的产业以及具有关联性的产业开始在主中心区内部寻求进一步的集聚和分化；而副中心区的发展趋势正好相反，由于城市建成区的不断拓展导致副中心区在城市内的交通区位日益相对核心化，原有的空间区位差异已经慢慢缩小，其他服务设施也向副中心区内聚集，使其功能结构逐步向综合化方向发展。从"多主中心区"结构的内部联系来看，随着快速轨道交通网络和各类道路交通设施的逐渐完善，中心体系内部的通道联系日趋紧密，各中心区的交通可达性已经没有太明显的差异，参与市场竞争已经不依赖于差别化的交通区位和产业定位，而是真正通过产业的精细分工来提高服务产业的运营效率。"多主中心区"结构可以为城市服务产业的发展带来较大的推动作用，但由于其形成门槛甚高，不仅要求城市经济发展水平处于较高等级，而且对城市人口规模、消费水平、产业经济、交通支撑等因素也有较高的要求。目前，处于"多主中心区"结构阶段的城市包括东京、伦敦等世界性中心城市，位于国际城市发展的最高端，承担着全球化进程中的枢纽作用。

1.1.4 城市中心体系的阶段演变

随着城市人口数量的不断发展壮大，城市建设规模的增加也要求相应的服务设施规模的增加，进而导致城市中心体系结构发生变化，逐渐往更高层级结构发展。纵观城市中心体系结构的演变历程，从早期城市中心区的诞生一直发展至今，空间结构经历了"单中心"—"一主多副"—"两主多副"—"多主中心区"结构的台阶状发展轨迹，越往高端发展，所承担的服务职能越多，在区域中的服务辐射范围也越大（图 1.5）。

在城市发展的初级阶段，商业贸易的需求衍生出各种类型的服务机构，在同一空间场所的集聚形成了城市中心区。由于当时城市规模较小，城市人口数量不多，城市发展所需的服务机构类型也比较单一、规模不大，单个中心区即能够满足城市的各项公共服务需求。服务机构在选择空间区位的时候一般都位于城市交通可达性最高的几何中心，这样不仅能全面地服务于所有城市居民，也能够促进贸易和产业的发展。在"单中心"发展阶段，城市内部几乎全部的市级服务产业均集聚于一个中心区内，此阶段中心区内服务产业的集聚程度仍在不断增加，城市在"单中心"结构的影响下逐步发展壮大。

随着城市的发展，中心区内服务产业的集聚度越来越高，激烈的竞争给中心区带来了地价昂贵、交通拥堵、环境污染等负面影响，中心区的聚集"正效应"正逐步向聚集"负效应"转化。高昂的地价给低盈利能力的产业带来了极大的经营困难，交通拥堵、环境污染以及过度竞争同样给服务产业的发展造成负面影响，因此部分服务产业在空间区位选择时放弃了主中心区，而是另辟新的空间场所，这就导致了中心区服务产业的第一次"分离"。那些盈利能力受限、对交通条件要求较高的产业就不得不跳出原有中心区而在相对偏远的地方重新聚集形成专业副中心区。服务产业的"分离"直接带来城市结构的转变，由原来的"单中心"结构发展成为城市

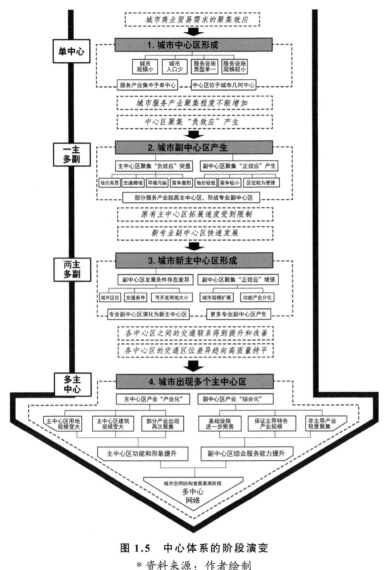

图 1.5 中心体系的阶段演变
*资料来源：作者绘制

中心体系。原有的主中心区与"分化"后形成的新的专业副中心区共同构成了这一阶段"一主多副"的城市中心体系结构。

城市继续发展，旧主中心区由于受到聚集"负效应"的作用使得其发展速度受到限制；与之相反，新专业副中心区由于处于发展的初步阶段，服务产业集聚"正效应"效果强烈，正处于快速发展阶段，中心区建设规模和产业规模均在快速增大。由于各专业副中心区的城市区位、交通条件以及可开发用地大小等条件的差异化，导致其发展潜力也呈现出差异。发展条件最好的专业副中心区由于其产业聚集程度最大，能够吸引来更多的人流、物流，同时相关的配套产业也得到极大的发展，因此就逐渐向功能混合化方向发展。当其规模大小、主导产业类型、用地集约度等发展到一定程度之后，就形成了新的综合主中心区。同时伴随的是新一轮功能产业的"分化"，产生了新的专业副中心区，此时城市便形成了"两主多副"的中心体系结构。

随着城市经济的发展、城市基础设施的建设和完善，作为中心体系内部各中心区之间联系"通道"的城市交通也得到了极大的完善，各中心区的交通区位差异逐渐趋向于高质量持平。良好的交通区位和"通道"的形成使得中心体系内部的中心区发展产生了一定的变化。主中心区内呈现出产业"专业化"的集聚趋势，此时的主中心区用地和产业规模均较大，再一次"专业化"集聚有利于主中心区的功能和形象的提升。但新的"专业化"集聚并非仅集中于一点，而会相对分散些。副中心区则呈现出"综合化"的发展趋势，即在保证主导特色产业规模的基础上，由于基础设施的完善而导致非主导产业的轻度集聚。各中心区在经历了新一轮产业"聚合""分化"过程之后，城市逐渐发展为多主中心区的网络化结构，达到了城市空间发展的最高级形态，即"多主中心区"结构。

1.2 城市中心体系空间研究进展

1.2.1 中心体系早期研究与反思

中心地理论是西方早期对城市研究的重要理论,由克里斯塔勒(W.Christaller,1933)和廖士(A.Lösch,1940)分别于不同时期提出。该理论首先建立在一些基本的假设条件之上,认为通过不同等级的商品的门槛半径能够确定中心地的市场区范围以及从高到低的中心地等级体系,同时,这些中心地在空间上构成了正六边形市场区并呈现出正三角形分布的商业中心网络,此外,分别根据市场、交通等形成了不同的分布系统。这一理论是从商业供给角度出发,研究城市内部中心区的等级、功能及其变化的空间抽象和概括(图1.6)。1958年,美国学者贝利(B.J.L.Berry,1958)等对华盛顿州的一个郡的中心地进行了计量研究,证实了中心地等级性的存在。后来的学者从市场结构和中心地规模着手,抽象出更为多样化的模式。丁伯根城镇体系模型(J.Tinbergen,1960)通过引入具体假设,使模型更加接近现实情况,具备了动态的特征,尤其体现了消费者因素以及商业中心体系的变化模式(图1.7)。

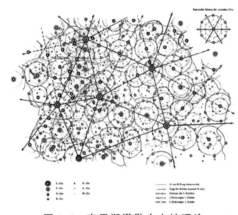

图1.6 克里斯塔勒中心地理论
* 资料来源:W. Christaller,1933

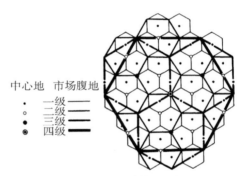

图1.7 丁伯根城镇体系模型
* 资料来源:J.Tinbergen,1960

在1960—1970年代的传统研究中,空间结构和行为之间存在关联这一前提是被假设的,这一缺陷导致了后来阶段消费者行为研究的兴起。20世纪60年代,感知与行为决策等概念逐渐被纳入中心体系空间结构研究的框架中。日本学者森川洋(1968)最早对广岛市商业活动空间进行研究,划分出不同类型商品的购物出行等级结构,构建日用品、中间品和专门品三级中心地结构,分析城市商业活动供给要素与需求要素的动态平衡关系。同时,自20世纪60年代末70年代初,伴随着交通出行方式、城镇人口和空间重构、就业人群结构变化、社会文化变化、商业模式的变化等,西方国家发生了一场"消费革命"。此后20世纪80年代进入了零售业大发展的时代,城市商业研究得到了前所未有的关注,城市商业的研究焦点出现了变化,摆脱了以往偏重空间结构模式描述的局限,关注从经济地理和文化地理层面对商业管理和居民购物行为等要素进行研究。从城市中心区研究的演变趋势可见,消费者的购物需求因素日益成为研究城市中心区空间结构及其变化的重要视角。

我国城市中心体系空间结构的研究长期以来继承了西方城市研究理论以中心地理论为理论框架的传统，城市中心区空间结构研究主要关注商业设施本身的实体空间问题，包括城市内中心区的类型、演化、等级、结构等，其理论基础包括中心地理论、重力模型、地租理论等，尤其是中心地理论对实际城市案例的应用和检验。宁越敏（1984）通过考察上海商业中心区的商业网点数量、职能数、商品构成等指标建立上海商业空间等级体系，在国内首次提出了界定商业中心区的具体指标。高松凡（1989）将中心地理论应用于历史地理学领域，分析北京各个历史时期城市市场空间分布的中心地结构的形成演变及影响因素。安成谋（1990）将中心地理论运用于兰州市商业中心区布局的最优选择与配置研究中。刘博敏（1991）通过调查居民购物活动地与商业中心可达性的相关性，建构了南京夫子庙周边地区现状及未来的商业空间结构。杨吾扬（1994）运用中心地理论对北京市商业中心的形成机制和空间结构进行了分析，将北京市商业体系分成四级体系，并对北京市商业空间结构未来的中心地模型进行了预测。概括而言，20世纪80年代末至90年代初是以中心地理论为代表的理论实践活跃期。上述理论研究通常参考克里斯塔勒中心地理论，并将我国城市中心体系空间结构自上而下分为四个等级：市级、区级、居住区级和小区级。但是从我国城市商业中心体系的形成过程而言，商业中心区是在遵循城市历史格局的基础上，受到计划经济体制下的流通企业管理体系和市民消费需求驱动的商业网点建设的多重影响下形成的，与克里斯塔勒中心地理论所假设的完全市场经济条件下人群自由选择的前提并不一致。

1.2.2　城市中心体系的空间结构

仵宗卿等（2001）通过对北京市街道单元商业活动进行聚类分析，总结北京商业中心区的空间等级结构，分别为一级商业中心、中间型商业中心、二级商业中心；王德和张晋庆（2001）从消费者出行特征入手，将上海商业结构划分为：市级商业中心、准市级商业中心、次商业中心以及区商业中心4个等级，并指出上海商业等级结构具有等级序列明确、空间分布不均和强中心线型结构的特征；戴军等（2005）对上海商务办公区空间区位进行了研究，并将上海商务办公区分为五大等级；柴彦威等（2008）依据居民消费行为将上海商业空间结构进行了重新划分，总结其空间结构变化趋势；杜霞（2008）将上海城市商业结构划分为三个等级：市级商业中心、区级商业中心、社区商业中心，并归纳其空间结构的发展趋势；宁越敏等（2005）则将上海中心体系划分为3级6类，并进一步分析了上海中心体系历史发展中的特征规律；杨俊宴（2012）在对亚洲特大城市中心体系调研的基础上，对城市中心体系的概念内涵、形态特征、等级序列和阶段演变规律进行了总结，提出城市中心体系分为市级主中心区、市级副中心区、片区级中心的结构等级和"一主多副""两主多副""多主中心区"等结构类型，并依照城市产业与空间的内在关联分析其结构演替规律。上述研究证明，随着我国经济体制向市场经济转型以及城市商业的快速发展，城市商业中心空间结构逐渐清晰化，结构类型逐步丰富完善，城市中心体系由单中心、等级化结构向多核心、扁平化结构转变。

1.2.3　城市中心体系的空间形态

卢涛等（2001）以山地城市重庆为案例，从空间结构、空间形态、空间内容以及空间文化等不同层面分析了城市中心区空间构成。王鲁民和邓雪湲（2003）提出城市中心区空间应该与人的行为价值体系相耦合。孙世界（2002b）以南京城市中心体系的历史演进为例，分析了改革开放之后中国城市中心体系在总体规模、城市职能和土地利用等方面的变化趋势，并总结了城市中心体系发展过程中的影响因素。郑瑞山（2005）通过对南京老城商业中心体系20年的发展演变分析，从总体规模、等级结构、功能结构、形态布局、环境和商业业态五个方面阐述了城市中心体系的发展演变特征，分析了影响城市中心体系演变的相关要素和动力机制（图1.8）。鲍军（2006）对杭州市商业中心体系的规模等级系统、空间结构系统、职能系统三个方面进行了分析。王慧等（2007）分析了西安城市商务中心区空间演进的特征趋势，总结了西安城市商务中心正形成"双极多核"的空间形态。杨俊宴和吴明伟（2008）在全球层面对世界典型CBD形成的影响要素和空间形态模式进行了研究，总结了特大城市CBD业态空间的形成机理，并对国内特大城市CBD进行量化对比研究，对CBD规模边界、空间形态和发展模式进行了深入讨论，揭示了CBD空间与商务产业的联动发展模式（图1.9）。章飙等（2012）对城市中心体系空间发展的动力机制进行了分析，认为中心体系的发展受到产业经济推动力、土地空间支撑力、社会政策调控力三大类因素的影响，通过对不同类型的服务业空间集聚特性的总结，归纳了服务业空间区位选择和演化的影响机制。史宜和杨俊宴（2011）以南京等城市中心体系为例，对中心体系的空间形态进行分析；从探寻中心区空间区位与其空间集成度的相关性入手，总结了城市各个等级中心区空间选择的不同要求，从而为城市中心区产生和发展提供了空间系统的内在解释。

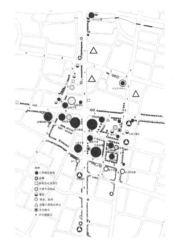

图1.8　2004年南京新街口商业中心布局结构

资料来源：郑瑞山，2005.新时期南京老城商业中心体系发展演变及动力机制研究[D].南京：东南大学.

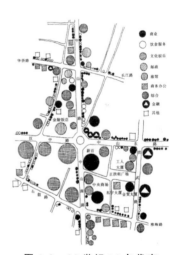

图1.9　20世纪90年代南京新街口商业中心布局结构

资料来源：吴明伟，孔令龙，陈联，1999.城市中心区规划[M].南京：东南大学出版社.

1.2.4　城市中心体系研究技术方法

唐子来（1997）梳理了西方城市空间结构研究的理论方法，从概念发展、分析方法、解析理论、研究框架、现状案例等五个方面进行总结，指出西方城市空间结构研究的理论和方法的发展过程在方法研究上表现为从城市空间的物质属性到城市空间的社会属性，在理论研究上表现为从个体选址行为到社会结构体系。方远平等（2007）总结了1980年以来我国城市商业中心区的区位研究进程，将我国商业中心区的区位研究归纳为三个阶段：以商业地理学和商业中心区的区位为主的宏观研究阶段，以城市商业空间和商业网点区位为主的中观研究阶段；以购物中心、商场、超市等为主的微观研究阶段，总结了各个阶段的研究重点和技术方法。冯健（2004）从人口布局层面对城市空间结构和中心区布局等问题的国内外研究成果进行了回顾。薛娟娟和朱青（2005）从消费者和企业经营者两方面总结了国外城市商业中心相关研究，并对国内研究进展进行评述。房艳刚和刘继生（2005）从元胞自动机模型、自组织模型、分形模型、生态学方法、神经网络方法、地理信息系统一级可视化技术等方面对 1980 年代以来国外城市模型研究方法进行了归纳，并对城市模型研究的未来发展提出了建议。总体而言，在城市中心体系的研究方法层面主要以西方理论方法的学习借鉴的成果较多，而国内在技术方法方面研究中心体系的成果仍较为缺乏。

1.3　基于手机信令数据的时空行为研究进展

1.3.1　基于手机信令数据的城市空间研究

个体时空行为是指个体在不同时间所处的空间位置以及所进行的行为，而行为个体在特定空间与特定时段分布的聚集强度称为个体行为密度（Individual behavior density）。如果将 2006 年《移动电话景观：使用手机定位数据的城市分析》一文的发表作为手机信令数据介入城市规划研究的开端，那么个体行为密度与城市区位之间的关系就是规划学者最早关注的问题。通过对米兰（Ratti et al，2006；Pulselli et al，2008）、罗马（Reades et al，2007；Girardin et al，2008）、纽约（Girardin et al，2009；Isaacman et al，2010）、波士顿（Calabrese et al，2011）、洛杉矶（Isaacman et al，2010）等全球若干城市手机信令数据的研究，发现以手机基站为单元的手机通话量记录（CDR）可以反映城市不同地区人群分布密度的差异。作为进一步的验证，R. Becker 等（2011）将纽约市的手机通话记录（CDR）和短信记录（SMG）进行汇总并与人口普查数据进行了对比，P. Deville（2014）等对葡萄牙与法国的手机数据（CDR 数据与 SMG 数据）与通过遥感获得的人口分布数据进行了对比，John 等发现手机数据模拟的爱尔兰区域人口密度分布结果与统计局的人口普查数据高度一致，以上研究都证明了通过基站获得的手机活动数据所进行的人口分布密度计算具有较高的精度。随着手机信令数据的引入，由于其具有 CDR 数据与 SMG 数据不具备的高取样率（可记录所有开机状态的手机设备的定位信号）和高更新率（每 5~10 min 进行一次定位），所以手机信令数据成为城市研究中行为密度计算的更为精确的数据源。Krisp（2010）依据夜间手机用户空间分布密度，估算了居住人口空间分布，用于消防和急救设施的规划布局。钮心毅（2014，2015）使用手机信令数据计算的上海中心城内工作多个时段的用户密度图进行城市空间结构的识别。王德等（2015）利用手机信令数据对上海南京东路、五角场和鞍山路三个商业中心消费者的空间分布进行了比较。综合既有研究成果，基于手机信令数据的行为密度计算方法不仅是信息化革命下对新数据类型的一种技术探索，而且已经得到国内外学界的验证，成为当下应用于城市结构和行为研究的新的重要方法。

1.3.2　基于手机信令数据的行为密度算法

作为手机信令数据的独有特征，信号基站是定位手机用户空间位置的基本单元，手机通过信号基站与通信服务商的核心网进行信令数据交换，而核心网记录的是该时刻手机所处的基站的编号及坐标，无法获得用户精确的坐标定位。同样作为信令汇总数据，核心网可以记录各个基站在每个时刻所服务的手机数量,但无法获得这些用户在基站服务范围内的准确分布情况。因此,所有基于手机信令数据的城市空间研究,必须借助一定的计算方法来将以基站为单元的数据转化为具有更明确空间意义的数据格式。在既有的相关研究文献中,手机信令数据的行为密度计算方法可以分为以下三种类型:

1)基于基站小区的行为密度计算方法

在手机通信网络中,通常采用以基站为中心形成的正六边形构成面状服务区,即基站小区。一般而言,手机的信令数据通过其所在小区的基站进行传递,因此可以粗略认为若手机用户的信令数据被某基站记录,即代表该用户此时正位于这个基站的小区范围内,而基站记录的用户数量即为基站小区内的用户数量。T. Louail(2014)提出可以采用 Thiessen 多边形法划定基站小区的空间范围,并通过基站用户数量与基站小区面积的计算获得不同时段的用户分布密度。因此基站小区是将信令数据与某种空间范围相联系的最基本的方法(图 1.10)。

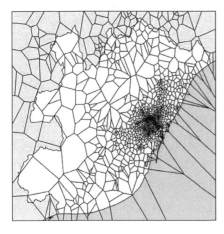

(a)Thiessen 多边形法划分　　　　　(b)基站小区划分

图 1.10　采用 Thiessen 多边形法划分基站小区(巴塞罗那)

* 资料来源:Louail T, Lenormand M, Ros O G C, et al, 2014. From mobile phone data to the spatial structure of cities[J]. Scientific Reports, 4:5276.

城市基站小区的面积受到基站功率的影响在数公顷至数平方千米不等,同时一个基站能够服务的手机数量存在一定的上限,所以城市人流密集地区的基站小区面积也会相应缩小。与国外相比,中国由于城市人口密度分布较高,同时通信行业采用较为严格的基站辐射标准,因此一线城市的手机基站密度甚至超过大部分发达国家,更密集的基站设置使得信令数据可以定位到更小更精确的基站小区范围,这为我国采用基站小区方法来进行行为密度计算带来了较大的便利。

在王德等(2015)对上海手机信令数据的研究中,更细致地讨论了基于基站小区的行为密度计算及可视化方法。由于在手机信令数据中,只有信令发生时,手机所处的基站坐标才会被记录,每一时刻所记录的数据仅包含部分用户的位置信息。考虑到信令周期性更新的时间间隔影响,王德提出计算单一时间点的手机用户空间分布时,从该时间点之前 2 h 内数据开始依次计算,查询上述文件中记录到的每一个用户在这一时间段内的最后一条记录。将该记录中的基站编号作为该用户在计算时间点对应的空间位置。按基站编号汇总,得到该时间点上每个基站所连接用户数。在用户密度的可视化表现中，为了直观反映用户在基站小区内的密度情况，以随机散点模拟用户在基站周边服务范围内的平面坐标，为每一个散点设定一个虚拟的竖向坐标（Z轴），取值为从0到该基站处消费者总量之间的一个随机数，从而获得手机用户分布密度直观图（图1.11）。

图1.11　通过基站服务范围内的随机散点表达不同地区的行为密度（上海）

* 资料来源：王德，王灿，谢栋灿，等，2015.基于手机信令数据的上海市不同等级商业中心商圈的比较——以南京东路、五角场、鞍山路为例[J].城市规划学刊，3：50-60.

2）基于栅格的行为密度计算方法

借助栅格（Grid）进行手机用户数量计算是另一种获得行为密度的方法。由于基站小区的面积往往在数平方千米以上，对于部分类型的城市研究而言尺度过于巨大，因此通过聚类分析或冷热点分析等方法进行运算，可以将以基站为单元的用户汇总数据分解到若干更小的空间栅格中，从而进行更加微观精细化的研究。J. Reades 等（2007）与 F. Girardin 等（2008）在对意大利罗马市的手机 CDR 数据的研究中，就通过聚类分析的方法，将基站用户数据分配至 300 m×300 m 的栅格（图1.12，图1.13）。T. Louail 等（2014）则在更大的尺度上，使用 1 km×1 km 的栅格比较了西班牙毕尔巴鄂市与维戈市的手机用户密度热点分布。在城市尺度下，由于不同片区间手机分布密度差异巨大，所以这种基于栅格的行为密度计算方法往往在进行聚类分析或冷热点分析的同时还会对密度数据进行标准化操作，以使城市不同片区间的密度差异和等级关系更为清晰。

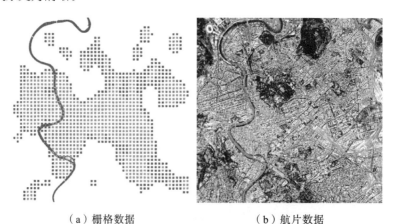

（a）栅格数据　　　　　　（b）航片数据

图1.12　基于栅格进行手机用户密度的计算（罗马）

* 资料来源：Reades J, Calabrese F, Sevtsuk A, et al, 2007. Cellular census: Explorations in urban data collection[J]. IEEE Pervasive Computing, 6（3）：30-38.

 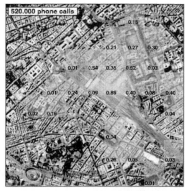

图 1.13　使用 300 m × 300 m 的网格计算手机用户密度（罗马）

* 资料来源：Girardin F, Calabrese F, Fiore F D, et al, 2008. Digital footprinting: Uncovering tourists with user-generated content [J]. IEEE Pervasive Computing, 7 (4): 36-43.

3）基于空间插值的行为密度计算方法

空间插值是将离散点的测量数据转换为连续的数据曲面的计算方法的总称，21 世纪初在意大利米兰进行的一系列关于手机信令的开创性研究中，C.Ratti（2006）与 R.M. Pulselli（2008）等人就运用了地理插值方法（Geographical interpolation）对手机用户的分布密度进行了计算（图 1.14）。在此之后，R.A.Becker 等（2011）与 W.Li 也分别采用了不同的插值方法对纽约郊区和上海的手机用户密度进行了分析。近年来，越来越多的手机用户密度计算使用了基于核密度估计的算法。核密度估计是概率论中用来估计未知的密度函数，属于非参数检验方法之一，由 Rosenblatt（1956）和 Emanuel Parzen（1962）提出。在手机用户密度分布计算中，已知若干基站所统计获得的手机用户人数，认为如果某处基站的用户密度较大，则与这个基站相近的地区的概率密度也会比较大，而那些离这个基站远的地区的概率密度会比较小。基于这种思路，对于已知的各基站汇总手机用户人数，都可以用核密度函数去拟合生成整个研究范围内各个地区的用户分布情况。在钮心毅、丁亮等（2014）人对上海手机信令的研究中，采用核密度估计的

 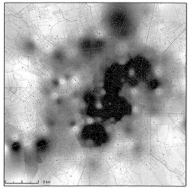

（a）各基站的手机用户数字记录　　　（b）插值后的用户密度分布

图 1.14　基于地理插值进行手机用户密度的计算（罗马）

* 资料来源：Pulselli R M, Romano P, Ratti C, et al, 2008. Computing urban mobile landscapes through monitoring population density based on cellphone chatting [J]. International Journal of Design and Nature and Ecodynamics, 3 (2): 121-134

算法，以 800 m 为搜索半径，以 200 m×200 m 的栅格，对每一基站连接用户数进行密度计算，得到用户密度空间分布的结果（图 1.15）。此外，W. Li（2014）还借助核密度估计算法，对上海居住、工作、游憩、餐饮、交通等行为的空间分布密度进行了计算。值得一提的是，核密度估计等空间插值法从本质上看也是一种基于栅格的算法，但与 J. Reades、F. Girardin 等人的算法不同，空间插值法所选取的栅格尺度更小，通过插值获得的数据平面更加连续平滑，在密度数值的可视化形式上也有较大差异，因而被归类为一种独立的计算方法。

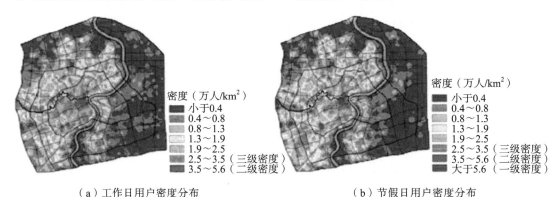

(a) 工作日用户密度分布　　　　　　　　(b) 节假日用户密度分布

图 1.15　利用核密度估计进行手机用户密度的计算（上海）

* 资料来源：钮心毅，丁亮，宋小冬，2014. 基于手机数据识别上海中心城的城市空间结构 [J]. 城市规划学刊，6：61-67.

1.3.3　手机信令数据研究的优势及局限

在目前国内外城市规划领域的相关研究中，以上三种行为密度计算方法是利用手机信令数据进行人群活动分布研究的主要途径，并在近几年得到广泛的应用。这三种计算方法尽管采用的路径不同，其核心思想都是通过一定的数学算法，将以基站为单元的"点"数据转化为具有一定空间范围的"面"数据，即将手机信令数据进行"空间化"，从而更好地与城市其他系统进行比较。从这个角度而言，可以认为上述既有行为密度计算方法仍然存在以下两大局限：

（1）数据单元缺乏实际空间内涵，封闭式的数据结构难以与其他城市数据源相关联

作为既有的行为密度计算方法的一种共性特征，在从以基站为单元的"点"数据向具有确定空间范围的"面"数据转化过程中，都依赖某种抽象几何图形作为数据转化的空间单元，例如基于基站小区的行为密度计算方法借助的是以基站为中心的圆形或六边形，而基于栅格和基于空间插值的行为密度计算方法则使用正方形栅格。这些纯粹抽象化的几何图形所划分的区块与实际中城市地形的山体、河流、道路等边界要素划分的空间区块，基本不存在任何交集，这些分割后的抽象几何区块无论在城市形态、用地职能、交通组织等层面都缺乏相对应的实际内涵。除了在空间划分方面的问题以外，目前计算方法所使用的抽象几何区块面积基本都在几十公顷以上，在尺度上远远大于街区、地块等城市规划领域常用空间单元。正是由于现有行为密度算法的空间单元，在划分方式和空间尺度等层面，与真实城市空间构成模式存在的巨大差异，使得手机信令数据形成了一种封闭式的数据结构，难以与其他多源异构式的空间数据进行关联。在这种手机数据特殊结构造成的隔离限制，城市空间仅是衬在不同深浅的栅格下的一张底图，

行为密度数据难以实现真正的"空间落地",无法与其他以道路、街区、用地等要素为载体的城市数据进行交叉研究。

如果将城市大数据研究分为三个层次,在经历了数据的图示化、单类大数据的深入分析这两个阶段之后,大数据研究将进入多维(源)大数据的叠合性研究的高级阶段。由于目前采用的算法,手机用户行为数据形成了封闭式的数据结构,无法与其他数据源进行整合并进行多源异构大数据的交叉关联,这构成了目前基于手机信令数据进行深入城市空间研究的最大局限。

(2)数据测算方法的精确性局限在宏观尺度,在中观与微观尺度上精度明显降低

既有的行为密度计算方法,不管是基于栅格的方法,或者是基于空间插值的方法,都只有在数据满足正态分布的前提之下,其测算结果才能够成立。正态分布是对数值分布状态的一种描述,遵从正态分布的随机变量的概率规律为取 μ 邻近的值的概率大,而取离 μ 越远的值的概率越小,其正态分布的概率密度函数曲线呈连续的钟形,因此人们又经常称之为"钟形曲线"。数据服从正态分布是均值估计算法的基础,也是通过空间离散的基站数据来推算整个城市人口密度分布的统计学前提。

20世纪50年代以来,大量西方学者建立了一系列较具代表性的城市人口密度模型,如 Clark 模型、城市人口与城区面积间的异速生长模型、正态密度模型、负幂指数模型、二次指数模型等。但是近几年以来的大量研究证明,只有在这些模型赖以成立的宏观层面上,人口分布才是连续的、光滑的,而随着研究尺度的缩小,人口密度的分布将出现越来越明显的变异性。杜国明(2007)通过对沈阳市人口分布密度的多尺度分析中发现,700 m 是城市人口密度分布重要的阈值,当计算人口密度时所采用的粒度在 700 m 以上的时候,人口密度计算与实际值的变异幅度较小(10% 左右);而当计算粒度小于 700 m 时,尺度越小,变异幅度越大;当计算粒度在 400 m、200 m 与 100 m 时,相对应的变异幅度分别达到了 27.1%、38.6% 与 50.5%,这说明在中观和微观的研究尺度下,人口分布在正态分布以外出现的小尺度变异已经使原有的人口密度测算方法出现严重的误差。

在近几年国内外基于手机数据的城市空间研究中,广泛采用 400 m×400 m、200 m×200 m,甚至 100 m×100 m 的栅格来进行行为密度计算,计算粒度的缩小,固然便于在空间中辨识计算结果,但也同时导致了较大计算误差的出现。如何在中观与微观尺度上提高人口密度计算的精确性,目前尚未出现相应的解决方法。

1.4 研究目的及意义

1.4.1 研究背景

20世纪后半叶,随着经济全球化和城市化进程的加快,使得部分城市公共服务设施出现了新的空间结构现象——服务业向城市多个中心区聚集,并出现中心区职能分工和空间错位发展的趋向,即是城市中心体系的形成。

1)快速城市化背景下的城市中心体系空间结构的复杂化

改革开放以来,我国所处的快速城市化进程,成为该时期社会发展的显著特征。城市规模、

城市人口总量、城市化水平始终处于上升态势，城市化所带来的城市空间的急剧扩张，必然导致城市中心体系的相应增长。新城建设、城市商务及商业等服务业快速发展等因素，以及市民消费文化的改变等要素也为城市中心区的发展带来了新的动力。

由于城市在国际、区域范围内总体定位、自然条件、区域环境、社会文化等多方面因素的不同，国内外城市中心体系的发展阶段和成熟度各不相同：东京已经形成包含四个主中心区的"多中心网络"结构，伦敦、北京、上海和香港等城市在"两主多副"基础上已经形成相对成熟的城市中心体系；广州、武汉和厦门等城市也逐步进入"两主多副"结构的发展阶段；南京、深圳、杭州、郑州等城市正在从"一主多副"的中心体系结构向更高方向发展（图1.16）。可以预见，伴随着中心体系的跨越式发展，中心体系空间结构的复杂化将成为当下这一时期中国城市空间发展的重要特征（图1.17）。

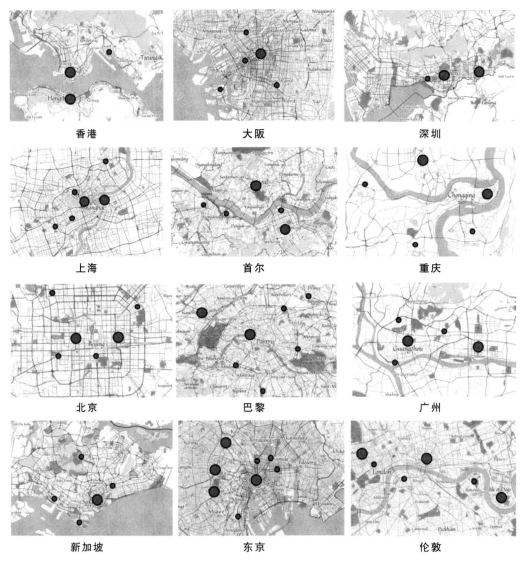

图 1.16 国内外典型城市中心体系发展
* 资料来源：作者绘制

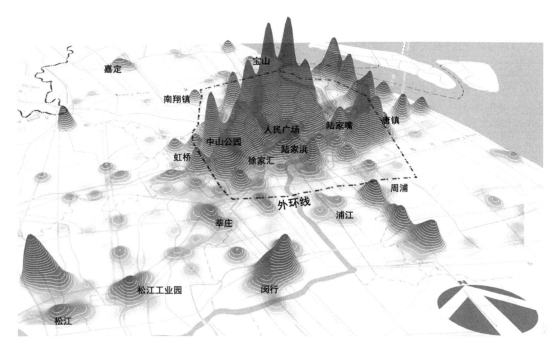

图 1.17　上海公共服务设施分布密度图
*资料来源：作者绘制

2）城市规划转型背景下"以人为本"的价值导向

当前我国正处在城市化转型期的探索阶段，城市规划领域也在这一时代潮流中提出了"以人为本"的价值理念。这一理念高度概括了中国城市规划研究领域当前转型发展的方向和目标，即从传统的物质规划、技术规划转向以人为本的城市规划。

"以人为本"是新时期城市中心体系研究与设计应时刻遵循的理念。从城市规划角度而言，无论是在宏观城市层面，还是在微观建筑层面，城市规划的根本目标始终是为社会大众提供舒适、合理、易于使用的物质空间和社会空间。人是这些空间规划的主体，人的活动是其中的主要内容。城市中心区作为城市重要的公共空间，集聚着众多的市民，产生巨大的经济效益。中心区能否最大限度地满足使用者的需求，其空间能否便于消费者、工作者的使用，同时产生最大的经济效益，这些必须要通过中心区空间的使用者——市民的行为来进行评判。不同的因素，如中心区布局、形态、规模、功能类型等都会对使用者的行为产生影响。

"以人为本"的理念更加体现在对公益型中心区和片区级中心等日常生活性空间的关注中。在物质规划理念的导向下，以前的规划服从于经济发展需要，较多地关注经济性基础设施，较少关注生活性基础设施，包括片区服务网点、公共医疗设施、体育设施、文化设施等。大部分基础设施规划与管理是按照户籍人口数量规划的，没有考虑新增流动人口的需求，由此带来大部分城市生活性基础设施短缺和过度拥挤，降低了居民的生活质量。

本研究由此引发，基于手机信令数据获取的城市个体行为，记录市民如何到达、使用、停留和离开中心区，对城市中心体系空间的使用者的行为模式、使用规律进行详细解析，研究中心区布局、规模和形态与周边人口布局的关系，以及市民的通勤行为、消费行为和居住行为对城市中心区功能形态的影响，达到从使用者的层面了解中心体系空间运行规律的目的。

通过本研究以弥补基于空间本体的静态城市规划对人类日常活动考虑不足的局限，促进城市规划及管理更加关注城市空间使用者的行为制约及能动因素，深入了解居民个性化的服务需求，从而使城市规划更加精细、社会管理更加智慧、居民服务更加个性。

3）国内相关研究的需要

在我国中心体系快速发展的同时，学界对城市中心体系方面的研究刚处于起步阶段，国内理论研究和实践探索成果相对较少，难以起到总结中心体系空间规律、指导城市建设的作用。中心体系的空间发展研究是一项系统工程，需要政府、开发者、公众等全社会各方力量的共同协作，同时更需要理论做指导，尤其是在对个体行为的研究才刚刚起步，运用模型来分析消费者与商业空间的关系已在部分城市小规模开展过研究（朱玮，等，2004；农耘之，等，2007），此次基于时空行为对上海中心体系的研究是对突破传统空间研究方法和中心体系理论探索的一次尝试，通过实践分析来探讨该理论和方法的适用性。

因此从空间使用者的行为模式入手，结合城市规划与时空地理学的理论及方法，结合行为密度分析、标准差椭圆、线性回归等方法，对城市中心体系的空间界定、等级体系和空间结构等方面进行全面系统的研究是本书的研究重点。

1.4.2 研究目的

在中国城市化转型升级和建设智慧城市的宏观背景下，"以人为本"成为城市空间结构研究的时代要求。本书以城市中心体系研究为范畴，回归"行为空间—空间行为"这一城市研究的经典母题，以城市中心体系空间和空间个体行为作为本研究关注的两大客体。其中，空间使用者是中心体系空间的活动主体，而空间的形式又影响了空间使用者的个体行为，这一相互关系构成了本研究的主线。

新数据环境下城市空间形态和时空行为信息的深度挖掘和分析技术为本研究奠定了坚实的基础。其中，基于ArcGIS的城市全域三维数据库是中心体系空间分析的基本平台，而手机信令数据的统计则为本研究提供调查空间个体行为的主要手段。

因此，本书的研究目的可以归结为：以上海城市中心体系的空间及其空间行为作为研究对象，以空间形态数据和手机信令数据为基础，构建中心体系空间研究框架，对城市中心体系的空间特性进行综合量化解析，重点从个体行为的角度研究中心体系的布局、结构、形态，以及个体行为与中心体系功能发展的互动关系。

1.4.3 研究意义

在中国城市化进入中后期和建设智慧城市的大背景下，本研究将时空地理学领域的时空行为研究方法引入城市中心体系研究领域，以国家中心城市和经济中心上海为案例，对城市中心体系结构与特征进行综合量化解析，重点从时空活动的角度关注城市中心体系的界定、等级、结构和空间形态，研究意义具有以下几点：

（1）跳出空间解释空间，探索基于"空间—行为"的城市空间研究框架

长期以来，学界在城市规划研究中通常使用"用空间解释空间"的传统城市空间研究模式，但因为城市空间本身是城市多要素综合作用的结果，这种研究方式本身会由于研究范围的单一

而引起研究的局限性。本研究力图跳出用空间解释空间，回归"空间—行为"这一决定城市空间产生和发展的基本线索，从中心体系"空间形态—个体行为"两者之间的互动关系入手，剖析空间使用者的行为模式和活动内容对于中心区形成和发展的影响。在本研究中，摸索形成基于"空间—行为"的城市空间研究框架，对于城市空间研究具有一定的参考意义。

（2）紧密围绕对人的研究，让公共服务配套精准对接需求

中心体系作为城市公共服务设施的重要平台，人是中心体系运作的重要参与者。时空行为研究更加贴近个人、贴近日常行为，试图对真实的人、真实的生活世界进行全面的理解。本研究紧密围绕对人的研究，抓住对中心体系中主要设施的人流聚散分析，最终达到了解人是如何使用中心体系为代表的城市公共服务设施的目标。时空行为对个体行为差异的敏感性对于解释社会现象及空间公平问题更为有效，通过对人群所有个体的生活状态、时空制约程度和日常行为模式进行研究，成为制定公平社会政策的基础。

（3）探索基于新数据环境下手机信令数据的统计分析，探索时空行为研究的前沿应用

在新数据环境下，借助移动数据终端、新媒体和定位设备进行个体行为研究是城市空间研究未来的发展趋势。基于手机信令数据的时空行为研究由于采样率高的特点，相比其他技术方法具有较为明显的优势，但是由于手机信令数据获取途径的限制，目前的城市空间研究的应用较为有限。本研究通过对上海手机信令数据的解析，在保持城市宏观空间研究的大尺度、大规模特点的同时，将研究的粒度精确到前所未有的微观尺度（空间粒度达到建筑单体、时间粒度达到小时），能够有效地观察和分析市域范围内与中心体系相关的人口分布和个体行为，在时空行为研究的前沿应用方面进行了有益的探索。

1.5 研究方法及技术路线

1.5.1 研究对象选择

城市中心体系位于城市核心区位，是影响城市总体布局形成和发展的关键影响因素。本书通过对亚洲特大城市中心体系空间形态发展的横向比较，选择合适的研究对象。

城市中心体系总体规模反映了中心体系承接城市经济活动的容量，也代表中心体系为城市提供公共服务的能力。城市中心体系的空间规模具体表现在中心体系的建设用地面积与建筑面积两个层面。在通常情况下，伴随着城市空间生长和经济发展，中心体系总体规模逐步提升。一般而言，城市用地规模越大，经济发展水平越高，城市人口越多，其相应的城市中心体系就会具有越大的用地面积和建筑规模，这主要是受到中心区服务半径的限制，城市规模越大则更加容易发展出越多的中心区以满足城市的需要。同时，中心体系总体规模越大，中心体系结构越复杂，中心区职能发展更加全面而多样化，能够为城市提供更加丰富的公共服务。因此，通过研究城市中心体系的总体规模，不仅可以了解中心体系的发展阶段，并且可以从中心体系的层面认知城市的发展水平的差异。

城市中心体系是一种存在于具有一定规模特大城市的城市现象，其形成的先决条件之一就是具有区域甚至国际范围的经济辐射力以及高端要素集聚能力。如表1.3所示为由36个亚洲典型城市构成的研究样本城市库，样本城市选择的空间范围覆盖了我国及周边东亚、东南亚、中

表 1.3 亚洲中心体系研究样本库城市分布

周边国家城市			我国城市					
地区名称	国家名称	城市名称	地区名称	城市名称	地区名称	城市名称	地区名称	城市名称
东亚地区	日本	东京	华北地区	北京	华东地区	上海	西北地区	西安
				天津		南京		乌鲁木齐
				太原		杭州		兰州
	韩国	首尔	东北地区	沈阳		济南		西宁
				长春		青岛		重庆
东南亚地区	新加坡	新加坡		哈尔滨		宁波	西南地区	成都
				大连		苏州		昆明
	泰国	曼谷	华中地区	武汉		厦门	华南地区	香港
				长沙		福州		深圳
西亚地区	哈萨克斯坦	阿拉木图		洛阳		常州		广州
								南宁

* 资料来源：作者绘制

亚区域内主要国际性都市，以及我国东部、东北、中部、西部地区等不同区域的重点城市，兼具不同的城市发展环境和文化背景，通过对样本城市中心体系空间形态的研究，总结亚洲城市中心体系的空间发展序列，从而找到上海城市中心体系的发展坐标。

表 1.4 亚洲典型城市中心体系总体规模一览

城市	中心体系结构	中心体系用地规模	城市	中心体系结构	中心体系用地规模
东京			首尔		
新加坡			曼谷	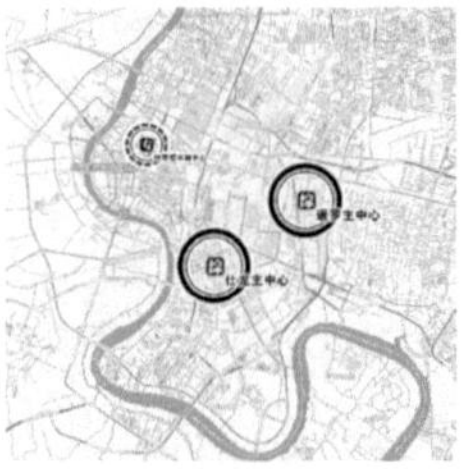	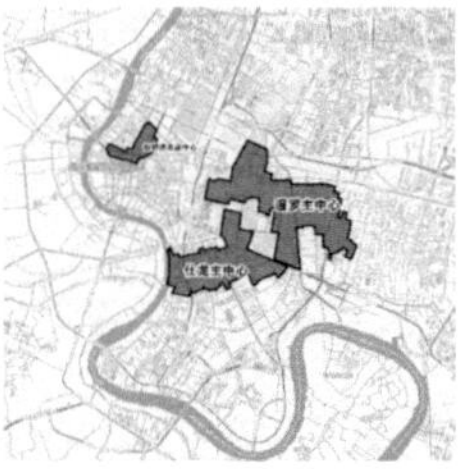

续表 1.4

城市	中心体系结构	中心体系用地规模	城市	中心体系结构	中心体系用地规模
阿拉木图			北京		
上海			香港		
深圳			广州		
杭州			苏州		
重庆			南京		
武汉			南宁		

续表 1.4

城市	中心体系结构	中心体系用地规模	城市	中心体系结构	中心体系用地规模
沈阳			天津		
成都			西安		
大连			济南		
青岛			厦门		
长沙			宁波		
昆明			哈尔滨		

续表 1.4

城市	中心体系结构	中心体系用地规模	城市	中心体系结构	中心体系用地规模
太原			兰州	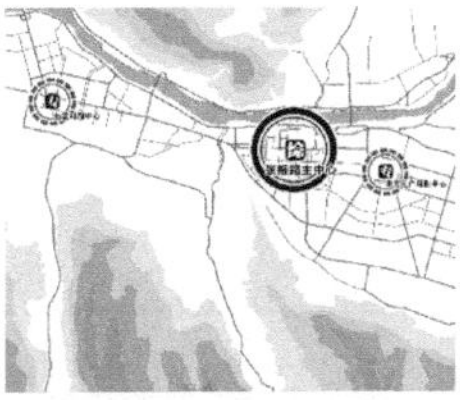	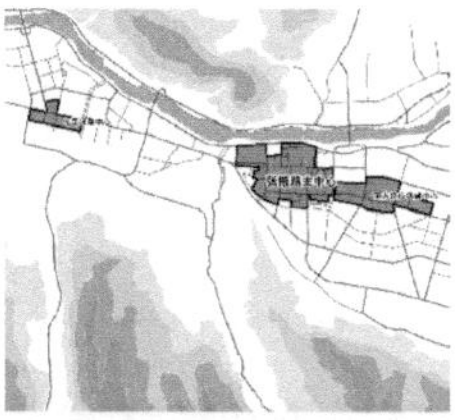
西宁			乌鲁木齐	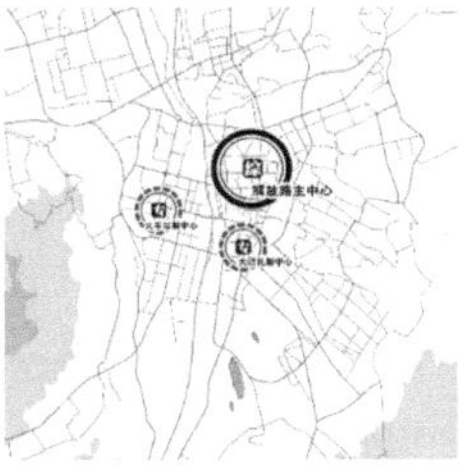	
洛阳			长春		
常州			福州		

* 资料来源：作者工作室实地调研测算

表 1.4 为本研究选取的亚洲典型城市中心体系结构及空间规模，上述样本城市中心体系边界界定和等级划分依据 2012—2014 年对上述城市中心体系用地及空间形态的实地调研测量结果，在边界界定中使用相同的技术方法，测算结果具有较好的横向比较价值。

表 1.5　样本城市中心体系总体规模

城市国别	城市名称	中心体系结构	总建筑面积 / 万 m²	总建设用地面积 /hm²
日本	东京	多中心网络（四主）	16 322.0	6 652.0
韩国	首尔	两主多副	5 801.6	2 751.3
新加坡	新加坡	一主多副	2 923.2	1 429.8
泰国	曼谷	两主多副	3 136.3	1 270.4

续表 1.5

城市国别	城市名称	中心体系结构	总建筑面积/万 m²	总建设用地面积/hm²
哈萨克斯坦	阿拉木图	一主多副	515.9	591.6
中国	上海	两主多副	7 454.42	3 678.11
	北京		6 824	3 422.8
	香港		6 146.7	1 095.4
	深圳		3 990.2	1 387.0
	广州		3 260.4	1 273.6
	杭州		2 822.2	1 571.1
	重庆		2 391.7	657.8
	武汉		1 192.3	491.8
	南宁		1 014.2	527.2
中国	沈阳	一主多副	2 564.7	1 160.6
	南京		2 461.7	1 119.1
	大连		2 079.0	1 027.0
	成都		2 068.3	755.4
	西安		1 636.8	722.5
	长沙		1 441.8	590.9
中国	乌鲁木齐	一主多副	1 229.3	487.4
	青岛		1 113.6	631.2
	天津		1 068.5	636.7
	济南		1 044.9	830.5
	昆明		971.5	450.5
	哈尔滨		949.8	489.3
	宁波		926.2	485.1
	苏州		888.0	1 054.5
	厦门		861.6	364.5
	太原		715.7	323.0
	长春		596.6	278.8
	洛阳		544.0	445.5
	兰州		164.9	136.9
	西宁		114.5	96.9

续表 1.5

城市国别	城市名称	中心体系结构	总建筑面积/万 m²	总建设用地面积/hm²
中国	福州	单中心	1 219.9	385.2
	常州		494.9	248.1

*资料来源：作者工作室实地调研测算

表 1.5 为 36 个样本城市的中心体系用地规模、建筑规模的测量数值，对于两主多副、一主多副及单中心等不同类型城市，依据其中心体系建设用地规模高低进行排序。从数值比较中可以建构亚洲城市中心体系规模发展的等级序列。

从 36 个样本城市中心体系用地规模及建筑规模的总体比较中可以清晰地发现，城市中心体系的规模与中心体系等级结构具有显著的关联性，表现出随着中心体系等级结构的提升，用地规模逐渐增大、建筑规模逐渐提升的趋势。

同时，可以发现两主多副、一主多副和单中心城市的中心体系用地规模的数值分布具有显著的区间差异性，处于两主多副阶段的城市其中心体系用地规模平均值为 1 696.4 hm²，其中大部分城市其中心体系用地规模在 1 095~1 571 hm² 的范围内，处于一主多副阶段的城市其中心体系用地规模平均值为 641.3 hm²，其中大部分城市中心体系用地规模在 278~830 hm² 的范围内，而单中心城市中心体系用地规模则在 200~380 hm² 左右。这表明在城市中心体系的升级发展过程中，存在某种"等级门槛"，当其中心体系建设用地面积扩展接近或超过某个数值时，就很有可能在该时期发生中心体系的结构升级。基于研究所选取的样本城市的规模测算，可以大致判断单中心城市升级为一主多副城市的用地规模门槛大约在 300 hm²，而一主多副城市升级为两主多副城市的用地规模门槛大约为 1 100 hm²（图 1.18）。

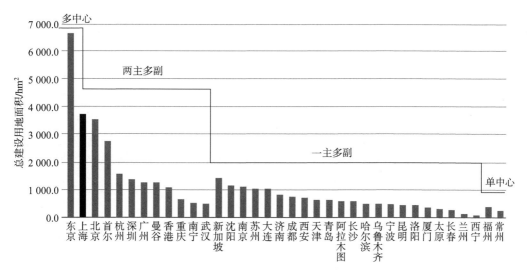

图 1.18 样本城市中心体系用地规模

类似的等级门槛特征同样也表现在亚洲城市中心体系建筑规模的发展中，东京作为唯一的多中心网络城市中心体系，其建筑面积为 16 322.0 万 m²；处于两主多副阶段的城市其中心体系建筑规模平均值为 4 062.3 万 m²，其中大部分城市其中心体系建筑规模在 2 391~3 990 万 m² 的范围内，处于一主多副阶段的城市其中心体系建筑规模平均值为 1 221.8 万 m²，其中大部分城市中心体系建筑规模在 515~1 636 万 m² 的范围内，而单中心城市中心体系建筑规模则在 494~1 219 万 m² 的范围内（图 1.19）。

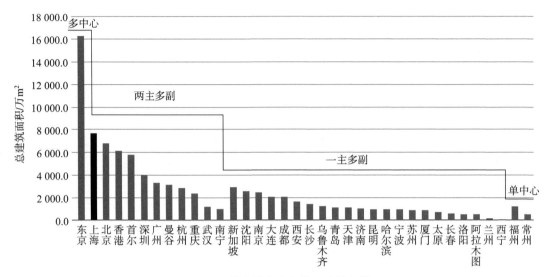

图 1.19　样本城市中心体系建筑规模

上海作为四个中央直辖市之一，不仅是我国第一大城市，也是经济最发达的城市之一，还是中国大陆的经济、金融、贸易和航运中心，其扮演着中国与世界经济交互作用的枢纽和跨国公司进驻中国最前沿阵地的角色，是长三角经济区的领头羊。至 2013 年底，城市常住人口规模约为 2 415.15 万人，2013 年城市创造的地区生产总值约为 21 398.20 亿元，人均生产总值为 14 442.33 美元，已达到国际发达国家水平。在蓬勃旺盛的消费需求下，为城市提供丰富、多样化且专业化的公共服务设施成为当下迫切的需求。截至 2015 年，上海城市中心体系共有建设用地面积为 3 678.11 hm²，建筑面积 7 454.4 万 m²。

无论是在建设用地规模还是建筑规模层面，上海都是全国范围甚至亚洲范围最大的两主多副中心区体系城市。但与多中心网络阶段的东京还有一定的差距，在中心体系建设用地规模上达到了东京的 63.3%，在中心体系建筑规模上接近东京的 50%。考虑到亚洲仅有东京唯一的多中心网络城市，所以从总体规模角度来看上海尽管仍与北京、首尔、杭州、深圳等城市同样处于结构发展的第二层级（两主多副阶段），但从总体层面已经处于全国第一、亚洲第二的位置，在研究对象中最具代表性。

1.5.2　研究方法

1）手机信令数据收集与处理方法

手机数据使用了上海市的中国某通信运营商 2G 用户数据，包括基站数据、手机信令静态数据和手机信令动态数据三个部分。基站数据包括了基站编号和地理坐标。手机信令动态数据是运营商记录下来的手机用户在移动通信网络中活动时的位置信息，属于非自愿提供数据。手机信令静态数据则是各个基站每小时服务手机用户数量。当手机发生开机、关机、主叫、被叫、收发短信、切换基站或移动交换中心、周期性位置更新时，手机识别号、信令成功时间、当时所处的基站小区编号均保存在手机信令数据中。此处的信令数据使用剔除了用户属性之后的加密手机识别号,不涉及手机用户的个人信息。上述手机信令数据的记录时间是 2013 年共 8 个指定日,其中 4 天为工作日、4 天为节假日。在上述指定日内,上海市域内 9 578 个基站每一日手机信令数据中记录到了约 2 000 万个不同手机识别号,代表了约 2 000 万个 2G 手机用户。

2)中心区空间界定方法

根据多年来城市中心区调研结果,确定城市中心区公共服务设施指数的组合分界值,然后收集原始数据,据此绘制测算指数空间分布图,最后通过反复调整和校核,划定城市中心区的空间边界,包括以下步骤:① 确定城市中心区空间边界的测算指标,中心区具有两个关键的属性——公共服务机构为中心区的功能本质以及公共服务设施空间的聚集程度为鉴定中心区范围的综合尺度,在此基础上计算公共服务设施指数,用于体现某个街区以及中心区整体的容量特征,所述公共服务设施指数是依据土地使用特征,对中心区进行量化分析的指数,包括公共服务设施高度指数 PSFHI 和公共服务设施密度指数 PSFII,分别针对具有明确空间范围的用地进行测算;② 确定城市中心区公共服务设施指数的组合分界值,设定城市中心区公共服务设施指数的组合分界值——中心区范围指数值(PSFII+PSFHI)C 和硬核指数值(PSFII+PSFHI)HC;③ 计算各街区的公共服务设施指数并绘制公共服务设施指数分布图,以单个街区为测算单元,计算各单个街区的公共服务设施高度指数 PSFHI 和公共服务设施密度指数 PSFII,并标注在用地平面图上,然后根据数值大小定义该街区的颜色,得到公共服务设施高度指数 PSFHI 和公共服务设施密度指数 PSFII 的分布图;④ 初次界定中心区空间范围,由步骤③得到的公共服务设施高度指数 PSFHI 和公共服务设施密度指数 PSFII 的分布图,初步划出中心区空间范围,作为调整的基础;⑤ 通过调整与校核来确定城市中心区空间边界,根据以上划分出的区域,计算连续街区的整体公共服务设施指数,并与组合分界值(PSFII+PSFHI)C 相比较,调整城市中心区空间边界,直到连续街区的整体公共服务设施指数不断逼近并不小于组合分界值(PSFII+PSFHI)C。

3)理论模型建构方法

通过逐项量化对比研究的方式,探讨上海城市中心体系的个体行为特征和整体空间形态之间的关系,结合我国城市化的阶段特征及两主多副中心区体系的发展特点,建构较为系统全面的中心体系空间模型。

1.5.3 研究技术路线

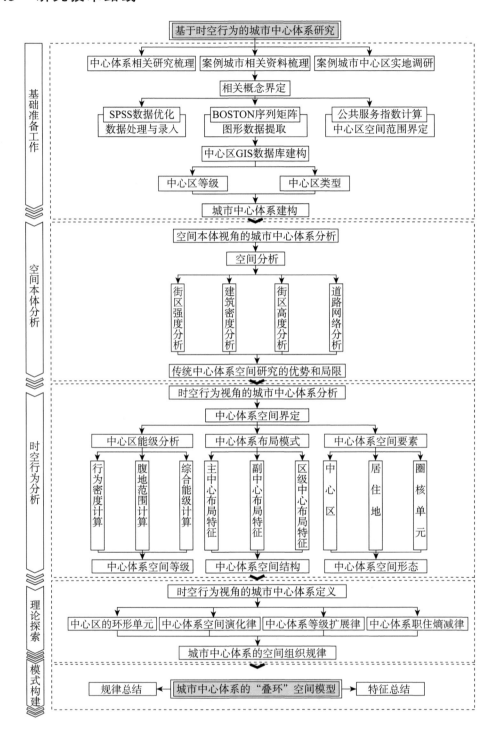

第二章 空间本体视角下的中心体系形态解析

通常意义上，城市中心体系往往既是城市平面空间形态的中心，也是城市三维空间形态聚集的核心。从历史的维度看，城市中心体系通常扮演着一个城市甚至区域空间发展的原点和发展动力源泉的角色；从现实的维度看，城市中心体系由于其丰富壮丽的空间形态，也成为认知城市空间的最好窗口。因此，空间角度是城市规划学科传统上解析中心体系并研究其构成及结构的基本方法。本章基于对上海城市中心体系的形态界定，首先阐述了上海中心体系发展的基本脉络和发展阶段划分，并分别对其各个中心区的发展现状进行详细阐述，然后利用 GIS 技术平台对中心体系空间形态数据进行处理，量化研究上海中心体系的空间发展态势及形态特征，最后讨论基于传统空间本体视角下城市中心体系形态研究的特点和局限。

2.1 上海城市中心体系的发展历程

城市中心体系的形成和发展不是一蹴而就的，而是要经过漫长的历史发展过程。上海作为观察我国城市中心体系发展演进的典型案例，在百余年的历史进程中历经了多个发展阶段，并在若干因素的综合影响下形成当下两主多副中心区体系的发展面貌。本节主要对上海城市中心体系发展过程进行梳理，并对其现状进行简要概述。

上海自 1841 年开埠并形成中心区雏形以来，已经延续了近 180 年，这其中经历了中心体系发展的四个阶段，即中心区萌芽阶段、单中心发展阶段、一主多副发展阶段和两主多副发展阶段。在这期间，不仅中心体系的空间特征发生了变化，中心区的功能业态、用地规模及空间形态都随着城市的发展发生了重大的变化。

2.1.1 外滩开埠：单中心区萌芽阶段

上海中心区雏形的出现可以追溯到 19 世纪中叶，在 1842 年签订的《南京条约》和 1843 签订的《五口通商章程》中，上海外滩等部分土地作为租界被出让给英、法、美等西方国家，随着土地开发和道路修建，外滩等租界地区迅速从传统农村土地向商业化土地转变，因此形成了外滩中心区。由于采用了土地公开拍卖和滨水区发展优先的策略，最早的租地范围沿黄浦江一字展开，因此外滩中心区呈现"一"字形单核结构，这也是此后上海人民广场中心区的雏形。

在这一时期，外滩地区作为主要建设地段，在公共设施集聚方面得到了前所未有的发展，租界内修建了多种类型的公共设施，支撑了其大量人口的涌入和贸易的繁荣发展，外滩地区利用租界建设引发的集聚效应完成了中心区早期发展。1865 年后，殖民者在上海跑马场附近修建了一条通往外滩的小路，并命名为"花园弄"，这即是之后被称为"中华商业第一街"的南京路，此后南京路东段（现南京东路）道路两旁的商店不断兴建，商业开始繁荣起来，百货商店聚集，南京路商业街和原有的外滩商业区联系在一起，以外滩—南京路形成了"T"字形结构。

1853年爆发小刀会起义，随着大批华人涌向租界，上海老县城即城隍庙一带的富豪商贾也纷纷北移，福州路、广东路、河南路棋盘街一带，报刊书肆、笔墨笺扇、仪器文具行业相继创设，戏园、茶楼竞相峥嵘，中西菜馆、服务行业随之兴起。到了19世纪末，福州路及其附近，报馆、书局、笔墨文具店集中；戏园、电影、茶园书场、游乐场、舞厅等文化娱乐场所密布，专业戏班演出频繁，文化街已初露端倪；酒肆、旅馆等服务业聚集；洋行、拍卖行、烟号、茶食等商业初具规模，商市繁荣。此时的外滩中心区，南京路、外滩沿线地区和福州路地区共同形成了"U"字形结构，中心区的空间结构基本形成。（图2.1）

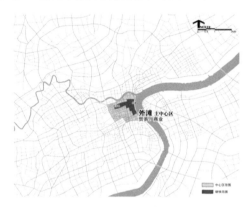

图2.1 单中心区萌芽阶段

2.1.2 远东大都市：单中心区成熟阶段

上海开埠后经过半个世纪的发展，至19世纪90年代已经初具繁荣，并展现出近代都市的风貌。中日甲午战争（1895年）之后，西方国家资本大规模进入以上海为代表的重点城市，至辛亥革命（1911年）前期上海已经成为近代中国的经济中心。20世纪20年代第一次世界大战期间，由于西方国家放松了对华经济掠夺，上海民族资本主义经济得到空前发展，新兴的民族工、商业和金融业得到进一步发展壮大，美资、日资的大量涌入又为上海经济输入了新鲜血液。在1915—1935的20年间，上海的贸易额增加了6倍。1935年全国主要通商口岸的84家外资银行中上海有28家，占33%，1933年上海华资银行的资产总额占全国华资银行总额的89%。上海的零售商业得到迅速发展，并走向大型化，先施公司、永安公司、新新公司、大新公司等民族资本百货公司陆续开设，形成了南京路上"四大公司"鼎立之势。20世纪30年代末上海孤岛繁荣时期大量难民涌入租界导致娱乐建筑和居住建筑的快速建设。至20世纪30年代末，上海已发展成为远东最大的贸易中心、金融中心和工业中心。

城市社会与经济的繁荣为上海打下了坚实的经济基础，使上海中心区发展进入了黄金时期。随着工业化进程，城市格局发生了新的变化，原先英美租界的北部和西部比较荒僻的地带相继纳入城市范围，商业区向外大规模扩张。外滩和南京路地区成长为中心区的主要硬核，其内部进行了产业转型，外滩经过大规模改建和高层建筑的建造，逐步向商贸中心转化，而南京路聚集了当时国内最现代的大型商场，已是蜚声中外，二者联系发展，成为当时聚集上海公共服务设施的核心片区。外滩—南京路中心区的快速发展突出体现在高层建筑建设方面，在繁荣的经济推动下南京路外滩地区地价比城市郊区高900倍，建筑容积率攀升，出现高层建筑浪潮，钢框架结构、混凝土结构、电梯设备等先进建筑技术大量应用，沙逊大楼、亚洲大楼等高层建筑落成。

此外，外滩—南京路中心区的空间范围也进一步扩大。老城厢豫园地区逐步聚集与传统文化相关的商业设施，并绵延向北与主中心区连为一体，成为主中心区南部的一个硬核，辐射上海市的南部老城地区；新建的南京西路地区人口密度增加，城市人口重心逐步西迁，主中心区商业由东向西扩展，商业日趋繁荣，人民广场周围的商市已初具规模，成长为中心区的西部硬核；苏州河北部的闸北界内集中了上海当时最主要的贸易商号以及相应的集市、仓库、码头等配套设施，形成一个贸易批发集散地，并逐步聚集各种公共服务设施，成长为中心区北部硬核，辐射沪北地区。至此，上海形成了以外滩—南京路地区为主要硬核，人民广场地区、闸北地区、豫园地区为次要硬核的圈核中心区形态，上海单中心结构发展进入较为成熟的发展时期。（图2.2）

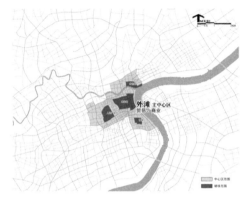

图 2.2　单中心区成熟阶段

2.1.3　改革开放：一主多副发展阶段

20世纪30年代末至40年代末抗日战争时期，上海中心区发展减缓，高层建筑建设停滞。自20世纪50年代初期起，上海的城市地位由市场经济下的多功能经济中心转为计划经济下最重要的工业中心。作为旧上海的中央商务区，随着上海经济地位的下降，外滩地区CBD功能退化，成为上海市的行政管理中心、商业文化中心，但区域性的金融商业职能明显下降，原有的外资、私营银行、证券交易所关闭，国家银行迁往北京，商业街道减少，商业活动锐减。

直到20世纪80年代改革开放之后，上海中心区才迎来了又一次的发展高潮。对于原有的外滩—南京路中心区，其公共设施的聚集重心逐步由外滩地区向西迁移至人民广场地区。中心城区内工业企业和居民区的外迁为中心区规模扩展和用地结构优化提供了空间，中心区内主要道路的拓宽和地铁的修建为大规模公共设施的交通联络提供了保障，公共设施沿着主要道路等在道路节点和轨道站点等高可达性地区开始了新的集聚。随着人民广场中心区的规模扩展，原有的外滩、豫园、多伦路等核心地区的产业功能进行了功能置换与演替，并新发展了淮海路及上海电视台硬核，沿着道路逐步连绵在一起，形成了网络型的连绵中心区。

这一时期上海中心体系发展的重要特征，是在原有外滩—南京路主中心区以外发展形成多个城市副中心区。徐家汇地区是上海发展较早的副中心区之一，位于上海中心城区的西南部，民国时期还是上海的市郊接合部，随着住宅区的兴起和有轨电车的开通而逐步形成。到中华人民共和国成立前夕，集中在华山路上的商店已有 191 家。中华人民共和国成立初，部分商店因经营困难停业。据 1955 年统计，尚有各类商店 150 家、店面 196 间，经营品种大都为日用必需品。1956 年起，经过调整和改造，扩大了部分商店的门面，至 20 世纪 60 年代徐家汇商业街已初具规模。1978 年以来，在改革开放方针推动下，先后扩建了上海市第六百货商店、衡山食品商店、宏伟文化用品商店、新标准钟表店、得天酒楼等店面；改建了华山菜场。至 1985 年，徐家汇商业街的门店数量已占区属商业门店总数的 8%，销售额和利润额已占到 20%；每平方米营业面积的销售额和利润额约为全区商业平均数的 3 倍。徐汇区政府成功抓住上海建设轨道交通 1 号线的机遇，于 1988 年着手制订发展计划，以徐家汇广场为中心进行建设；1991 和 1992 年，汇联百货和东方商厦先后开业，是徐家汇商圈现在尚存的商场里较早开业的百货公司；1997 年，美罗城在原先徐汇剧场的土地上建成营业；1999 年，港汇广场建成启用。徐家汇副中心区在发展中形成了以零售百货和数码产品销售为特点的发展特征。不仅中心区内有许多经营奢侈品、中高档服饰、各种娱乐、餐饮行业的商家，而且电脑数码零售商场分布密集，商品丰富，消费群体广泛，成为上海市民购买电脑、数码产品的地区之一，太平洋电脑广场和百脑汇资讯广场汇集了国内外所有的知名计算机及相关辅助产品，交易额在上海所有计算机及相关产品的市场中始终名列前茅。

江湾五角场地区是上海在 20 世纪 90 年代形成的又一副中心区。五角场一带在民国时期是上海江湾镇以东的一片荒野，20 世纪 30 年代根据孙中山的《建国大纲》，上海特别市政府通过"大上海计划"，划定江湾五角场东北地区作为上海市的新中心区，并于抗战前在五角场建成市政府、博物馆、图书馆、江湾体育场等大型公共建筑。根据当时的设想，五角场将成为中华民国的"第二首都"（经济首都）。但"一·二八"淞沪抗战、"八·一三"战役的陆续爆发，最终打断了五角场地区的发展规划。直到中华人民共和国成立后，五角场商业设施才逐渐兴起，中华人民共和国成立初期五角场地区有商店 157 户，1954 年江湾区供销社搭建简屋开设综合商铺，形成以环岛为中心的商业群体雏形，至 1956 年公私合营高潮时，发展到 420 户[①]。从中华人民共和国成立后直到 20 世纪 70 年代，五角场都作为城乡交接部的商业重镇集市，成为商品交换、物资交流的集散地。1991 年，上海市政府批准规划五角场为"上海市城市副中心区"，并于五角场地区南端地区建设环岛广场，该地段处于四平路、邯郸路、淞沪路、翔殷路、黄兴路五条马路的交会点，历史上已形成人流密集、交通发达的繁荣集镇。20 世纪 90 年代后，五角场商业得到进一步发展，1992 年环岛地区的朝阳百货公司率先扩建改造，并相继建设了淮都百货、九天百货、中心商场、三峡商场、旭阳精品商厦等一批较大规模的商业设施。进入 21 世纪后，亚繁商厦、大西洋百货、华联商厦杨浦店、赛博数码广场先后入驻五角场地区，成为北上海重要的商业副中心区。

火车站副中心区的兴起则是得益于铁路交通的发展。在 20 世纪 80、90 年代，闸北区秣陵路上海火车站是上海唯一的火车客运站，该站的日客流高峰曾经达到 20 万人次以上。随着铁路上海站的投运，车站周边的不夜城地区发展迅猛，崛起了诸如环龙商厦、名品商厦、心族百货等一批颇有知名度的大中型百货，并形成了以手机销售为主打的商业特色，成为华东地区最大的手机集散中心。

虹桥副中心区的发展依托虹桥经济技术开发区的建设。20 世纪 80 年代，上海第一个涉外

---

① 上海市杨浦区五角场镇人民政府.五角场镇志.上海：科学技术文献出版社，1988.

商务区——虹桥经济开发区在市区西部启动。作为其配套生活设施,在古北地区虹桥路沿线建设古北新区,作为以居住为主同时提供外事外贸活动的综合涉外区。在这里生活着众多来沪工作、居留的外籍人士及港、澳、台同胞,成为上海对外开放的重要窗口。借助虹桥经济开发区带来的外资支持以及古北国际社区带来的密集人流,从开始,长宁区利用旧区改造、地铁建设、土地置换等契机,在虹桥地区引进一大批商务商业项目,包括虹桥友谊商城、虹桥上海城购物中心、虹桥天都、汇金百货虹桥店、天山百盛、泓鑫时尚广场、高岛屋、尚嘉中心等,在该地区形成了较大规模的商务、商业设施聚集,形成了上海城市西部的副中心区。

改革开放后,上海城市中心区经过短短十数年的快速发展,不仅主中心区的规模大幅扩展,而且在中心城区内各处开花,形成了众多不同层级、不同规模的商业、商务设施聚集区。至20世纪末,上海已经形成了以人民广场中心区为主中心区,徐家汇、虹桥、火车站、五角场等四个副中心区构成的"一主四副"的中心体系结构(图2.3)。

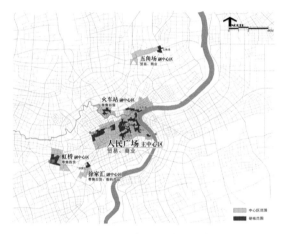

图 2.3 一主多副发展阶段

2.1.4 跨江发展:两主多副发展阶段

进入21世纪以来,上海城市中心体系面临新的发展环境。人民广场中心区在经过功能调整和置换之后,在人民大道两侧新建了上海大剧院、上海城市规划展示馆,并修缮了上海美术馆等公益性公共服务设施,改造了人民公园这一规模较大的城市中心区绿地,并出让了大片土地兴建商业设施,此外,还有三条地铁线在人民广场设站,依托这些公共服务设施,人民广场地段已经成为以城市休闲游憩、展示交流和商业办公为主的公共服务设施聚集区。南京路南北侧发展逐渐与外滩商业设施连成一片,形成连绵化的商务商业聚集区,其中南京路两侧仍然以零售及休闲体验商业为主,外滩不仅保留了部分20世纪建筑的风貌,功能上也以旅游、金融及保险业为主。上海老城厢东北部的豫园地区最初是依托城隍庙以及豫园等旅游景点发展起来的旅游休闲商业区,但是随着中心区的不断发展与演替,豫园周边聚集了大量老字号名店以及与传统文化息息相关的商业设施,成为上海传统商业的标志性核心。同时,人民广场中心区范围也沿延安路、淮海路等交通干道向西侧大幅扩展,其中淮海路地段以贸易商办为主,多伦路地段以批发零售为主,静安寺地段以综合商贸为主。人民广场中心区规模的扩大和职能分工的细致化,使整个中心区焕发了新的活力与生机(图2.4)。

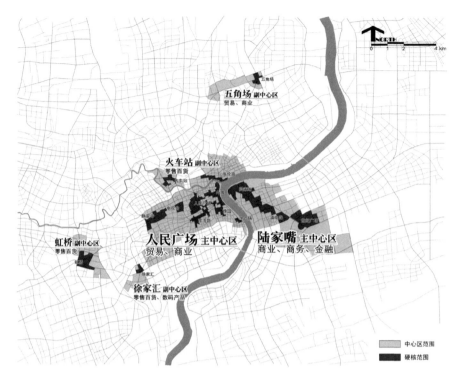

图 2.4　两主多副发展阶段
＊资料来源：作者绘制

同时，该时期上海中心体系发生的最大变化是陆家嘴主中心区的崛起。1990 年，在中共中央和国务院决策开发浦东的政策前提下，选址于浦东陆家嘴建设中央商务区。从 1993 年起中国人民银行上海分行、中国银行、上海证券交易所等一大批内资国家银行、证券、保险公司陆续在此建设总部办公大楼，为形成陆家嘴中央商务区的发展奠定了坚实基础。2000 年连接浦西和浦东新区的轨道 2 号线开通，陆家嘴跨江交通的条件得到了极大的改善，掀起了陆家嘴建设的高潮。大量中外机构开始进驻，其中有许多将地区性乃至全球性的总部设立在这里。截至 2011 年 9 月底，区域内共有 626 家中外资金融机构、跨国公司地区总部 71 家。汇丰银行、花旗银行、渣打银行、东亚银行、星展银行、恒生银行、三菱东京日联银行等外资银行的中国总部就设立在陆家嘴。全国主要交易市场——上海证券交易所、上海期货交易所、中国金融期货交易所和上海钻石交易所也都位于陆家嘴金融贸易区内。高层建筑的建设也成为陆家嘴主中心区的重要特征，多幢上海重要地标建筑坐落于此，譬如上海中心大厦、上海环球金融中心、东方明珠广播电视塔和金茂大厦等。这里的超高层建筑群与对岸外滩的历史建筑群形成了浦江两岸独特的风景线，也令陆家嘴中心区成为上海新世纪城市风貌的代表。

聚焦上海城市中心体系，其中心体系的发展形成是多种要素共同作用的结果。具体而言，城市服务产业聚集和外部资本的引进是上海城市中心体系发展的内因；土地政策变化则是上海城市中心体系发展的外因，即开始实行土地有偿使用制度，城市规划的引导以及政府的大力推动也是外部的重要影响因素。其中，人的活动和行为的影响对于上海中心体系不断扩张、逐步连绵的空间演替运动具有突出的影响。

（1）城市人口的分布对中心体系发展的影响。近代以来，上海的主要商贸金融活动限制在租界范围内，人口分布重心也限制在南京路、福州路及外滩一带。改革开放后，原来的中心城区内一部分企业由于综合成本上升纷纷向外围迁移，置换中心城区内用地，居住用地被大规模开发，上海进入城市化快速发展阶段，中心城区内部人口不断增多，越来越发达的建筑技术使中心城区内部的居住建筑的建筑高度增加，人口的高度聚集使得城市人口分布重心依然处于人民广场附近。进入20世纪90年代，浦东逐步开放，但是上海人民广场地区伴随上海的经济发展不断自我完善，短时间内，浦东中心区无法聚集如此多的人口以及各项完善的公共服务设施。可以说，上海上百年作为社会经济发展中心以及上海人口重心稳定化是上海人民广场地区空间稳步发展的重要内在因素。

（2）城市人口的交通方式和交通能力对中心体系发展的影响。上海市中心区的建设起步于外滩，由于租界的形成，又加之其东临黄浦江，对外贸易的日益拓展使其早期基础配套设施逐步齐全，上海港的疏浚使得黄浦江以港兴市的目的进一步增强，同时带动了对内贸易的发展，人口迅速增长。新中国成立后，由于交通运输方式的变更，上海大力发展公共交通，不仅促进了城市空间扩展，也促使城市中心区不断向西拓展；大量工业的投资，沿黄浦江和苏州河一带航运便利地段迅速发展起来，交通优势使得重要贸易仍在外滩及闸北一带聚集。同时，上海在此时修建了大量道路，修补了殖民地时期破碎的交通系统，加强了中心区内的输配能力，越来越便捷的市内交通也使得公共服务设施逐步沿主要干道联系到一起。进入20世纪90年代，上海开始了轨道交通的建设，第一条轨道线就穿越了人民广场。至2020年共修建了17条地铁轨道线，其中有8条穿越人民广场，轨道交通的大发展为人民广场地区带来了新的活力，目前中心区已经成为全市行政、金融、商贸、信息、文化中心，承担市级中心区至区级中心区各项职能，内部也拥有完整的空间结构及交通运输体系，成为一个运作良好的城市中心区。

（3）心理认知的惯性机制对中心体系发展的影响。心理惯性（Psychological inertia）特指人类本身具有无意识重复行为或者心理的一种倾向，它是人们形成习惯和个性化心理世界的基础。在城市发展的过程中，上海人民广场—外滩地区长时间承担了城市中心区标志物的职能，在上海乃至全国人民的印象中，由于心理惯性，已形成中心区位于人民广场及外滩周边的心理认知。在一项对居民外出进行主要商业活动地点选择，以及商务办公建筑区位选择的调查中，大部分被调查者都选择了上海人民广场周边。可见，人民广场的"被认同"也成为其公共服务设施进一步集聚的发展机制之一。

（4）城市政策的引导机制对中心体系发展的影响。1980年之前，上海市编制了多次城市规划，指导思想是变上海"消费城市"为"生产城市"，在工业区及港口贸易发展的刺激下，航运及交通便利的地段聚集了重要的商贸公共服务设施。1980年之后，上海组织编制的《上海城市总体规划方案》明确了上海城市发展方向，在产业布局调整、新的功能区域开发、旧城改造等方面取得重大进展，大批城市基础设施建成，包括上海第一条地铁的建设，都为上海人民广场地区产业结构升级以及空间拓展提供了物质基础和基本框架。2001年编制的《上海市城市总体规划（1999—2020）》确定上海市的中心商务区由浦东小陆家嘴和浦西外滩组成，主要公共活动中心由以人民广场为中心的市级中心和徐家汇、花木、江湾五角场、真如等4个市级副中心区组成，再次确立了上海人民广场地区的地位，不仅包含中心商务职能，还包含市级公共活动中心职能。城市管理者的发展理念通过政策的引导对上海中心体系的发展和演变起了重要的建设指导作用。

2.2 空间视角下的城市中心体系界定方法

2.2.1 城市中心区空间界定方法

随着城市规划理解的加深及技术的发展，城市规划的诸项研究已经出现了明显的国际化趋势及定量研究的倾向。这就需要建立一个统一的标准及研究范畴，以便与国际进行接轨，并有利于各项数据指标的定量计算与分析，而这也是目前城市中心区研究的薄弱环节。同时，作为城市产业发展的核心区域，产业与空间的联动分析也成为一个主要的研究方法，也需要有具体的界定及范围来进行数据的统计及分析。而从城市规划角度研究中心区，首先要分析它的功能活动、空间结构及其支撑环境等方面。这些工作要求必须建立一个可比较的概念标准范畴来协助研究，以保证尽可能地取得空间比较和深入分析的平台依托。因此，为了适应中心区研究发展的新要求，体现城市规划定量研究的新趋势，应首先对中心区研究范围进行界定。

1）城市中心区空间界定的传统方法

城市中心区具有特定的形态与功能，其空间肌理也与城市其余地区有较为明显的区别，这也成为界定城市中心区的突破口，常见的方法可归纳为以下几个方面：

——以空间肌理为界定标准。这一方法多是借助遥感及计算机技术，在大尺度地形图资料中识别出中心区范围。Patrick Lüscher 和 Robert Weibel 针对英国城市，利用相关经验，从大尺度地形图中自动识别城市中心区，识别主要从中心区整体形态特征、标志要素及相关功能出现频率等方面展开（Patrick Lüscher & Robert Weibel，2013）。H. Taubenböck 等（2013）则从中央商务区的形态特征出发，通过三维数字表面模型和多光谱影像组合的方式检测和界定城市中央商务区。这一方法较为适宜在较大的尺度中确定城市中心区的数量及位置，但难以对中心区边界进行精确界定。此外，还有学者以地块的平均高度来确定中心区边界，但地块的平均高度分界点设定主观性较大，且忽视建筑功能，有可能把大片高层居住街区也划入中心区范围内，难以实际应用。

——以路网密度为界定标准。这一方法以较易获得的城市道路数据对中心区边界进行界定，但受城市道路系统结构影响，需要根据城市道路系统进行调整。卢雪球和张青年（2010）两位学者从栅格密度及内核密度两个方面对广州市道路密度进行分级，并根据道路系统调整道路密度最高区域的边界，以此作为广州市中心区边界。但该方法缺乏对中心区功能影响的考虑，道路密度等级的划分主观性较强，对一些道路密度较为均质的中小城市可行性不高。

——以人口密度为界定标准。这一方法认为城市中心区也是就业中心，以就业密度作为城市中心区的界定标准。典型的做法如 Christian L. Redfearn（2007）针对美国城市普遍的多中心格局，以洛杉矶为例，用就业密度的方法识别城市的多个中心区。Timothy F. Leslie（2010）则从就业密度及企业密度两个方面出发，通过内核平滑模型计算了美国凤凰城的多中心区范围。Krueger（2012）通过就业、通勤模式、土地利用指标，利用公共设施簇群的空间叠加分析划定中心区范围，区分中心区的性质，并分析中心区的结构及发展趋势。这类方法难以区分劳动密集型企业集中区与城市中心区，且难以对中心区边界进行精确界定。同时，也有学者提出以街区为单元，利用人口密度来确定城市中心区的边界，但存在分界点设定主观化的问题，也有可能与劳动密集型企业、高校等人口稠密区发生混淆，实际中较难使用。

——以心理认知为界定标准。该方法认为城市中心区不可能被明确界定，其范围仅固定在人们的想象中，应根据城市管理者、城市规划者或是当地市民的心理认同来确定。以这一理论为出发点，将城市中心区地图交给专业人士及当地居民，询问每个人观念中的城市中心区界限，将结果平均即形成一条边界。但是这种方法界定出的结果从人的心理认知出发，带有较强的主观意愿，根据调查对象的不同，中心区边界的随机性也较大，且缺乏足够的科学依据，可能存在多解的结果，难以使用。

——以功能形态为界定标准。该方法认为中心区应是公共职能的集中区域及城市高强度的建设区域，因此从这两个方面出发对中心区进行界定。这一方法最早源自 Murphy 和 Vance 对中央商务区的研究，他们认为中心商务区包括两个关键的属性：① 商务活动是中心商务区的功能本质；② 商务空间的聚集程度是鉴定中心商务区范围的综合尺度。他们在此基础上提出 Murphy 指数概念和计算方法（Murphy R E & Vance J E，1954）：

$$中心商务高度指数\ CBHI = \frac{商务类功能总建筑面积}{建筑基底面积}$$

$$中心商务密度指数\ CBII = \frac{商务类功能总建筑面积}{总建筑面积} \times 100\%$$

Murphy 和 Vance 提出中心商务区的量化测定方法被称为"Murphy 指数界定法"，它充分体现了中心商务区在容量方面的特征。他们根据对当时美国 9 个中等城市（人口 10 万~23 万人）研究的基础上，提出以街区为统计单位，达到 $CBII \geq 50\%$，$CBHI \geq 1$ 的连续街区为中心商务区范围。Murphy 指数界定法从 1950 年代发展起来，是至今提出过的中心商务区量化界定方法中最可行、最实际的方法，也是目前使用最广、最能被广泛接受的方法，使用它能得出真正具有合理可比性的中心商务区边界。

但由于城市实际情况的变化，导致自 Murphy 以来一直沿用至今的 $CBHI$ 和 $CBII$ 两大指标的实用性也随之变异和波动：一是 CBD 已经逐渐演化为现代的专指商务中心区概念，而城市中心区应当包含商业和商务各类公共服务设施，其指标内涵需要进一步调整；二是在当代中国中心区的高强度开发中，大批高层、超高层建筑取代了原有的多层建筑，使中心区的高度指数（$CBHI$）成倍上升。随着中心区的不断"长高"，实际测定的 $CBHI$ 几乎没有在 2 以下，而大多在 4 以上，因此原来关于 $CBHI \geq 1$ 的界定尽管依然有效，但结果很不精确，须予以修正，而与之相反的是，$CBII$ 是指商贸用房所占的百分比，只与各种职能的空间结构相关，而与建筑物的整体高度无关，因此 $CBII$ 依然能精确反映中心区的商贸聚集程度。

在前人研究的基础上，杨俊宴以 Murphy 指数界定法为借鉴，提出"公共服务设施指数法"，用于测算城市中心区的空间边界，提出能够反映中心区功能本质并能够被客观精确地进行度量的数据指标。根据我国典型城市现状调研结果，确定城市中心区公共服务设施指数的组合分界值；收集原始数据，据此绘制测算指数空间分布图，从而划定城市中心区的空间边界，具体界定方法如下（图 2.5）：

——确定城市中心区空间边界的测算指标

根据调研结果和理论分析可以看出，城市中心区具有两个关键的属性：① 公共服务机构

（商贸设施）是中心区的功能本质；② 公共服务设施空间的聚集程度是鉴定中心区范围的综合尺度。在此基础上提出公共服务设施指数概念和计算方法，能够充分体现中心区的容量特征。公共服务设施指数是对中心区进行量化分析的主要指数，依据土地使用特征，提出公共服务设施高度指数 PSFHI（Public Service Facilities Height Index）、公共服务设施密度指数 PSFII（Public Service Facilities Intensity Index）分别为：

$$PSFHI = \frac{被调查用地公共服务设施的建筑面积}{被调查用地的用地面积} \times 100\%$$

$$PSFII = \frac{被调查用地公共服务设施的建筑面积}{被调查用地的总建筑面积} \times 100\%$$

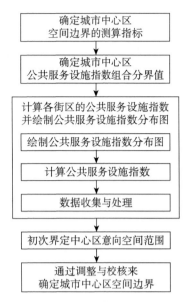

图 2.5　中心区范围界定步骤
* 资料来源：杨俊宴. 城市中心区规划理论与方法 [M]. 南京：东南大学出版社，2013.

——确定城市中心区公共服务设施指数组合分界值

将城市中心区公共服务设施指数划分为高指数、中指数和低指数三种等级，以单个街区、连续街区为测算单元，所述连续街区是指在空间上延续的两个及两个以上单个街区的总和。对城市中心区公共服务设施指数大小的累计比例分布值进行分析，以确定非中心区街区、中心区街区两种城市中心区公共服务设施指数的组合分界值为中心区范围指数值（PSFII+PSFHI）C。中心区范围指数值（PSFII+PSFHI）C = [（50）+（2）]，即公共服务设施密度指数 PSFII 的分界值为 50%，公共服务设施高度指数 PSFHI 的分界值为 2。大于此组合指数值的连续街区为中心区空间范围，小于此指数的连续街区为非中心区空间范围。

——计算各街区的公共服务设施指数并绘制公共服务设施指数分布图

以单个街区为测算单元，计算各单个街区的公共服务设施高度指数 PSFHI 和公共服务设施密度指数 PSFII，并标注在用地平面图上，然后根据数值大小定义该街区的颜色，得到公共服务设施高度指数 PSFHI 和公共服务设施密度指数 PSFII 的分布图。

——初次界定城市中心区意向空间范围

在各单个街区公共服务设施指数分布图的基础上，结合峰值地价法、功能单元法和交通流量分析法这三个界定参数，叠合标志性公共建筑的分布，首先选取所有公共服务设施指数大于或等于中心区范围指数值（PSFII+PSFHI）C 的单个街区、所有包含标志性公共建筑的单个街区；在这些街区的总和中，勾勒出空间连续的若干街区，作为该城市中心区的意向范围界线。

——通过调整与校核来确定城市中心区空间边界

将研究范围内各街区的公共服务设施建筑面积、总建筑面积、总用地面积分别累加，计算该中心区范围内整体的公共服务设施高度指数和公共服务设施密度指数，并与中心区范围指数值（PSFII+PSFHI）C 做对比。如果整体指数与中心区范围指数值（PSFII+PSFHI）C 一致，则说明研究范围即为中心区范围。初次划定的研究范围的公共服务设施高度指数和公共服务设施密度指数通常会与中心区范围指数值（PSFII+PSFHI）C 存在一定差距，如果研究范围的整体指数小于中心区范围指数值（PSFII+PSFHI）C，则说明研究范围大于中心区范围；反之则说明研究范围大于中心区范围。

根据整体指数与中心区范围指数值（$PSFII+PSFHI$）C 之间的差距，调整空间范围。如果整体指数偏大，则适当扩大其空间范围；如果整体指数偏小，则适当缩小其空间范围。在调整过程中，以面积最大的标志性公共建筑为圆心，进行均匀扩大或缩小。若再次统计的中心区范围内仍然不满足（$PSFII+PSFHI$）C 的组合值，则可以继续调整范围。通过若干次调整和校核，逐步使中心区范围内整体的公共服务设施指数渐渐达到（$PSFII+PSFHI$）C。

该界定技术路线综合了西方中心区范围界定的成熟方法，借鉴了国内多次中心区范围界定的经验教训，采用完全相同的调查标准、统计精度和计算方法，以保证量化界定出来的结果具有相当的精确度和可比性。在以上研究的基础上，利用城市中心区边界范围量化界定方法，对国内外部分城市中心区展开研究。经不同国家、地区中心区的实际检验，该方法具有较强的可操作性，并能较为准确地反映出中心区的范围。

2）上海城市中心区的边界界定

由于公共服务设施指数法具有较好的精确性，所以本研究使用公共服务设施指数法对上海城市中心区边界进行界定。本节以上海人民广场中心区为例，阐述公共服务设施指数法在上海城市中心区边界界定中的操作方法。

——步骤1：利用城市公共服务设施分布判断城市中心区布局

在上海市域范围内分析公共服务设施总体分布态势，确定城市中心区的布局，并作为下一步边界界定的对象。根据对上海公共服务设施分布态势的研究〔图2.6（a）〕，发现人民广场地区是城市公共服务设施高度聚集的区域，因此将其作为中心区边界界定的对象。

——步骤2：公共服务设施高度指数（$PSFHI$）计算

以单个街区为测算单元，计算上海市域范围各个街区的公共服务设施高度指数（$PSFHI$），并标注在用地平面图上，然后根据数值大小定义该街区的颜色，得到公共服务设施高度指数 $PSFHI$ 的分布图，据此得到上海公共服务设施高度指数（$PSFHI$）的分布态势〔图2.6（b）〕。

——步骤3：公共服务设施密度指数（$PSFII$）计算

以单个街区为测算单元，计算上海市域范围各个街区的公共服务设施密度指数（$PSFII$），并标注在用地平面图上，然后根据数值大小定义该街区的颜色，得到公共服务设施密度指数 $PSFII$ 的分布图，据此得到上海公共服务设施密度指数（$PSFII$）的分布态势〔图2.6（c）〕。

——步骤4：划定人民广场中心区边界界定的研究范围

在各单个街区公共服务设施指数分布图的基础上，结合峰值地价法、功能单元法和交通流量分析法这三个界定参数，叠合标志性公共建筑的分布，首先选取所有公共服务设施指数大于或等于中心区范围指数值（$PSFII+PSFHI$）C 的单个街区、所有包含标志性公共建筑的单个街区；在这些街区的总和中，勾勒出空间连续的若干街区，作为该城市中心区边界界定的研究范围界线〔图2.6（d）〕。

——步骤5：通过调整与校核来确定城市中心区空间边界

将研究范围内各街区的公共服务设施建筑面积、总建筑面积、总用地面积分别累加，计算该中心区范围内整体的公共服务设施高度指数（$PSFHI$）和公共服务设施密度指数（$PSFII$），并与中心区范围指数值（$PSFII+PSFHI$）C 做对比。步骤4划定的研究范围的公共服务设施高度指数（$PSFHI$）为1.37，公共服务设施密度指数（$PSFII$）为0.42，略小于中心区范围指数值（$PSFHI=2, PSFII=0.5$），说明研究范围大于中心区范围。根据整体指数与中心区范围指数值（$PSFII+PSFHI$）C之间的差距，适当缩小其空间范围。在调整过程中，以人民广场东侧高层建筑群为圆心，进行均匀扩大或缩小。若再次统计的中心区范围内仍然不满足（$PSFII+PSFHI$）C

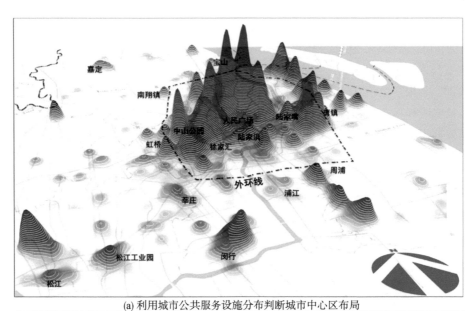

(a) 利用城市公共服务设施分布判断城市中心区布局

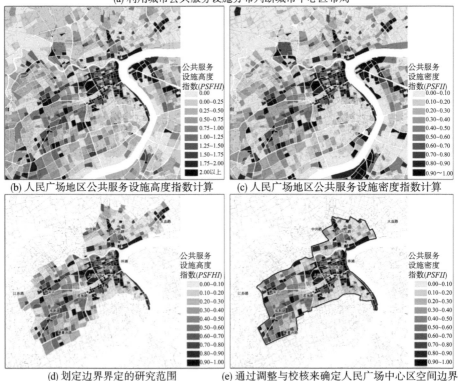

(b) 人民广场地区公共服务设施高度指数计算　　(c) 人民广场地区公共服务设施密度指数计算

(d) 划定边界界定的研究范围　　(e) 通过调整与校核来确定人民广场中心区空间边界

图 2.6　上海人民广场中心区边界界定流程

* 资料来源：作者绘制

的组合值，则可以继续调整范围。通过若干次调整和校核，逐步使中心区范围内整体的公共服务设施指数达到（$PSFII+PSFHI$）C。

经过空间边界界定获得的上海人民广场中心区空间范围不仅包括了人民广场周边的南京西路、外滩、西藏路等商业片区，也包括了四川北路、静安寺、淮海路、常熟路、豫园等公共服务聚集度较高的地区，但是大连路、江苏路等地区则在边界调整过程中移除〔图2.6（e）〕。

3）边界界定结果的检验

杨俊宴（2013）、胡昕宇（2015）使用公共服务设施指数法分别对上海人民广场中心区2010年、2013年的空间边界进行了界定，并基于界定结果对上海人民广场中心区的用地布局、空间规模、空间形态、业态结构、交通组织进行了定量解析。将本研究使用公共服务设施指数法界定的2015年上海人民广场中心区空间边界与杨俊宴、胡昕宇使用相同方法界定的2010年、2013年的中心区空间边界进行比较（图2.7参见彩图附录），发现在使用相同的界定方法下，对人民广场中心区空间边界的界定结果基本一致，中心区边界围合的空间范围总体上覆盖相同城市区域；同时，比较2010年、2013年、2015年中心区空间边界，发现中心区空间规模随着界定时间延后而逐渐扩大，这也与人民广场中心区实际的空间发展态势一致。检验结果说明本研究使用的公共服务设施指数法能够有效地对城市中心区边界进行界定，其空间规模与空间形态能够较准确地反映中心区的空间发展特征，研究数据具有较高的可靠性。

2010年边界及用地　　　　2013年边界及用地　　　　2015年边界及用地

图2.7　多位学者及本研究使用公共服务设施指数法对人民广场中心区的边界界定

* 资料来源：2010年、2013年中心区边界为杨俊宴（2013）、胡昕宇（2015）界定结果，2015年中心区边界为本研究界定结果

2.2.2　城市中心体系等级界定方法

1）城市中心体系等级界定的传统方法

杨俊宴（2015）提出基于"城市主中心区—城市副中心区—城市片区级中心"的中心区等级结构界定方法，根据中心区的特性制定了由10项一级指标和29项二级指标构成的分析评价标准，对各等级中心区的相应分项内涵进行指标描述，以此综合确定不同中心区的分级，具体指标见表2.1：

表 2.1 城市中心体系等级标准表 *

一级指标	二级指标	指标描述	主中心区	副中心区	片区中心
区位模块 A1	城市核心区位 B1	位于城市人口、经济重心地区,临近城市主干道,交通便利	★		
	城市重要区位 B2	位于城市人口、经济重要节点,交通便利		★	
	城市成熟片区 B3	位于城市发展成熟片区,配套设施完善			★
规模模块 A2	规模较大 B4	用地面积较大,总建筑面积较大	★		
	规模中等 B5	用地面积中等,总建筑面积中等		★	
	规模较小 B6	用地面积较小,总建筑面积较小			★
用地模块 A3	开发强度较高 B7	容积率、建筑密度较高	★		
	开发强度中等 B8	容积率、建筑密度中等		★	
	开发强度较低 B9	容积率、建筑密度较低			★
交通模块 A4	城市骨干交通枢纽 B10	城市主干道、轨道交通交会枢纽,交通联系便利,可达性较好,有大规模停车设施	★		
	城市交通节点 B11	城市主次干道节点,轨道交通站点,可达性较好,有大规模停车设施		★	
建筑模块 A5	成规模大型公建 B12	高层/大跨/巨型公共建筑出现并聚集形成一定规模	★		
	少量大型公建 B13	高层/大跨/巨型公共建筑出现并少量聚集		★	
	零星大型公建 B14	存在个别大型公共建筑或没有大型公共建筑			★
功能模块 A6	综合功能 B15	提供多种城市服务职能,以商业、商务等高端职能为主导,并有充足的配套辅助设施	★		
	单一功能 B16	以某一城市服务职能为主导,并有充足的配套辅助设施		★	
	辅助功能 B17	提供片区所需的生活配套设施			★
辐射模块 A7	多职能服务范围覆盖全城 B18	商业、商务等多职能服务中心,服务范围覆盖全城	★		
	单一职能服务范围覆盖全城 B19	商业、商务等某单一职能服务中心,服务范围覆盖全城		★	
	服务范围覆盖片区 B20	片区范围内的生活服务中心			★

续表 2.1

一级指标	二级指标	指标描述	主中心区	副中心区	片区中心
标志模块 A8	标志性较好 B21	拥有城市标志性景观轮廓线或标志性建筑，街区富有特色	★		
	标志性中等 B22	拥有少量标志性建筑，街区较有特色		★	
	标志性一般 B23	没有明显的标志性建筑			★
活动模块 A9	活动热烈 B24	公共活动的频率高，活动类型齐全	★		
	活动积极 B25	公共活动的频率较高，活动类型较齐全		★	
	活动平淡 B26	公共活动的频率一般，活动类型较单一			★
品牌模块 A10	品牌度较高 B27	公众认可度较高	★		
	品牌度中等 B28	公众认可度中等		★	
	品牌度较差 B29	公众认可度较差			★

* 资料来源：杨俊宴, 2013. 城市中心区规划设计理论与方法 [M]. 南京：东南大学出版社.

根据表 2.1 总结归纳出各级中心区标准：

城市主中心区：城市主中心区是城市区域服务职能的核心空间载体，各类别的生活性和生产性公共服务职能在城市占据首要地位，用地规模和建筑规模较大，服务范围覆盖全市，在全市范围内具有最高的公众认可度。

城市副中心区：城市副中心区是城市区域服务职能的重要空间载体，其中一至两类主导性的城市生活性和生产性公共服务职能在城市占据首要地位，具有一定的用地规模和建筑规模，服务范围覆盖全市，在全市范围内具有较高的公众认可度。

城市片区级中心：城市片区级中心承载城市某一片区的主要公共服务职能，具有集中成片并且持续使用的公共服务建筑，生活型服务业的业态档次较低端，服务范围覆盖本片区。

2）上海城市中心体系的等级界定

对上海城市中心体系内各中心区建设用地面积总量进行统计，如表 2.2 所示，上海城市中心区内建设面积最大的为人民广场中心区，为 1 568.02 hm^2；其次为陆家嘴中心区，面积为 1 416.63 hm^2，达到人民广场中心区面积的 90.3%；排序第三的为虹桥中心区，面积为 274.15 hm^2，仅为人民广场中心区面积的 17.5%；五角场中心区建设用地面积为 187.57 hm^2，为人民广场中心区面积的 12.0%；火车站中心区建设用地面积为 140.42 hm^2，为人民广场中心区面积的 9.0%；徐家汇中心区建设用地面积为 91.32 hm^2，为人民广场中心区面积的 5.8%。

表 2.2　上海城市中心体系各中心区建设用地面积 *

中心区名称	总量 /hm²	标准化
人民广场	1 568.02	100.0%
陆家嘴	1 416.63	90.3%
虹桥	274.15	17.5%
五角场	187.57	12.0%
火车站	140.42	9.0%
徐家汇	91.32	5.8%

* 资料来源：作者统计（2015 年）

对上海城市中心体系内各中心区建筑面积总量进行统计，如表 2.3 所示，上海城市中心区内建筑面积最大的为人民广场中心区，为 3 759.60 万 m²；其次为陆家嘴中心区，面积为 2 367.22 万 m²，达到人民广场中心区面积的 63.0%；排序第三的为虹桥中心区，面积为 580.51 万 m²，仅为人民广场中心区面积的 15.4%；徐家汇中心区建筑面积为 282.80 万 m²，为人民广场中心区面积的 7.5%；火车站中心区建筑面积为 252.72 万 m²，为人民广场中心区面积的 6.7%；五角场中心区建筑面积为 211.57 万 m²，为人民广场中心区面积的 5.6%。

表 2.3　上海城市中心体系各中心区建筑面积 *

中心区名称	总量 / 万 m²	标准化
人民广场	3 759.60	100.0%
陆家嘴	2 367.22	63.0%
虹桥	580.51	15.4%
徐家汇	282.80	7.5%
火车站	252.72	6.7%
五角场	211.57	5.6%

* 资料来源：作者统计（2015 年）

无论是从建设用地面积层面还是从建筑面积层面看，人民广场中心区与陆家嘴中心区都是上海中心体系内排名第一、第二的中心区，并且与其他中心区形成了较大的差距。相比之下，虹桥、徐家汇、火车站、五角场中心区则与人民广场中心区与陆家嘴中心区在规模上差别较大，但彼此之间相对差别较小。因此，从空间规模上而言，人民广场中心区与陆家嘴中心区构成了上海中心体系中的第一层级，虹桥、徐家汇、火车站、五角场中心区则构成了上海中心体系中的第二层级。

进而对上海城市中心体系的空间职能进行分析。表 2.4 为上海城市中心体系各用地类型用地面积，对各个中心区不同用地类型的建设用地面积进行考察。以 10 hm² 作为界定门槛，如果中心区某公共服务用地类型建设用地面积大于 10 hm²，则说明该中心区该公共服务职能具有较强的服务能力。人民广场中心区的行政办公、文化娱乐、教育科研、医疗卫生、商业、旅馆业、贸易咨询、金融保险、会展、商住混合、商办混合等公共服务职能用地的建设用地面积都在 10 hm² 以上；陆家嘴中心区的行政办公、文化娱乐、教育科研、医疗卫生、商业、餐饮、旅馆业、贸易咨询、金融保险业、会展、商住混合、商办混合等公共服务职能用地的建设用地面积都在 10 hm² 以上；虹桥中心区的商住混合和商办混合用地的建设用地面积在 10 hm² 以上；火车站中心区的旅馆业用地的建设面积在 10 hm² 以上；五角场中心区的贸易咨询和教育科研用地的建设面积在 10 hm² 以上；徐家汇中心区只有商办混合用地的建设面积在 10 hm² 以上。

表 2.4 上海城市中心体系各用地类型用地面积 *

单位：hm²

用地类型	人民广场中心区	陆家嘴中心区	徐家汇中心区	五角场中心区	火车站中心区	虹桥中心区
行政办公用地	28.04	24.67	2.3	1.56	1.18	6.69
文化娱乐用地	18.47	28.2	3.27	0	0	4.47
教育科研用地	23.05	26.82	3.11	45.73	0	6.33
体育用地	0.73	0	0	0	0	0
医疗卫生用地	16.45	16.24	0.79	0	0.29	0
商业用地	64.39	37.04	6.58	6.3	1.2	8.14
餐饮用地	8.85	10.76	0	0.36	1.61	1.7
旅馆业用地	41.64	16.45	1.03	3.68	14.37	9.04
贸易咨询用地	49.55	87.43	6.54	10.89	2.1	8.58
金融保险业用地	38.69	54.17	0	0	2.44	2.98
会展用地	11.05	110.91	0	0	0	3.83
批发市场用地	7.99	1.49	5.01	0.69	0	0
商住混合用地	181.69	52.88	3.61	3.47	7.11	27.35
商办混合用地	135.03	47.58	14.69	8.61	7.83	16.95
商业文化混合用地	0.32	6.12	0	0	1.05	1.45
商业旅馆业混合用地	4.37	7.54	0	0.53	3.67	3.86
公园绿地	118.86	239.54	2.78	1.5	15.69	30.29
特殊用地	1.3	0	0	0	0	0
在建用地	102.58	124.18	2.19	0	20.36	18.24

续表 2.4

用地类型	人民广场中心区	陆家嘴中心区	徐家汇中心区	五角场中心区	火车站中心区	虹桥中心区
居住用地	686.15	510.13	33.3	66.84	47.49	116.32
其他用地（工业、仓储、市政、对外交通等）	28.81	14.5	6.13	37.41	14.02	7.94
总量	1 568.01	1 416.65	91.33	187.57	140.41	274.16

* 资料来源：作者统计（2015 年）

表 2.5 为上海城市中心体系各用地类型建筑面积汇总，对各个中心区不同用地类型的总建筑面积进行考察。以 20 万 m² 作为界定门槛，如果中心区某公共服务用地类型总建筑面积大于 20 万 m²，则说明该中心区该公共服务职能具有较强的服务能力。人民广场中心区的行政办公、文化娱乐、教育科研、医疗卫生、商业、旅馆业、贸易咨询、金融保险业、商住混合、商办混合等公共服务职能用地的总建筑面积大于 20 万 m²；陆家嘴中心区的行政办公、文化娱乐、教育科研、商业、旅馆业、贸易咨询、金融保险业、会展、商住混合、商办混合等公共服务职能用地的总建筑面积大于 20 万 m²；虹桥中心区有商业、旅馆业、贸易咨询、商住混合、商办混合用地的总建筑面积大于 20 万 m²；火车站中心区的旅馆业、商住混合用地的总建筑面积大于 20 万 m²；五角场中心区的贸易咨询、教育科研用地的总建筑面积大于 20 万 m²；徐家汇中心区只有贸易咨询和商办混合用地的总建筑面积大于 20 万 m²。

表 2.5　上海城市中心体系各用地类型建筑面积 *

单位：万 m²

用地类型	人民广场中心区	陆家嘴中心区	徐家汇中心区	五角场中心区	火车站中心区	虹桥中心区
行政办公用地	53.17	43.58	6.75	1.2	4.85	11.87
文化娱乐用地	39.07	60.48	11.48	0	0	11.15
教育科研用地	38.78	46.25	3.78	28.81	0	13.56
体育用地	0.68	0	0	0	0	0
医疗卫生用地	47.83	14.89	2.89	0	0.5	0
商业用地	155.98	61.96	12.35	7.96	2.96	35.51
餐饮用地	12.66	16.89	0	0.17	8.73	2.42
旅馆业用地	176.95	56.55	6.11	14.63	44.01	30.17
贸易咨询用地	253.05	253.03	23.88	20.72	9.53	43.37
金融保险业用地	157.69	312.26	0	0	8.66	17.38
会展用地	11.54	114.26	0	0	0	5.11

续表 2.5

用地类型	人民广场中心区	陆家嘴中心区	徐家汇中心区	五角场中心区	火车站中心区	虹桥中心区
批发市场用地	19.83	0.56	9.46	0.37	0	0
商住混合用地	470.32	153.06	14.33	6.12	34.03	59.25
商办混合用地	808.67	188.4	68.13	9.35	12.85	105.98
商业文化混合用地	0.95	17.76	0	0	1	2.46
商业旅馆业混合用地	22.9	27.84	0	0.24	14.54	12.78
公园绿地	11.06	13.07	0	0	1.04	1.84
特殊用地	0.15	0	0	0	0	0
在建用地	26.8	41.42	0	0	0.07	0.4
居住用地	1 428.85	931.73	115.82	92.81	84.97	224.35
其他用地（工业、仓储、市政、对外交通等）	22.69	13.24	7.83	29.18	24.98	2.91
总量	3 759.6	2 367.22	282.8	211.57	252.72	580.51

* 资料来源：作者统计（2015 年）

结合对各个中心区各职能用地服务能力的考察，可以发现人民广场中心区与陆家嘴中心区在商业、文化娱乐、旅馆业、商务办公、金融保险业、行政办公等多个职能领域都具有较强的服务能力，因此判断人民广场中心区与陆家嘴中心区属于综合中心区；而虹桥中心区、徐家汇中心区的服务职能主要体现在商业、商务办公方面，五角场中心区的服务职能主要体现在商务办公、教育科研方面，火车站中心区的服务职能主要体现在商业、旅馆业方面。由于这些中心区的服务职能都主要聚集在特定服务领域，因此虹桥、徐家汇、火车站、五角场中心区属于专业中心区（表 2.6）。

表 2.6　上海城市中心体系各中心区主要职能 *

中心区名称	中心区主要职能
人民广场	商业、文化娱乐、旅馆业、商务办公、金融保险业、行政办公、教育科研、医疗卫生
陆家嘴	商业、文化娱乐、旅馆业、商务办公、金融保险业、行政办公、教育科研、会议展览
虹桥	商业、商务办公
徐家汇	商业、商务办公
火车站	商业、旅馆业
五角场	商务办公、教育科研

* 资料来源：作者统计

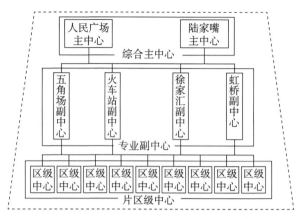

图 2.8 上海城市中心体系等级界定
* 资料来源：作者绘制

综合上文分析，人民广场中心区和陆家嘴中心区在空间规模上大幅领先虹桥、徐家汇、火车站、五角场中心区，而且在中心区服务职能上也发展得较为全面综合，相比之下虹桥、徐家汇、火车站、五角场中心区则主要形成以某一功能为主的中心区产业特征。结合前文对中心体系等级界定的方法，可以判定上海城市中心体系中，人民广场中心区和陆家嘴中心区为综合主中心区，虹桥、徐家汇、火车站、五角场中心区为专业副中心区，其他中心区则为片区级中心（图2.8）。

2.3 上海城市中心体系发展现状

上海城市中心体系历经近180年的发展，由最初黄浦江沿岸的外滩租界区发展成为包含两个综合主中心区、四个专业副中心区及若干片区级中心所构成的"两主四副"中心体系（图

图 2.9 上海城市中心体系结构
* 资料来源：作者绘制

2.9),其中综合主中心区包括人民广场中心区与陆家嘴中心区,专业副中心区分别为五角场中心区、火车站中心区、徐家汇中心区和虹桥中心区。本节主要从空间规模、用地职能和公共设施规模等方面对上海城市中心体系发展现状进行解析。

2.3.1 上海中心体系总体概况

上海城市中心体系(图 2.10 参见彩图附录)总建设用地面积为 3 678.11 hm²,总建筑面积为 7 454.42 万 m²,公共服务设施建筑面积为 3 727.21 万 m²。从建设用地规模层面看(表 2.7),在中心体系所有公共服务设施用地中商办混合用地具有最大的用地面积,面积为 230.69 hm²,达到中心体系建设用地总量的 6.27%,贸易咨询用地和商业用地则仅次于商办混合用地,面积分别为 165.09 hm² 与 123.65 hm²,占中心体系建设用地总量的 4.49%、3.36%;从建筑面积规模层面看,所有公共服务设施用地中商办混合用地同样具有最大的建筑面积,面积为 1 193.38 万 m²,占中心体系总建筑面积的 16.01%,贸易咨询用地和金融保险业用地仅次于商办混合用地,建筑面积分别为 603.58 万 m² 与 495.99 万 m²,占中心体系建筑面积总量的 8.10%、6.65%。同时,居住用地构成了中心体系的非公共服务设施用地的主体,总用地面积为 1 460.23 hm²,占中心体系建设用地总量的 39.70%,建筑面积为 2 878.53 万 m²,占中心体系建筑面积总量的 38.62%。

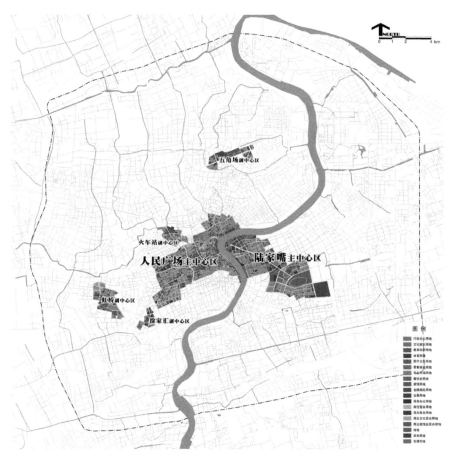

图 2.10 上海城市中心体系土地利用

*资料来源:作者绘制

表 2.7 上海城市中心体系总体规模 *

用地类型	建设用地面积 / hm²	所占比例 / %	建筑面积 / 万 m²	所占比例 / %
行政办公用地	64.44	1.75	121.42	1.63
文化娱乐用地	54.41	1.48	122.18	1.64
教育科研用地	105.04	2.86	131.18	1.76
体育用地	0.73	0.02	0.68	0.01
医疗卫生用地	33.77	0.92	66.11	0.89
商业用地	123.65	3.36	276.72	3.71
餐饮用地	23.28	0.63	40.87	0.55
旅馆业用地	86.21	2.34	328.42	4.41
贸易咨询用地	165.09	4.49	603.58	8.10
金融保险业用地	98.28	2.67	495.99	6.65
会展用地	125.79	3.42	130.91	1.76
批发市场用地	15.18	0.41	30.22	0.41
商住混合用地	276.11	7.51	737.11	9.89
商办混合用地	230.69	6.27	1 193.38	16.01
商业文化混合用地	8.94	0.24	22.17	0.30
商业旅馆业混合用地	19.97	0.54	78.3	1.05
公园绿地	408.66	11.11	27.01	0.36
特殊用地	1.3	0.04	0.15	0.00
在建用地	267.55	7.27	68.69	0.92
居住用地	1 460.23	39.70	2 878.53	38.62
其他用地（工业、仓储、市政、对外交通等）	108.81	2.96	100.83	1.35
总量	3 678.11	100.00	7 454.42	100.00

* 资料来源：作者统计（2015 年）

2.3.2 上海主中心区发展现状

上海城市中心体系中包含人民广场中心区、陆家嘴中心区两个综合主中心区。人民广场中心区、陆家嘴中心区位于上海城市建成区范围中心，并以黄浦江作为分隔夹江而立，形成"哑铃"状空间结构。

1) 主中心区概况

上海中心城区内公共服务设施建筑面积为 13 916.9 万 m^2，中心体系所有中心区的公共服务设施建筑面积为 3 727.21 万 m^2，而由人民广场、陆家嘴中心区构成的主中心区内公共服务设施面积达到 3 063.41 万 m^2，这就意味着主中心区公共服务设施建筑量为中心体系总体的 82.19%，占中心城区范围内公共服务设施总量的 22.01%，可见主中心区作为上海市内规模最大、配套设施最为完善的城市中心，是上海城市服务业发展的核心部分。

主中心区在城市公共服务设施中的核心地位，具体体现在其对城市各个类型公共服务设施产生的聚集效应中。在生产型服务业方面，主中心区是城市商务及其辅助职能的主要空间载体，尤其体现在金融保险、商办混合、商业旅馆业混合以及会展等职能公共服务设施的分布上，其中主中心区的金融保险建筑规模占中心体系总量的 94.75%，商办混合建筑规模占中心体系总量的 83.55%，商业旅馆混合建筑规模占中心体系总量的 64.80%，会展建筑规模占中心体系总量的 96.10%，这说明主中心区作为城市核心区位，充分吸引聚集了具有较高地租负担能力的高端商务产业。在生活型服务业方面，主中心区在商业零售建筑比重方面并不突出，仅占中心城区总量的 7.74%，却在商业娱乐混合建筑和文化娱乐建筑规模方面具有较大的规模，其中商业娱乐混合建筑规模占中心城区总量的 65.88%，文化娱乐建筑规模占中心城区总量的 34.22%，这说明城市主中心区已经并不依赖单纯的零售产业，相比其他地段更突出具有更多城市文化特色的体验性消费等复合商业模式。在公益型服务业方面，主中心区内对行政办公职能表现出一定的聚集能力，行政办公建筑规模占中心城区总量的 24.40%，而对于其他类型的公益型服务业聚集特征并不显著（表 2.8）。

表 2.8　上海主中心区公共服务设施建筑规模及其构成比例 *

公共服务设施类型		主中心区建筑面积 / 万 m^2	占中心体系总量比例 / %	占中心城区总量比例 / %
生产型服务业	贸易咨询	506.08	83.85	12.38
	商办混合	997.07	83.55	62.84
	金融保险	469.95	94.75	63.88
	旅馆酒店	233.5	71.10	35.31
	商业旅馆业混合	50.74	64.80	57.53
	会展	125.8	96.10	43.86
生活型服务业	商业零售	296.44	73.62	7.74
	商业娱乐混合	18.71	84.39	65.88
	文化娱乐	99.55	81.48	34.22
	批发市场	20.39	67.47	6.94

续表 2.8

公共服务设施类型		主中心区建筑面积 /万 m²	占中心体系总量比例 /%	占中心城区总量比例 /%
公益型服务业	行政办公	96.75	79.68	24.40
	医疗卫生	62.72	94.87	16.33
	体育	0.68	100.00	0.49
	教育科研	85.03	64.82	7.69
总量		3 063.41	82.19	22.01

* 资料来源：作者绘制

主中心区在业态职能方面综合发展的特点，则体现在其各个类型公共服务设施规模占中心体系总体规模的比例上。从表 2.8 中可以看出，主中心区所有职能建筑规模均在中心体系总量的 60% 以上，尤其是金融保险、会展、体育健身、医疗卫生等职能的建筑规模在中心体系总量的 90% 以上，此外，贸易咨询、商办混合、商业娱乐混合、文化娱乐等职能的建筑规模也在中心体系总量的 80% 以上，即使是各个中心区中最为常见的商业零售等职能，主中心区也构成了中心体系总量的 73.62%，这充分说明了主中心区这一类型的中心区在业态职能发展上具有多种职能综合发展的特征。

综合上海主中心区的发展现状来看，主中心区是城市公共服务职能的核心空间载体，对于城市中的金融保险、商办混合、商业旅馆混合以及会展等生产型公共服务设施，商业娱乐混合建筑和文化娱乐建筑等生活型公共服务设施和行政办公等公益型服务设施具有显著的聚集作用，其职能发展综合多元，不论在生产型、生活型和公益型服务领域均在中心体系总量中占据主体地位。

2）人民广场主中心区

人民广场中心区（图 2.11 参见彩图附录）位于上海黄浦区、静安区核心地段，以人民广场为核心，以延安路、淮海路、中山东路等道路为骨架，包含了南京路商业街、淮海路商业街、外滩等著名的服务产业集聚场所。人民广场中心区发展历史悠久，很大一部分区域在历史上曾作为租界，因此造就了中心区内"窄道路、密路网"的道路网格局，也为今天人民广场中心区的高强度、高密度开发提供了重要的基础设施支撑，在经历了长时间的发展之后，人民广场中心区逐渐发展为集金融办公、贸易咨询、商业、文化娱乐、行政和居住等城市功能于一体的城市综合主中心区。如表 2.9 所示，其总用地面积为 1 568.02 hm²，总建筑面积为 3 759.60 万 m²。

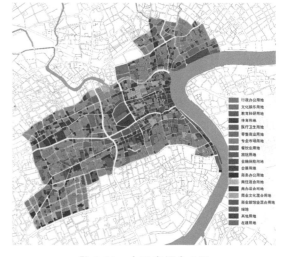

图 2.11　人民广场中心区

* 资料来源：作者绘制

人民广场中心区边界东侧以黄浦江为界，

道路边界包括公平路、东长治路、丹徒路、海门路、岳州路、通州路、胡家木桥路、海伦路、四川北路、虬江路、宝山路、海宁路、西藏北路、南苏州路、新闸路、乌鲁木齐北路、乌鲁木齐中路、淮海中路、宛平路、肇嘉浜路、陕西南路、永嘉路、重庆南路、复兴中路、复兴东路、中华路、紫霞路、中山南路、董家渡路。

表 2.9 上海人民广场各职能用地及建筑规模 *

用地类型	建筑面积 / 万 m^2	比例 / %	用地面积 / hm^2	比例 / %
行政办公用地	53.17	1.41	28.04	1.79
文化娱乐用地	39.07	1.04	18.47	1.18
教育科研用地	38.78	1.03	23.05	1.47
体育用地	0.68	0.02	0.73	0.05
医疗卫生用地	47.83	1.27	16.45	1.05
商业用地	155.98	4.15	64.39	4.11
餐饮用地	12.66	0.34	8.85	0.56
旅馆业用地	176.95	4.71	41.64	2.66
贸易咨询用地	253.05	6.73	49.55	3.16
金融保险业用地	157.69	4.19	38.69	2.47
会展用地	11.54	0.31	11.05	0.70
批发市场用地	19.83	0.53	7.99	0.51
商住混合用地	470.32	12.51	181.69	11.59
商办混合用地	808.67	21.51	135.03	8.61
商业文化混合用地	0.95	0.03	0.32	0.02
商业旅馆业混合用地	22.90	0.61	4.37	0.28
公园绿地	11.06	0.29	118.86	7.58
特殊用地	0.15	0.00	1.30	0.08
在建用地	26.80	0.71	102.58	6.54
居住用地	1 428.85	38.01	686.15	43.76
其他用地（工业、仓储、市政、对外交通等）	22.69	0.60	28.81	1.84
总量	3 759.60	100.00	1 568.02	100.00

* 资料来源：作者绘制

3）陆家嘴主中心区

陆家嘴中心区（图 2.12 参见彩图附录）位于上海浦东新区西北部黄浦江畔，与外滩隔江

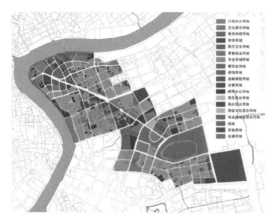

图 2.12　陆家嘴中心区
*资料来源：作者绘制

相对。作为全国唯一以金融、保险和证券及商贸为主要产业的国家级开发区，长江经济带的国家级战略金融中心之一，陆家嘴是众多跨国银行的大中华区及东亚总部所在地。陆家嘴中心区以陆家嘴环路为核心，以世纪大道为核心，通过地铁 2 号线、延安路隧道、延安东路隧道、人民路隧道与浦西相连通，内部还有陆家嘴环路作为内部交通环线。陆家嘴中心区用地职能以商务办公、金融证券为主体，兼有商业零售、文化娱乐等功能。如表 2.10 所示，其总用地面积为 1 416.63 hm^2，总建筑面积为 2 367.22 万 m^2。

陆家嘴中心区边界西北及西南侧以黄浦江为界，道路边界包括东方路、昌邑路、源深路、乳山路、福山路、商城路、张杨路、桃林路、杨高中路、芳甸路、花木路、内环高架路、龙东大道、龙阳路、杜鹃路、玉兰路、樱花路、浦建路、东方路、浦电路。

表 2.10　上海陆家嘴中心区各职能用地及建筑规模 *

用地类型	建筑面积 / 万 m^2	比例 / %	用地面积 / hm^2	比例 / %
行政办公用地	43.58	1.84	24.67	1.74
文化娱乐用地	60.48	2.55	28.20	1.99
教育科研用地	46.25	1.95	26.82	1.89
体育用地	0.00	0.00	0.00	0.00
医疗卫生用地	14.89	0.63	16.24	1.15
商业用地	61.96	2.62	37.04	2.61
餐饮用地	16.89	0.71	10.76	0.76
旅馆业用地	56.55	2.39	16.45	1.16
贸易咨询用地	253.03	10.69	87.43	6.17
金融保险业用地	312.26	13.19	54.17	3.82
会展用地	114.26	4.83	110.91	7.83
批发市场用地	0.56	0.02	1.49	0.10
商住混合用地	153.06	6.47	52.88	3.73
商办混合用地	188.40	7.96	47.58	3.36
商业文化混合用地	17.76	0.75	6.12	0.43
商业旅馆业混合用地	27.84	1.18	7.54	0.53

续表 2.10

用地类型	建筑面积 / 万 m²	比例 / %	用地面积 / hm²	比例 / %
公园绿地	13.07	0.55	239.54	16.91
特殊用地	0.00	0.00	0.00	0.00
在建用地	41.42	1.75	124.18	8.77
居住用地	931.73	39.36	510.13	36.01
其他用地（工业、仓储、市政、对外交通等）	13.24	0.56	14.50	1.02
总量	2 367.22	100.00	1 416.63	100.00

* 资料来源：作者绘制（2015 年数据）

浦东陆家嘴主中心区的主导产业倾向于商务办公、金融保险等高端服务产业和大型商业，而人民广场主中心区则主要以零售商业与商务办公为主，两主中心区之间存在着产业的联动错位发展。由于商务办公、金融保险等高端服务产业以其强大的盈利能力为依托，占据城市中良好的区位而在主中心区内部进行空间集聚，致使主中心区规模进一步壮大。

2.3.3 上海副中心区发展现状

上海城市中心体系包含徐家汇、五角场、火车站和虹桥等 4 个城市副中心区，分别位于上海徐汇区、杨浦区、闸北区和长宁区，大致以城市中心为核心环绕在市级中心区外围。

1）副中心区概况

在公共服务设施空间规模方面，副中心区内公共服务设施面积约 663.8 万 m²，占中心城区公共服务设施总量的 4.77%，约为中心体系公共服务设施总量的 17.81%，这意味着全部 4 个副中心区的公共服务设施的总量也不足主中心区总量的四分之一，说明副中心区尽管已经具有了相当的规模，但还是与主中心区形成了较大的差距。

相比主中心区强大的吸聚能力，副中心区的公共服务设施在中心城区总量中的比重相对有限，更突出酒店业、商办混合和商业旅馆混合等职能，其中旅馆酒店建筑规模占中心城区总量的 14.35%，商办混合建筑规模占中心城区总量的 12.37%，商业旅馆混合建筑规模占中心城区总量的 31.25%，其他职能则并不突出。而从副中心区各个类型服务设施规模在中心体系中的比重来看，商业零售、旅馆酒店、批发市场、教育科研的比重较高，其中副中心区的商业零售建筑规模占中心体系总量的 26.38%，旅馆酒店建筑规模占中心体系总量的 28.90%，商业旅馆混合建筑规模占中心体系总量的 35.20%，批发市场建筑规模占中心体系总量的 32.53%，行政办公建筑规模占中心体系总量的 20.32%，教育科研建筑规模占中心体系总量的 35.18%，这表明副中心区总体上相比主中心区职能更侧重于生活型与公益型服务业，同时服务职能更加单一，主体职能更加凸显（表 2.11）。

表 2.11 上海副中心区公共服务设施建筑规模及其构成比例 *

公共服务设施类型		副中心区建筑面积 /万 m²	占中心体系总量比例 /%	占中心城区总量比例 /%
生产型服务业	贸易咨询	97.5	16.15	2.39
	商办混合	196.31	16.45	12.37
	金融保险	26.04	5.25	3.54
	旅馆酒店	94.92	28.90	14.35
	商业旅馆混合	27.56	35.20	31.25
	会展	5.11	3.90	1.78
生活型服务业	商业零售	106.23	26.38	2.77
	商业娱乐混合	3.46	15.61	12.18
	文化娱乐	22.63	18.52	7.78
	批发市场	9.83	32.53	3.34
公益型服务业	行政办公	24.67	20.32	6.22
	医疗卫生	3.39	5.13	0.88
	体育	0	0.00	0.00
	教育科研	46.15	35.18	4.18
总量		663.8	17.81	4.77

* 资料来源：作者绘制（2015 年数据）

图 2.13 徐家汇中心区
* 资料来源：作者绘制

2）徐家汇副中心区

徐家汇中心区（图 2.13 参见彩图附录）位于上海中心城区西南角，围绕虹桥路、华山路、衡山路交叉口为中心，毗邻上海交通大学和徐家汇公园，地铁 1 号线、9 号线、11 号线在此交会。主要以名牌服饰、奢侈品以及电脑、数码产品零售商业为主，整个商业区的格调趋向于高端化，同时也是一个休闲娱乐、宗教活动、美食林立、观光旅游的主要活动场所。徐家汇的主流消费人群是白领、年轻人、电子商品爱好者以及游客。在服饰、奢侈品方面，徐家汇拥有东方商厦、港汇广场、太平洋百货、汇金百货、汇联百货、第六百货等商业百货公司。徐家汇另一大消费特色便是其极具人气的电子产品市场，这里坐落着太平洋数码广场、百脑汇、百思买以及众多的手机连锁市场，由于其距离上海交通大学徐家汇校区并不远，所以也吸引了许多客流。如表 2.12 所示，其总用地面积为 91.32 hm²，总建筑面积 282.80 万 m²。徐家汇中心区边界包括广元路、天平路、肇嘉浜路、天钥桥路、南丹东路、影业路、蒲汇塘路、文定路、凯旋路、宜山路、南丹路、文定路、虹桥路、恭城路、广元西路。

表 2.12　上海徐家汇中心区各职能用地及建筑规模 *

用地类型	建筑面积 / 万 m²	比例 / %	用地面积 / hm²	比例 / %
行政办公用地	6.75	2.39	2.30	2.52
文化娱乐用地	11.48	4.06	3.27	3.59
教育科研用地	3.78	1.34	3.11	3.40
体育用地	0.00	0.00	0.00	0.00
医疗卫生用地	2.89	1.02	0.79	0.86
商业用地	12.35	4.37	6.58	7.20
餐饮用地	0.00	0.00	0.00	0.00
旅馆业用地	6.11	2.16	1.03	1.13
贸易咨询用地	23.88	8.44	6.54	7.16
金融保险业用地	0.00	0.00	0.00	0.00
会展用地	0.00	0.00	0.00	0.00
批发市场用地	9.46	3.35	5.01	5.49
商住混合用地	14.33	5.07	3.61	3.96
商办混合用地	68.13	24.09	14.69	16.09
商业文化混合用地	0.00	0.00	0.00	0.00
商业旅馆业混合用地	0.00	0.00	0.00	0.00
公园绿地	0.00	0.00	2.78	3.04
特殊用地	0.00	0.00	0.00	0.00
在建用地	0.00	0.00	2.19	2.40
居住用地	115.82	40.95	33.30	36.46
其他用地（工业、仓储、市政、对外交通等）	7.83	2.77	6.13	6.71
总量	282.80	100.00	91.32	100.00

* 资料来源：作者绘制（2015 年数据）

3）五角场副中心区

五角场中心区（图 2.14 参见彩图附录）地处上海杨浦区北部，有邯郸路、四平路、黄兴

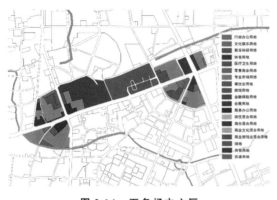

图 2.14　五角场中心区
*资料来源：作者绘制

路、翔殷路、淞沪路五条发散型的主干道在这里交会，周边有上海轨道交通 3 号线及 10 号线，既是杨浦区的核心商业中心，也是整个上海的重要文化教育中心。五角场中心区依托良好的交通环境，具有发达的商务商业产业，并具有鲜明的科教特色。五角场中心区以环岛为中心，有上海合生国际广场、东方商厦、苏宁电器广场、百联又一城、上海万达商业广场、上海大西洋百货等大型商业设施，商务办公写字楼主要分布于环岛核心区域以及以五条大道为基础的向外拓展区。高档商务 5A 甲级写字楼在五角场副中心区范围内的区域以南部环岛地块的东侧最为集中，而在向外拓展延伸区域则以黄兴路沿线最为集中，有凯迪金融大厦、五角丰达商务广场、蓝天大厦等一大批中高级商务综合写字楼。如表 2.13 所示，其总用地面积为 187.57 hm^2，总建筑面积为 211.57 万 m^2。五角场中心区边界包括翔殷路、国庠路、政通路、国通路、政民路、武东路、纪念路、广纪路、汶水东路、曲阳路、邯郸路、国定路、黄兴路。

表 2.13　上海五角场中心区各职能用地及建筑规模 *

用地类型	建筑面积 / 万 m^2	比例 / %	用地面积 / hm^2	比例 / %
行政办公用地	1.20	0.57	1.56	0.83
文化娱乐用地	0.00	0.00	0.00	0.00
教育科研用地	28.81	13.62	45.73	24.38
体育用地	0.00	0.00	0.00	0.00
医疗卫生用地	0.00	0.00	0.00	0.00
商业用地	7.96	3.76	6.30	3.36
餐饮用地	0.17	0.08	0.36	0.19
旅馆业用地	14.63	6.92	3.68	1.96
贸易咨询用地	20.72	9.79	10.89	5.81
金融保险业用地	0.00	0.00	0.00	0.00
会展用地	0.00	0.00	0.00	0.00
批发市场用地	0.37	0.17	0.69	0.37
商住混合用地	6.12	2.89	3.47	1.85
商办混合用地	9.35	4.42	8.61	4.59
商业文化混合用地	0.00	0.00	0.00	0.00

续表 2.13

用地类型	建筑面积 / 万 m²	比例 / %	用地面积 / hm²	比例 / %
商业旅馆业混合用地	0.24	0.12	0.53	0.28
公园绿地	0.00	0.00	1.50	0.80
特殊用地	0.00	0.00	0.00	0.00
在建用地	0.00	0.00	0.00	0.00
居住用地	92.81	43.87	66.84	35.63
其他用地（工业、仓储、市政、对外交通等）	29.18	13.79	37.41	19.95
总量	211.57	100.00	187.57	100.00

* 资料来源：作者绘制（2015 年数据）

4）火车站副中心区

火车站中心区（图 2.15 参见彩图附录）位于整个闸北区的西南部。火车站中心区依托火车站带来的人流，融合品牌购物、时尚餐饮、休闲娱乐等用地职能。尽管在上海南站、虹桥火车站投入使用之后，上海火车站旅客减少，传统的百货商业发展受到了影响，但仍旧是上海具有重要影响力的商业副中心区。如表 2.14 所示，其总用地面积为 140.42 hm²，总建筑面积为 252.72 万 m²。火车站中心区边界包括乌镇路、天目中路、共和新路、大统路、秣陵路、远景路、昌化路、莫干山路、光复路。

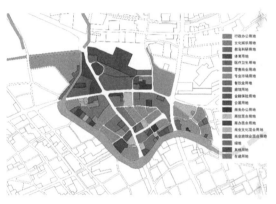

图 2.15 火车站中心区
* 资料来源：作者绘制

表 2.14 上海火车站中心区各职能用地及建筑规模 *

用地类型	建筑面积 / 万 m²	比例 / %	用地面积 / hm²	比例 / %
行政办公用地	4.85	1.92	1.18	0.84
文化娱乐用地	0.00	0.00	0.00	0.00
教育科研用地	0.00	0.00	0.00	0.00
体育用地	0.00	0.00	0.00	0.00
医疗卫生用地	0.50	0.20	0.29	0.21
商业用地	2.96	1.17	1.20	0.86
餐饮用地	8.73	3.45	1.61	1.15
旅馆业用地	44.01	17.41	14.37	10.24

续表 2.14

用地类型	建筑面积 / 万 m²	比例 / %	用地面积 / hm²	比例 / %
贸易咨询用地	9.53	3.77	2.10	1.50
金融保险业用地	8.66	3.43	2.44	1.73
会展用地	0.00	0.00	0.00	0.00
批发市场用地	0.00	0.00	0.00	0.00
商住混合用地	34.03	13.47	7.11	5.06
商办混合用地	12.85	5.09	7.83	5.58
商业文化混合用地	1.00	0.40	1.05	0.75
商业旅馆业混合用地	14.54	5.75	3.67	2.61
公园绿地	1.04	0.41	15.69	11.17
特殊用地	0.00	0.00	0.00	0.00
在建用地	0.07	0.03	20.36	14.50
居住用地	84.97	33.62	47.49	33.82
其他用地（工业、仓储、市政、对外交通等）	24.98	9.88	14.02	9.98
总量	252.72	100.00	140.42	100.00

* 资料来源：作者绘制（2015 年数据）

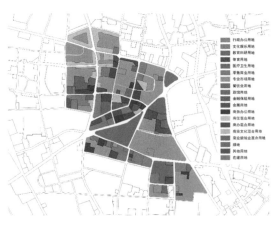

图 2.16　虹桥中心区
* 资料来源：作者绘制

5）虹桥副中心区

虹桥中心区（图 2.16 参见彩图附录）地处长宁区中部，以延安西路、天山路、中山西路为骨架，上海轨道 2、3、4、10 号线经过中心区周边。虹桥中心区依托虹桥涉外贸易区和大虹桥交通枢纽建设，聚焦国际商贸商务，定位高端现代商业，形成以涉外贸易、会展服务为主导，集高端商业、餐饮休闲、文化娱乐等功能为一体的上海商业中心区。虹桥中心区内包含遵义路商业街、天山路商业街、娄山关路商业街、古北国际商业街等商业板块。如表 2.15 所示，其总用地面积为 274.15 hm²，总建筑面积为 580.51 万 m²。虹桥中心区边界包括天山路、娄山关路、玉屏南路、天山支路、芙蓉江路、虹古路、古北路、红宝石路、姚虹路、古羊路、张虹路、黄金城路、宋园路、中山西路、延安西路。

表 2.15 上海虹桥中心区各职能用地及建筑规模 *

用地类型	建筑面积 / 万 m²	比例 / %	用地面积 / hm²	比例 / %
行政办公用地	/	2.04	6.69	2.44
文化娱乐用地	11.15	1.92	4.47	1.63
教育科研用地	13.56	2.34	6.33	2.31
体育用地	0.00	0.00	0.00	0.00
医疗卫生用地	0.00	0.00	0.00	0.00
商业用地	35.51	6.12	8.14	2.97
餐饮用地	2.42	0.42	1.70	0.62
旅馆业用地	30.17	5.20	9.04	3.30
贸易咨询用地	43.37	7.47	8.58	3.13
金融保险业用地	17.38	2.99	2.98	1.09
会展用地	5.11	0.88	3.83	1.40
批发市场用地	0.00	0.00	0.00	0.00
商住混合用地	59.25	10.21	27.35	9.98
商办混合用地	105.98	18.26	16.95	6.18
商业文化混合用地	2.46	0.42	1.45	0.53
商业旅馆业混合用地	12.78	2.20	3.86	1.41
公园绿地	1.84	0.32	30.29	11.05
特殊用地	0.00	0.00	0.00	0.00
在建用地	0.40	0.07	18.24	6.65
居住用地	224.35	38.65	116.32	42.43
其他用地（工业、仓储、市政、对外交通等）	2.91	0.50	7.94	2.90
总量	580.51	100.00	274.15	100.00

* 资料来源：作者绘制（2015 年数据）

2.3.4 上海片区级中心区发展现状

在"两主四副"的市级中心区之外，上海中心体系还包括更低等级的片区级中心区。根据 2014 年上海市商务委和规土局公布的《上海市商业网点布局规划（2013—2020）》，至 2020 年上海将形成由"市级商业中心、地区级商业中心、社区商业中心和特色商业街区"组成的"3+1"商业布局体系，其中地区级商业中心即是地区公共活动中心相结合的片区级中心。在该规划中，于上海市外环线以内规划形成22个地区级商业中心，包括控江路商业中心、打浦桥商业中心、共康商业中心、长寿商业中心、曹家渡商业中心、淞宝商业中心、塘桥商业中心、外高桥商业中心、金桥商业中心、北外滩商业中心、南方商城商业中心、北中环商业中心、天山商业中心、长风商业中心、南外滩商业中心、前滩地区商业中心、唐镇商业中心、世博园区、徐汇滨江地区、新虹桥地区、杨浦滨江地区（远期）、苏河湾地区（远期）。

而基于上海市中心体系目前的发展状况，上海2015年已经形成了控江路、长寿路、中山公园、打浦桥、大宁、庙行、真如、外高桥、金桥、成山路等10处片区级中心区。上述片区级中心区主要服务于本区域及周边区域的消费人群，依托交通枢纽、旅游景点、大型居住区和商务区，主要服务产业类型为日常生活性服务业和保障性服务产业，公共服务设施总建筑面积基本在30万 m² 以上（图2.17）。

图2.17　片区级中心
*资料来源：作者绘制

2.4 上海城市中心体系空间形态分析

城市中心体系位于城市核心区位,是影响城市总体形态布局形成和发展的关键影响因素。作为城市建设的重点地区,构成城市中心体系的各个中心区往往聚集了大规模的中高层建筑,并拥有城市中最高的标志性建筑,具备鲜明的空间形态特色。那么,上海城市中心体系在空间形态层面具有什么样的特征?这些特征反映了上海城市中心体系在形成和发展中的何种规律?本节研究从空间形态基本的高度、密度及强度三个方面展开,对上海城市中心体系的空间形态特征进行剖析,进而研究其内部发展规律。

2.4.1 中心体系建设强度分析

地块建设强度即容积率,是表现建设用地使用强度的指标,具体计算公式为:

$$地块建设强度 = \frac{地块地上总建筑面积}{地块用地面积}$$

地块建设强度的值是无量纲的比值,通常以地块面积为1,地块内地上建筑物的总建筑面积对地块面积的倍数,即为地块建设强度的值,附属建筑物也计算在内,但建筑的地下面积不包括在内。地块建设强度反映了在地块相同规模用地内投入的城市开发力度的强弱,因此与城市的经济建设活动紧密相关,若从城市的视角下比较地块间建设强度的差异,可以有效观察获得城市开发建设的重心所在。本节借助 GIS 技术平台的相关功能,对上海城市中心体系建设强度的总体水平(表 2.16)和其空间分布进行详细分布,以探寻上海城市中心体系建设强度分布的规律性特征。

表 2.16 上海中心体系各用地类型建设强度总体水平统计 *

用地类型	平均建设强度	用地类型	平均建设强度
行政办公用地	1.77	商住混合用地	5.00
商业用地	1.87	商业娱乐混合用地	5.54
金融保险业用地	4.61	商业旅馆业混合用地	5.02
贸易咨询用地	3.68	体育用地	0.16
旅馆酒店用地	3.10	医疗卫生用地	2.05
专业市场用地	0.66	教育科研用地	0.92
会展用地	2.51	居住用地	2.02
文化娱乐用地	1.99	公园绿地	0.02
商办混合用地	5.57	其他用地	0.91
		总用地	1.92

* 资料来源:作者统计(2015 年)

1)中心体系建设强度分布特征

在上海中心城区的范围内建设用地面积共 466 km²,各类建筑总建筑面积共约 4.1 亿 m²(不含在建建筑),平均建设强度为 0.88,而上海中心体系建设用地面积 36.8 km² 内共有建筑面积 7 454.4 万 m²,平均建设强度为 2.02,为中心城区平均建设强度的 2.3 倍。与国内外其他同等级城市相比,上海城市中心体系建设强度并不突出,以山水地形复杂且经济发展水平较高的香港为例,其城市中心体系建设强度达到 5.62,重庆中心体系建设强度也达到 3.24,与上海同为平原丘陵地形的东京中心体系建设强度为 2.50,首尔中心体系建设强度为 2.17,新加坡中心体系建设强度为 2.07,北京中心体系建设强度为 2.03,可见上海城市中心体系建设强度不仅落后于东京、北京、香港等全球城市,也低于部分国内一线城市。

表 2.17 上海中心体系各用地类型平均建设强度统计 *

用地类型	平均建设强度	用地类型	平均建设强度
行政办公用地	1.88	批发市场用地	1.99
文化娱乐用地	2.25	商住混合用地	2.67
教育科研用地	1.25	商办混合用地	5.17
体育用地	0.93	商业文化混合用地	2.48
医疗卫生用地	1.96	商业旅馆业混合用地	3.92
商业用地	2.24	公园绿地	0.07
旅馆业用地	3.81	特殊用地	0.12
贸易咨询用地	3.66	在建用地	0.26
金融保险业用地	5.05	居住用地	1.97
会展用地	1.04	其他用地(工业、仓储、市政、对外交通等)	0.93

* 资料来源:作者统计(2015 年)

对上海中心体系内各用地类型平均建设强度进行统计(表 2.17),可以发现建设强度最高的用地类型为贸易咨询、金融保险、旅馆业、商办混合等生产型服务业用地,商办混合用地平均建设强度为 5.17,金融保险业用地平均建设强度为 5.05,商业旅馆业混合用地平均建设强度为 3.92,旅馆业用地平均建设强度为 3.81,贸易咨询用地平均建设强度为 3.66,这说明生产型服务业用地通过生产资料和生产力的高度聚集产生更高的经济效益,尤其是商办混合、商业旅馆业混合用地平均建设强度较高,这说明混合用地由于其职能多元,对空间的利用效率较高,成为城市高强度建设的重点。相比之下,居住用地、商业用地的平均建设强度则在 2.0 左右,建设强度最低的是教育科研用地、体育用地等公益型用地类型,平均建设强度在 1.0 左右,反映了公益型用地由于用地多来源于行政划拨,所以建设强度受到经济因素影响较小,建设强度普遍较低。

上海中心城区建设强度分布总体上呈现沿轴分布形态(图 2.18,图 2.19)。南京路、陆家嘴、长寿路等地段是中心城区内建设强度最高的峰值地段,平均容积率约为 2.2。同时在城市中心形成两条建设强度聚集带,其中主要的一条自外滩向西沿延安路与苏州河之间的区域直至内

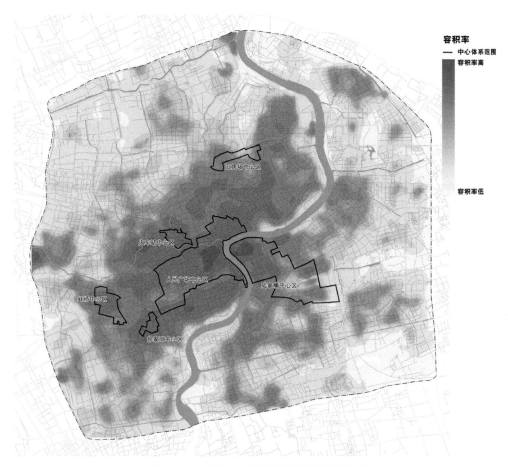

图 2.18 上海中心城区建设强度空间分布
*资料来源：作者绘制

图 2.19 上海中心城区建设强度空间分布可视化图*
*资料来源：作者绘制

环高架，另一条自董家渡沿轨道 4 号线与 9 号线向西经打浦桥至徐家汇，前一条轴线面积相对更大，并沿道路向四周延伸，其中向东跨越黄浦江延伸至陆家嘴，向北跨越苏州河延伸至五角场，向西跨越内环高架至虹桥。这两条轴线构成了中心城区高建设强度聚集区域的主体。从整体来看，上海中心体系的总体建设强度并不高，其中尤其是五角场中心区总体容积率较低，而人民广场中心区、陆家嘴中心区和徐家汇中心区尽管有大量建设强度较高的地区，但是由于都存在大规模的绿地或历史城区等低强度区域，所以总体上也难以达到较高的建设强度水平。

2）中心区建设强度空间特征解析

人民广场中心区平均建设强度为 2.40，最大值为 23.36。将建设强度低于 1.00 的地块定义为低强度地块，建设强度在 1.00~3.00 之间的地块定义为中强度地块，建设强度在 3.00 以上的地块定义为高强度地块。人民广场中心区内数量最多的地块为建设强度在 1.00~3.00 之间的中强度地块，共 665 块用地，占到了中心区总地块数的 44.25%。其次是容积率在 3.00 以上的高强度地块共有 504 块，占中心区总用地数的 33.53%。容积率在 1.00 以下的低强度地块共 334 块，占中心区总用地数的 22.22%。人民广场中心区是以中等强度地块为主，总体建设强度较高的中心区。（表 2.18）

表 2.18　人民广场中心区容积率统计 *

容积率类别	用地数量	所占比例 /%	建设强度分布
0.00~1.00	334	22.22	
1.00~2.00	388	25.82	
2.00~3.00	277	18.43	
3.00~4.00	140	9.31	
4.00~5.00	91	6.05	
5.00~6.00	75	4.99	
6.00~7.00	50	3.33	
7.00~8.00	45	2.99	
8.00~9.00	27	1.80	
9.00~10.00	18	1.20	
10.00~11.00	13	0.86	
11.00~12.00	12	0.80	
12.00~13.00	7	0.47	
13.00~14.00	8	0.53	
14.00~15.00	3	0.20	
15.00 以上	15	1	
总计	1 503	100.00	

* 资料来源：作者统计

陆家嘴中心区平均容积率为1.67，最大值为15.24。其中数量最多的地块为容积率在1.00~3.00之间的中强度用地，共222块用地，占中心区总用地数的42.28%。数量其次的是容积率小于1.00的用地，共175块用地，占中心区总用地数的33.33%。容积率3.00以上的高强度用地共有128块，占中心区总用地数的24.37%。陆家嘴中心区是以中等强度地块为主，总体建设强度较低的中心区。（表2.19）

表2.19 陆家嘴中心区容积率统计 *

容积率类别	用地数量	所占比例 /%	建设强度分布
0.00~1.00	175	33.33	
1.00~2.00	151	28.76	
2.00~3.00	71	13.52	
3.00~4.00	38	7.24	
4.00~5.00	27	5.14	
5.00~6.00	18	3.43	
6.00~7.00	8	1.52	
7.00~8.00	13	2.48	
8.00~9.00	10	1.90	
9.00~10.00	5	0.95	
10.00~11.00	2	0.38	
11.00~12.00	1	0.19	
12 以上	6	1.14	
总计	525	100.00	

* 资料来源：作者统计

徐家汇中心区平均容积率为3.10，最大值为13.05。其中数量最多的地块为容积率在3.00之上的高强度用地，共34块用地，占中心区总用地数的42.50%。数量其次的是容积率在1.00~3.00之间的用地，共29块用地，占中心区总用地数的36.25%。容积率1.00以下的低强度用地共有17块，占中心区总用地数的21.25%。徐家汇中心区是以高强度地块为主的中心区，低强度地块较少。（表2.20）

表2.20 徐家汇中心区容积率统计 *

容积率类别	用地数量	所占比例 /%	建设强度分布
0.00~1.00	17	21.25	
1.00~2.00	16	20.00	

续表 2.20

容积率类别	用地数量	所占比例 /%	建设强度分布
2.00~3.00	13	16.25	
3.00~4.00	11	13.75	
4.00~5.00	6	7.50	
5.00~6.00	7	8.75	
6.00~7.00	2	2.50	
7.00~8.00	2	2.50	
8.00~10.00	2	2.50	
10.00~11.00	1	1.25	
11.00~12.00	2	2.50	
12.00 以上	1	1.25	
总计	80	100.00	

* 资料来源：作者统计

火车站中心区平均容积率为 1.80，最大值为 8.67。其中数量最多的地块为容积率在 3.00 之上的高强度用地，共 32 块用地，占中心区总用地数的 35.16%。数量其次的是容积率在 1.00~3.00 之间的用地，共 30 块用地，占中心区总用地数的 32.97%。容积率 1.00 以下的低强度用地共有 29 块，占中心区总用地数的 31.87%。火车站中心区是低、中、高强度地块构成较为均衡的中心区。（表 2.21）

表 2.21 火车站中心区容积率统计 *

容积率类别	用地数量	所占比例 /%	建设强度分布
0.00~1.00	29	31.87	
1.00~2.00	20	21.98	
2.00~3.00	10	10.99	
3.00~4.00	7	7.69	
4.00~5.00	7	7.69	
5.00~6.00	6	6.59	
6.00~7.00	1	1.10	
7.00~8.00	7	7.69	
8.00 以上	4	4.40	
总计	91	100.00	

* 资料来源：作者统计

五角场中心区平均容积率为 1.12，最大值为 6.26。其中数量最多的地块为容积率在 1.00~3.00 之间的中强度用地，共 24 块用地，占中心区总用地数的 48.98%。数量其次的是容积率在 1.00 以下的低强度用地，共 20 块用地，占中心区总用地数的 40.82%。容积率 3.00 之上的高强度用地共有 16 块，占中心区总用地数的 10.2%。五角场中心区是以中强度地块为主，总体建设强度较低的中心区。（表 2.22）

表 2.22　五角场中心区容积率统计 *

容积率类别	用地数量	所占比例 /%	建设强度分布
0.00~1.00	20	40.82	
1.00~2.00	17	34.69	
2.00~3.00	7	14.29	
3.00~4.00	3	6.12	
4.00~5.00	1	2.04	
5.00 以上	1	2.04	
总计	49	100.00	

* 资料来源：作者统计

虹桥中心区平均容积率为 2.12，最大值为 14.32。其中数量最多的地块为容积率在 3.00 之上的高强度用地，共 45 块用地，占中心区总用地数的 38.14%。数量其次的是容积率在 1.00~3.00 之间的用地，共 39 块用地，占中心区总用地数的 33.05%。容积率 1.00 以下的低强度用地共有 34 块，占中心区总用地数的 28.81%。虹桥中心区是以高强度地块为主，总体建设强度中等的中心区。（表 2.23）

表 2.23　虹桥中心区容积率统计 *

容积率类别	用地量	所占比例 /%	建设强度分布
0.00~1.00	34	28.81	
1.00~2.00	21	17.80	
2.00~3.00	18	15.25	
3.00~4.00	17	14.41	
4.00~5.00	6	5.08	
5.00~6.00	6	5.08	
6.00~7.00	5	4.24	
7.00~8.00	4	3.39	
8.00~9.00	3	2.54	
9.00~10.00	1	0.85	
10.00~11.00	1	0.85	
11.00~12.00	1	0.85	

续表 2.23

容积率类别	用地量	所占比例/%	建设强度分布
12.00~15.00	1	0.85	
总计	118	100.00	

* 资料来源：作者统计

根据上海中心体系建设强度的分析，可以发现上海中心体系中心区建设强度的空间分布具有以下特征：

——主中心区建设强度呈现轴核聚集、沿轴递减分布特征

人民广场中心区的建设强度分布特征呈现出较为明显的轴核分布特征。建设强度高的峰值点位于来福士广场、金钟广场、静安寺公园、陕西南路等地段形成多个核心，这些核心的特点是都是多条轨道线交会的换乘站点，同时建设强度高街区则沿着地铁1号线、2号线等地铁线路沿轴蔓延，并在轨道线之间的人民广场、长乐路、永嘉路等地段形成建设强度较低的"洼地"（图2.20）。

图 2.20 人民广场中心区建设强度等值线分布 *
* 资料来源：作者绘制

陆家嘴中心区的建设强度的轴核分布特征同样十分显著。与人民广场中心区以轨道交通线路为轴线不同，陆家嘴的强度分布轴线呈现道路轴线与轨道线路相结合的形式。建设强度高的峰值点位于世纪大道与轨道2号线、4号线、6号线与9号线的交叉点，包括陆家嘴站、世纪大道站和浦电路站，建设强度高街区则沿着世纪大道轴线沿轴蔓延。高建设强度的区域建设强度以世纪大道为中心向两侧圈层衰减，并与世纪大道轴线一同延伸并止于上海科技馆地段，在上海科技馆东侧地段则建设强度较低（图2.21）。

——副中心区高强度街区呈现单核集聚、圈层衰减特征

作为经营型副中心区的典型，徐家汇中心区的建设强度分布特征呈现出单核集聚特征。建设强度高的峰值点位于徐家汇地铁站地区，并以该地铁站为核心向四周放射性衰减，而建设强度较低的地区位于距离地铁站较远的西侧与南侧地块（图2.22）。

虹桥中心区建设强度的峰值点位于仙霞路与娄山关路交叉口的东方国际大厦地段，其周边

图 2.21　陆家嘴中心区建设强度等值线分布 *
* 资料来源：作者绘制

的新世纪广场、新虹桥大厦、万都商城都有较高的容积率，而建设强度较低的地区位于距离该地段较远的新虹桥中心花园和宋庆龄陵园地段（图 2.23）。

五角场中心区的建设强度分布特征同样呈现出单核集聚特征。建设强度高的峰值点位于逸仙高架路西侧地区，并沿逸仙路和中环路向四周衰减，而建设强度较低的地区位于距离该地段较远的复旦大学校园地块（图 2.24）。

火车站中心区的建设强度分布具有多个核心，但实际上是由上海火车站北广场与南广场 3 个出站口形成，因此也是以上海火车站为核心的单核结构，以火车站为核心向四周放射性衰减，建设强度较低的地区位于距离火车站较远的苏州河以西的居住用地（图 2.25）。

副中心区高强度街区呈现单核集聚、圈层衰减特征，表明了经营型服务业在交通设施的带动下，向轨道站点、火车站点、主要道路交叉口等高交通可达性地区聚集的趋势。由于副中心区规模较小，难以形成由多个轨道站点或重要城市轴线为基础连绵形成轴核结构，因此多以单一交通节点为核心形成单个核心圈层衰减的形态。

图 2.22　徐家汇中心区建设强度等值线分布 *
* 资料来源：作者绘制

图 2.23　虹桥中心区建设强度等值线分布 *
* 资料来源：作者绘制

图 2.24　五角场中心区建设强度等值线分布 *
* 资料来源：作者绘制

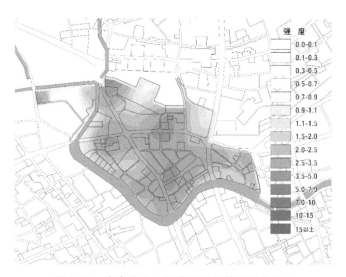

图 2.25　火车站中心区建设强度等值线分布 *
* 资料来源：作者绘制

综合 6 个中心区的等值线解析，可以发现建设强度的分布具有一定的共同特征：① 主中心区高建设强度分布呈现轴核聚集、沿轴递减分布特征；② 副中心区高强度街区呈现单核集聚、圈层衰减特征，由于副中心区规模较小，难以形成由多个轨道站点或重要城市轴线为基础连绵形成轴核结构，因此多以单一交通节点为核心形成单个核心圈层衰减的形态。

2.4.2　中心体系建筑密度分析

建筑密度是一个地区内建筑物覆盖率的一项指标，具体计算公式为：

$$地块密度 = \frac{地块的建筑物基底面积总和}{地块用地面积}$$

建筑密度即一定范围内建筑物的基底面积总和与地块用地面积的比值，反映了一定用地范围内的空地率和建筑密集程度。由于建筑底层空间通常是建筑室内外公共活动联系的主要场所，因此建筑密度在一定程度上也影响着地块内活动的开放程度。本节借助 GIS 技术平台的相关功能,对上海城市中心体系建筑密度的总体水平和建筑空间分布进行详细论述,以探寻上海城市中心体系建筑密度分布的规律性特征。

1) 中心体系建筑密度分布特征

根据上海城市中心体系各用地建筑基底面积与地块用地面积数据的计算,可以获得对于建筑密度数据的测算结果。根据测算,上海城市中心体系平均建筑密度为27.29%。对上海中心体系内各用地类型平均建筑密度进行统计(表2.24),可以发现建筑密度较高的用地类型为专业市场用地、商办混合用地、商住混合用地、商业用地等用地类型,建筑密度在35%以上,其共同特征为建筑底层空间为商业职能,这说明商业职能由于高度依赖街道界面以吸引更多的客流,对建筑底层面积和临街面有较高的需求,所以会表现出更突出的建筑密度。仅次于商业类用地具有较高建筑密度的用地类型为旅馆酒店用地、会展用地、商业旅馆混合用地、金融保险业用地、贸易咨询用地等商务类用地,建筑密度在30%以上,该类用地由于其职能活动同样具有较强的外向性,需要与室外空间进行便捷的接触,所以建筑密度较高。相比之下,行政办公用地、体育用地、教育科研用地等公益型用地类型,由于只服务于某类具有特定明确需求的人群,活动外向性较低,对建筑底层空间的尺度要求较小,建筑密度在30%以下,表现出较低的建筑密度。同时,建筑密度的差异也反映出不同用地类型对室外活动空间的需求,公园绿地由于其职能以室外活动为主,所以建筑密度最低,仅为3.51%。

上海中心城区建筑密度分布总体上呈现圈层衰减的态势(图2.26,图2.27)。人民广场以西直到外滩,北至苏州河,南至延安路的区域是中心城区内建筑密度最高的第一圈层,平均建筑密度约为0.80。第一圈层向周边衰减并形成了建筑密度的第二圈层,向西至静安寺地段,向东至黄浦江,向北至海宁路,向南至小南门,平均建筑密度约为0.35。第一圈层、第二圈层构成了中心城区高建筑密度聚集区域的主体,以其为核心建筑密度向外随距城市中心距离的增大而衰减。

表2.24 上海中心体系各用地类型平均建筑密度统计*

用地类型	平均建筑密度/%	用地类型	平均建筑密度/%
行政办公用地	25.47	商住混合用地	41.07
商业用地	38.42	商业娱乐混合用地	28.69
金融保险业用地	30.78	商业旅馆业混合用地	33.63
贸易咨询用地	26.42	体育用地	23.52
旅馆酒店用地	34.04	医疗卫生用地	38.14
专业市场用地	55.72	教育科研用地	20.80
会展用地	33.68	居住用地	30.49
文化娱乐用地	30.29	公园绿地	3.51
商办混合用地	41.48	其他用地	14.50

*资料来源:作者统计

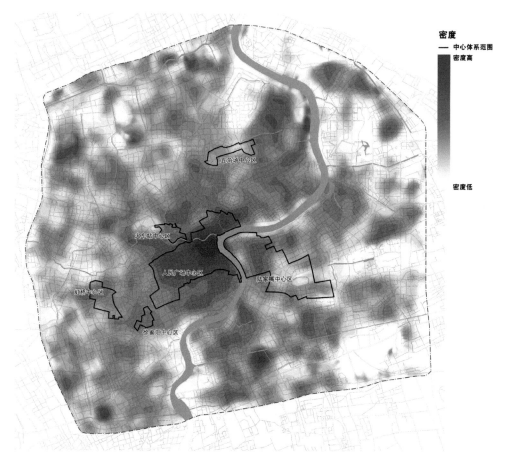

图 2.26　上海中心城区建筑密度空间分布
*资料来源：作者绘制

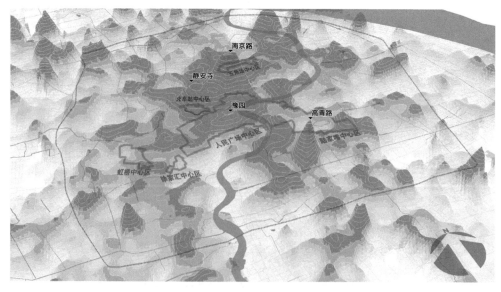

图 2.27　上海中心城区建筑密度空间分布可视化图
*资料来源：作者绘制

2）中心区建筑密度分布特征

人民广场中心区平均建筑密度为 0.38。所占比重大的类别为建筑密度在 0.3~0.4 之间的用地，比重为 16.23%，此外，建筑密度在 0.4~0.5 之间、0.5~0.6 之间以及 0.6~0.7 之间的街区比重也较大，分别占到了总街区数量的 15.37%、14.70% 和 14.77%。所占比重小的类别为建筑密度大于 0.8 的街区，比重仅为 2.20%，而建筑密度小于 0.1 的街区比重也较小，仅为 9.45%（表 2.25）。

表 2.25　人民广场中心区建筑密度统计 *

密度类别	用地数量	所占比例 /%	建筑密度分布
0~0.1	142	9.45	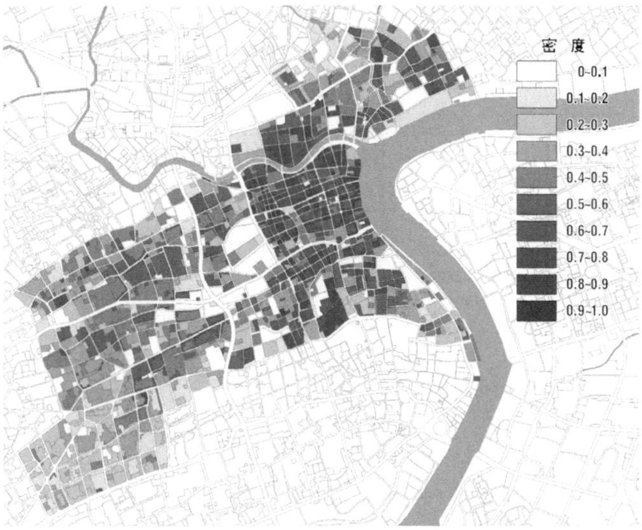
0.1~0.2	87	5.79	
0.2~0.3	157	10.45	
0.3~0.4	244	16.23	
0.4~0.5	231	15.37	
0.5~0.6	221	14.70	
0.6~0.7	222	14.77	
0.7~0.8	166	11.04	
0.8~0.9	32	2.13	
0.9~1.0	1	0.07	
总计	1 503	100.00	

* 资料来源：作者统计

陆家嘴中心区平均建筑密度为 0.19。所占比重大的类别为建筑密度在 0.2~0.3 之间的用地，比重为 24.57%，建筑密度在 0.1~0.2 之间的用地比重也较大，占到了总用地数量的 20.95%，此外，建筑密度小于 0.1、在 0.3~0.4 之间和 0.4~0.5 之间的用地分别占 16.19%、16.95% 和 14.48%。建筑密度较高的街区较少，其中建筑密度大于 0.6 的用地仅有 13 块，占总用地数量的 2.47%，而建筑密度在 0.5~0.6 之间的用地也仅有 23 块，占总用地数量的 4.38%（表 2.26）。

表 2.26　陆家嘴中心区建筑密度统计 *

密度类别	用地数量	所占比例 /%	建筑密度分布
0~0.1	85	16.19	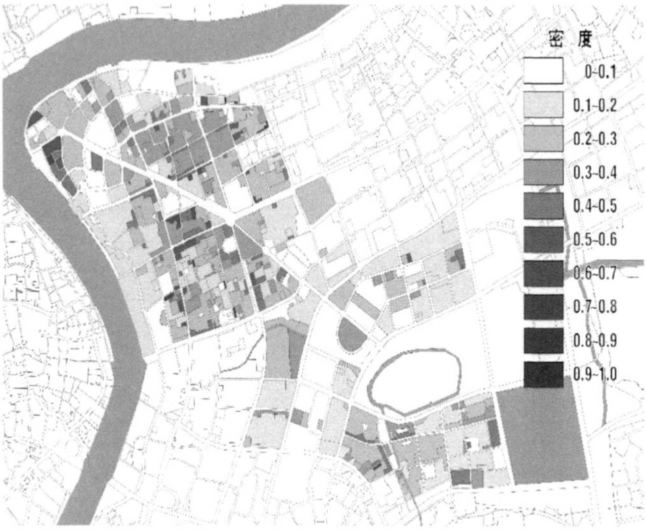
0.1~0.2	110	20.95	
0.2~0.3	129	24.57	
0.3~0.4	89	16.95	
0.4~0.5	76	14.48	
0.5~0.6	23	4.38	
0.6~0.7	5	0.95	
0.7~0.8	4	0.76	
0.8~0.9	1	0.19	
0.9~1.0	3	0.57	
总计	525	100.00	

* 资料来源：作者统计

火车站中心区平均建筑密度为 0.24。所占比重大的类别为建筑密度在 0.2~0.3 之间的用地，比重为 26.37%，建筑密度在 0.1~0.2 之间、0.3~0.4 之间的用地比重也较大，两者均占到了总用地数量的 17.58%，此外，建筑密度小于 0.1 的用地共有 13 块，占总用地数量的 14.29%。建筑密度大于 0.7 的用地仅有 3 块，占总用地数量的 3.30%，而建筑密度在 0.6~0.7 之间的用地也仅有 7 块，占总用地数量的 7.69%（表 2.27）。

表 2.27　火车站中心区建筑密度统计 *

密度类别	用地数量	所占比例 /%	建筑密度分布
0~0.1	13	14.29	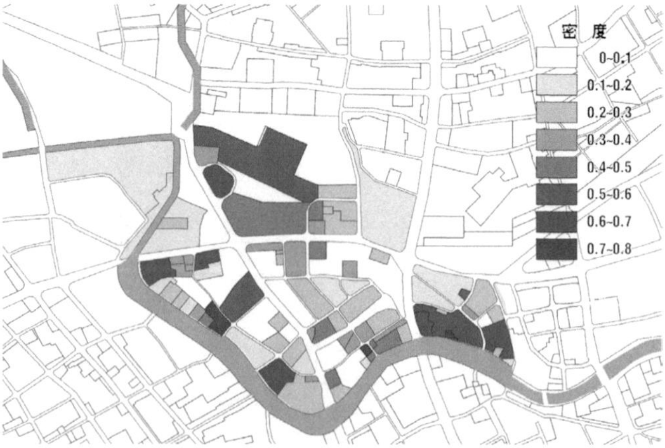
0.1~0.2	16	17.58	
0.2~0.3	24	26.37	
0.3~0.4	16	17.58	
0.4~0.5	9	9.89	
0.5~0.6	3	3.30	
0.6~0.7	7	7.69	
0.7~0.8	3	3.30	
总计	91	100.00	

* 资料来源：作者统计

徐家汇中心区平均建筑密度为0.28。所占比重大的类别为建筑密度在0.3~0.4之间的用地，共有23块用地，比重为28.75%，建筑密度在0.2~0.3之间的用地比重也较大，共有21块用地，占总用地数量的26.25%，此外，建筑密度在0.1~0.2之间的用地共有12块，占总用地数量的15.00%。建筑密度小于0.1的用地有8块，占总用地数量的10.00%，而建筑密度大于0.6的用地也仅有4块，占总用地数量的5%（表2.28）。

表2.28 徐家汇中心区建筑密度统计 *

密度类别	用地数量	所占比例 /%	建筑密度分布
0~0.1	8	10.00	
0.1~0.2	12	15.00	
0.2~0.3	21	26.25	
0.3~0.4	23	28.75	
0.4~0.5	7	8.75	
0.5~0.6	5	6.25	
0.6~0.7	3	3.75	
0.7~0.8	1	1.25	
总计	80	100.00	

* 资料来源：作者统计

五角场中心区平均建筑密度为0.19。所占比重大的类别为建筑密度在0.1~0.3之间的用地，共有36块用地，比重为73.46%，建筑密度小于0.1的用地共有9块，占总用地数量的18.37%，建筑密度较高的用地较少，其中建筑密度大于0.4的用地有2块，占总用地数量的4.08%，而建筑密度在0.3~0.4之间的用地也仅有2块，占总用地数量的4.08%（表2.29）。

表2.29 五角场中心区建筑密度统计 *

密度类别	用地数量	所占比例 /%	建筑密度分布
0~0.1	9	18.37	
0.1~0.2	18	36.73	
0.2~0.3	18	36.73	
0.3~0.4	2	4.08	
0.4~0.5	1	2.04	
0.5~0.6	1	2.04	
总计	49	100.00	

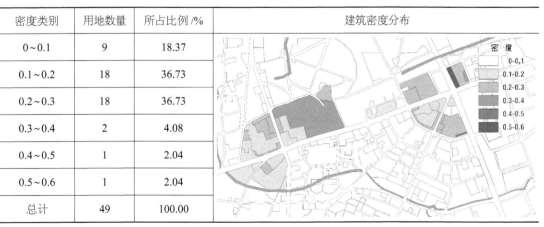

* 资料来源：作者统计

虹桥中心区平均建筑密度为 0.24。所占比重大的类别为建筑密度在 0.2~0.3 之间的用地，共有 30 块用地，比重为 25.42%，建筑密度在 0.1~0.2、0.3~0.4 之间的用地比重也较大，两者均占总用地数量的 19.49%，此外，建筑密度小于 0.1 的用地共有 22 块，占总用地数量的 18.64%。建筑密度在 0.5~0.6 之间的用地有 4 块，占总用地数量的 3.39%，而建筑密度大于 0.6 的用地仅有 5 块，占总用地数量的 4.24%（表 2.30）。

表 2.30　虹桥中心区建筑密度统计 *

密度类别	用地数量	所占比例 /%	建筑密度分布
0~0.1	22	18.64	
0.1~0.2	23	19.49	
0.2~0.3	30	25.42	
0.3~0.4	23	19.49	
0.4~0.5	11	9.32	
0.5~0.6	4	3.39	
0.6~0.7	5	4.24	
总计	118	100.00	

* 资料来源：作者统计

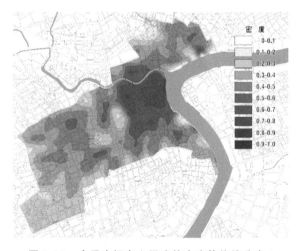

图 2.28　人民广场中心区建筑密度等值线分布 *

根据上海中心体系建筑密度的分析，可以发现上海中心体系中心区建筑密度的空间分布具有以下特征：

——商业中心区具有较高的建筑密度，商业设施的分布影响建筑密度的空间分布

人民广场中心区是较为典型的商业型中心区，其中商业类（商业零售用地、商办混合用地、商住混合用地、商业旅馆混合用地、商业娱乐混合用地、批发市场用地）用地面积总量为 402.64 hm^2，占中心区用地面积总量的 25.68%。根据测算，人民广场中心区建筑密度为 0.38，建筑密度较高的用地主要分布在人民广场以东的南京路至福州路的步行商业街区域（图 2.28）。

火车站中心区商业类用地总量为 22.47 hm^2，占中心区用地面积总量的 16.01%。根据测算，

火车站中心区建筑密度为 0.24，建筑密度较高的用地主要分布在上海火车站西侧至汇丰路围绕上海邮电大厦地段的商办混合用地（图 2.29）。

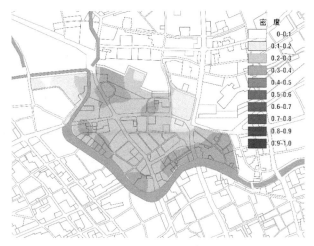

图 2.29　火车站中心区建筑密度等值线分布

徐家汇中心区商业类用地（包含商业用地、商住混合用地、商办混合用地、批发市场用地）总量为 29.89 hm²，占中心区用地面积总量的 32.74%。根据测算，徐家汇中心区建筑密度为 0.28，建筑密度较高的用地主要分布在围绕虹桥路和华山路交叉口的汇金广场、港汇恒隆广场等商办混合用地地段（图 2.30）。

虹桥中心区商业类用地总量为 59.45 hm²，占中心区用地面积总量的 21.69%。根据测算，虹桥中心区建筑密度为 0.24，建筑密度较高的用地主要分布在仙霞路以北围绕现代广场的商办混合用地地段（图 2.31）。

图 2.30　徐家汇中心区建筑密度等值线分布　　**图 2.31　虹桥中心区建筑密度等值线分布**

而与上述商业职能较为突出的中心区相比，陆家嘴、五角场等中心区商业零售用地、商办混合用地等商业职能设施比例较低，相对应地表现出较低的建筑密度指标。例如，陆家嘴中心区商业类用地总量为 163.41 hm²，占中心区用地面积总量的 11.52%，中心区建筑密度为 0.19（图 2.32）；五角场中心区商业类用地总量为 19.96 hm²，占中心区用地面积总量的 10.64%，中心区建筑密度为 0.19（图 2.33）。商业中心区与其他中心区在建筑密度指标方面表现出的显著差异，证明了商业职能对于中心区底层建筑空间和沿街界面的要求，以及其对中心区空间形态所产生的影响。

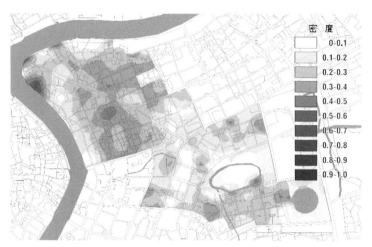

图 2.32　陆家嘴中心区建筑密度等值线分布

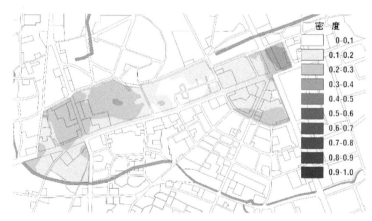

图 2.33　五角场中心区建筑密度等值线分布
＊资料来源：作者绘制

2.4.3　中心体系高度分析

中心区往往是城市中高层建筑的密集区域，并拥有城市中最高的标志性建筑，空间形态特征明显。在极核结构中心区内，高层建筑集聚的力度更大，也拥有更多的高层建筑。地块最高高度为城市高度形态研究中的常用指标，具体计算公式为：

$$地块最高高度 = \max\{h_1, h_2, h_3, \cdots\}$$

$h_1, h_2, h_3, \cdots$ 为地块建筑高度

最高高度即一定范围的地块内建筑的最高楼层高度。最高高度体现一定地区的建筑风貌与开发强度，对城市的风貌和景观有着重大的影响。本节借助 GIS 技术平台的相关功能，对上海城市中心体系用地最高高度的总体水平和空间分布进行详细论述，以探寻上海城市中心体系街

区高度的规律性特征。

1）中心体系高度分布特征

统计上海城市中心体系内各个地库中建筑的高度，可以获得对于地块最高高度指标的测算结果。根据测算，2015年上海城市中心体系内最高建筑为上海环球金融中心，其建筑高度为492 m，最高楼层高度为474 m。对上海中心体系内各用地类型内建筑最高高度进行统计（表2.31），可以发现建筑形态较高的用地类型为金融保险业用地、商办混合用地、贸易咨询用地、旅馆酒店用地等商务类用地，其最高高度基本都在200 m以上，这一方面证明了商务类用地在向城市核心地段聚集的同时，通过提高建筑容积率来稀释土地成本；另一方面也显示了商务类建筑对于超高层建筑的偏好，通过超高层建筑来彰显企业的经济实力，说明了商务类用地与超高层建筑之间的联系。商务类建筑具有较高建筑高度指标的用地类型为商业类建筑，包括商业旅馆混合用地、商住混合用地和商业用地等，其最高高度都在150 m以上，这说明商业类用地其区位虽然不及商务类建筑，但同样占据中心区内较为核心的地段，需要以超高层建筑的形式表现，并通过与酒店、居住等职能进行结合来稀释昂贵的土地成本。相比之下，体育用地、会展用地、公园绿地等用地类型建筑高度较低，一方面是由于这些用地类型用地尺度较大，不需要通过高层建筑来获得足够的室内空间，其用地职能也与高层建筑形式不符；另一方面也是由于其用地来源往往由行政划拨获得，不需要通过提高建筑高度来稀释土地成本。

表2.31　上海中心体系各用地类型内建筑最高高度统计*

用地类型	最高高度 / m	用地类型	最高高度 / m
行政办公用地	124	商住混合用地	160
商业用地	152	商业娱乐混合用地	48
金融保险业用地	474	商业旅馆业混合用地	168
贸易咨询用地	248	体育用地	24
旅馆酒店用地	196	医疗卫生用地	144
专业市场用地	128	教育科研用地	104
会展用地	32	居住用地	112
文化娱乐用地	124	公园绿地	24
商办混合用地	280	其他用地	132

*资料来源：作者统计

上海中心城区建筑高度分布总体上呈现多核心结构（图2.34）。城市中心以曹杨路—中潭路、徐家汇—打浦桥、陆家嘴为核心形成3个建筑高度的峰值地段，围绕这3个地段聚集了大量的超高层建筑，而位于它们之间的上海老城区域则缺乏高层建筑，呈现建筑高度的"凹地"，与核心形成了明显的差异。同时，在中心城区边缘的虹桥等地也形成了规模较小的高层建筑聚集核心（图2.35）。

2）中心区高度分布特征

人民广场中心区中街区最高高度在12 m以下的用地最多，有用地480块，占总地数量的

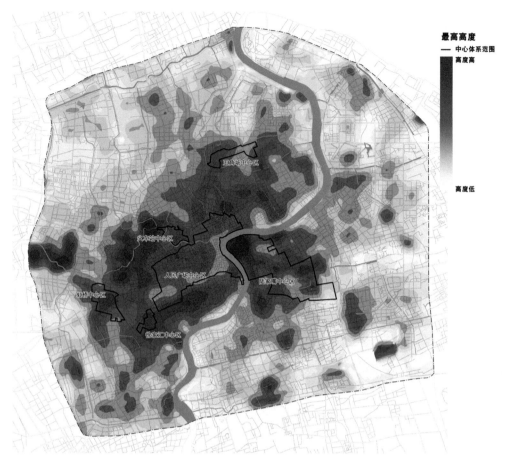

图 2.34　上海中心城区建筑高度空间分布
*资料来源：作者绘制

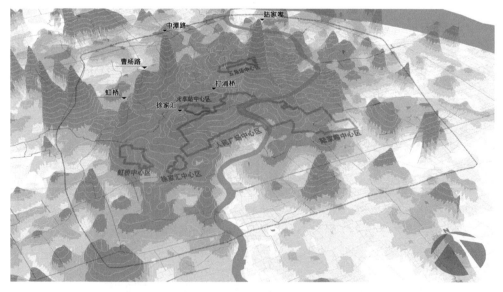

图 2.35　上海中心城区建筑高度空间分布可视化图
*资料来源：作者绘制

31.94%，其次街区最高高度在 12~24 m 之间的用地共有 430 块，占总用地数量的 28.61%，街区最高高度在 24~36 m 之间的用地共有 151 块，占总用地数量的 10.05%。另外，最高高度在 60 m 之上的用地共有 365 块，占总用地数量的 24.3%（表 2.32）。

陆家嘴中心区中街区最高高度在 24~36 m 之间的用地最多，有用地 178 块，占总用地数量的 34.10%，其次街区最高高度在 12~24 m 之间的用地共有 74 块，占总用地数量的 14.18%，街区最高高度小于 12 m 的用地共有 58 块，占总用地数量的 11.11%。另外，最高高度在 60 m 之上的用地共有 173 块，占总用地数量的 33.14%（表 2.33）。

火车站中心区中街区最高高度在 12 m 以下的用地最多，有用地 31 块，占总用地数量的 34.07%，其次街区最高高度在 12~24 m 之间的用地共有 18 块，占总用地数量的 19.78%。另外，最高高度在 60 m 之上的用地共有 34 块，占总用地数量的 37.36%（表 2.34）。

表 2.32　人民广场中心区街区最高高度统计 *

高度类别	用地数量	所占比例 /%	高度分布
0~12 m	480	31.94	
12~24 m	430	28.61	
24~36 m	151	10.05	
36~48 m	52	3.46	
48~60 m	25	1.66	
60~72 m	59	3.93	
72~84 m	60	3.99	
84~96 m	55	3.66	
96~108 m	26	1.73	
108~120 m	81	5.39	
120~132 m	25	1.66	
132~144 m	26	1.73	
144~156 m	10	0.67	
156~168 m	12	0.80	
168~180 m	1	0.07	
180~192 m	4	0.27	
192~204 m	1	0.07	
204 m 以上	5	0.33	
总计	1 503	100.00	

* 资料来源：作者统计

表 2.33　陆家嘴中心区街区最高高度统计 *

高度类别	用地数量	所占比例 /%	高度分布
0~12 m	58	11.11	
12~24 m	74	14.18	
24~36 m	178	34.10	
36~48 m	25	4.79	
48~60 m	14	2.68	
60~72 m	15	2.87	
72~84 m	16	3.07	
84~96 m	15	2.87	
96~108 m	28	5.36	
108~120 m	19	3.64	
120~132 m	31	5.94	
132~144 m	10	1.92	
144~156 m	7	1.34	
156~168 m	15	2.87	
168~180 m	4	0.77	
180~192 m	6	1.15	
192~204 m	3	0.57	
204 m 以上	4	0.77	
总计	522	100.00	

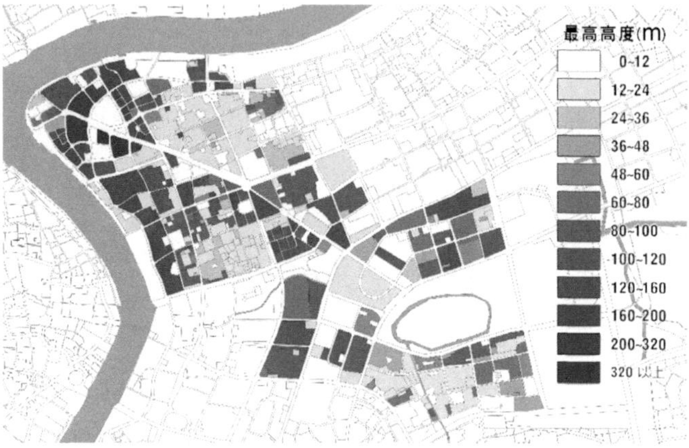

* 资料来源：作者统计

表 2.34　火车站中心区街区最高高度统计 *

高度类别	用地数量	所占比例 /%	高度分布
0~12 m	31	34.07	
12~24 m	18	19.78	
24~36 m	3	3.30	
36~48 m	3	3.30	
48~60 m	2	2.20	
60~72 m	1	1.10	
72~84 m	8	8.79	
84~96 m	6	6.59	
96~108 m	8	8.79	
108~120 m	6	6.59	

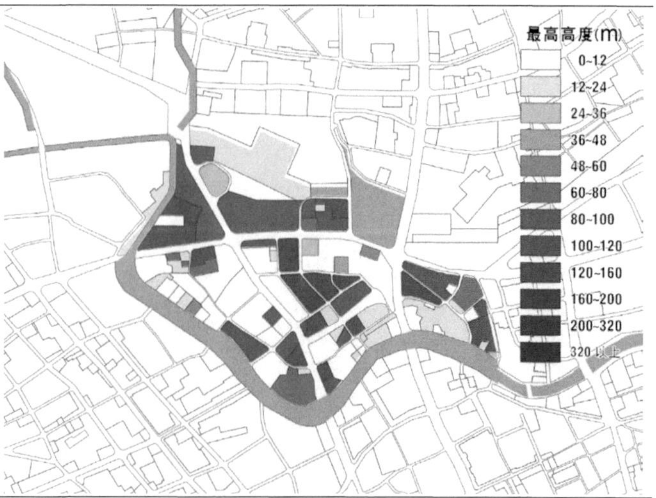

续表 2.34

高度类别	用地数量	所占比例 /%	高度分布
120~132 m	4	4.4	
132 m 以上	1	1.10	
总计	91	100.00	

*资料来源：作者统计

徐家汇中心区中街区最高高度在 108~120 m 之间的用地最多，有用地 23 块，占总用地数量的 28.75%，其次街区最高高度在 24~36 m 之间的用地共有 21 块，占总用地数量的 26.25%。另外，最高高度在 60 m 之上的用地共有 39 块，占总用地数量的 48.75%（表 2.35）。

表 2.35 徐家汇中心区街区最高高度统计 *

高度类别	用地数量	所占比例 /%	高度分布
0~12 m	8	10.00	
12~24 m	6	7.50	
24~36 m	21	26.25	
36~48 m	2	2.50	
48~60 m	4	5.00	
60~72 m	2	2.50	
72~84 m	10	12.50	
84~96 m	0	0	
96~108 m	0	0	
108~120 m	23	28.75	
120 m 以上	4	5.00	
总计	80	100.00	

*资料来源：作者统计

五角场中心区中街区最高高度在 12~24 m 之间的用地最多，有用地 19 块，占总用地数量的 38.78%。街区最高高度小于 12 m 的用地共有 8 块，占总用地数量的 16.33%。另外，最高高度在 60 m 之上的用地共有 13 块，占总用地数量的 26.53%（表 2.36）。

表 2.36 五角场中心区街区最高高度统计 *

高度类别	用地数量	所占比例 /%	高度分布
0~12 m	8	16.33	
12~24 m	19	38.78	

续表 2.36

高度类别	用地数量	所占比例 /%	高度分布
24~36 m	1	2.04	
36~48 m	5	10.20	
48~60 m	3	6.12	
60~72 m	2	4.08	
72~84 m	5	10.20	
84~96 m	1	2.04	
96~108 m	4	8.16	
108 m 以上	1	2.04	
总计	49	100.00	

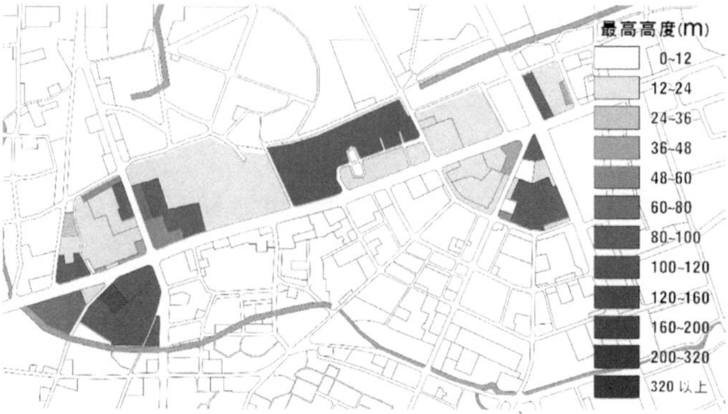

* 资料来源：作者统计

虹桥中心区中街区最高高度在 24~36 m 之间的用地最多，有用地 26 块，占总用地数量的 21.67%。街区最高高度小于 24 m 的用地共有 30 块，占总用地数量的 25.00%。另外，最高高度在 60 m 之上的用地共有 54 块，占总用地数量的 45.00%（表 2.37）。

表 2.37 虹桥中心区街区最高高度统计 *

高度类别	用地数量	所占比例 /%	高度分布
0~12 m	17	14.17	
12~24 m	13	10.83	
24~36 m	26	21.67	
36~48 m	4	3.33	
48~60 m	6	5.00	
60~72 m	3	2.50	
72~84 m	7	5.83	
84~96 m	9	7.50	
96~108 m	4	3.33	
108~120 m	4	3.33	
120~132 m	17	14.17	
132~144 m	4	3.33	
144~156 m	2	1.67	
156 m 以上	4	3.33	
总计	120	100.00	

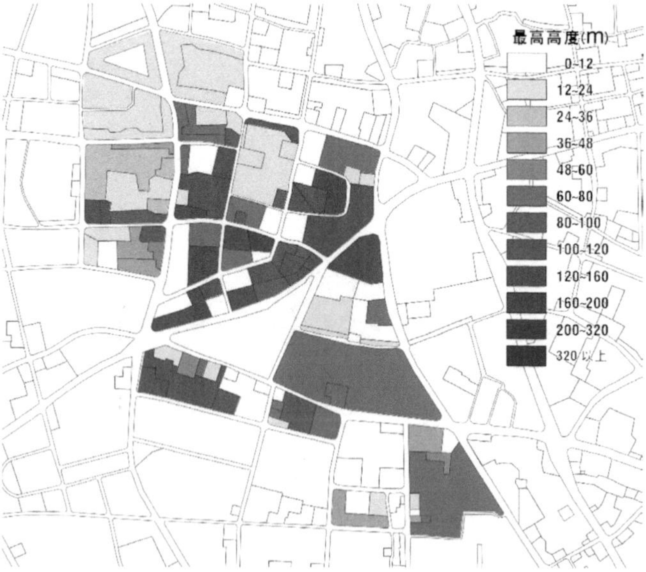

* 资料来源：作者统计

街区最高高度不仅受到经济市场因素的影响，更是一种美学属性，因此相比其他要素更加受到周边环境因素的影响。在相同的经济条件和建设环境下，在城市水系、绿地公园等因素的影响下，建筑会更倾向于形成更高的建筑形态，以同时获得更好的高层景观视野和底层的景观开敞度。根据对上海中心体系建筑高度的分析，可以发现上海中心体系中心区建筑高度的空间分布具有以下特征：

——水系等景观资源影响下的中心区高度布局

陆家嘴中心区高层建筑沿黄浦江东岸布局，尤其是围绕陆家嘴地铁站形成了超高层建筑大规模集聚的簇群（图2.36）。火车站中心区的高层建筑则呈现沿苏州河沿岸湾口布局的特征（图2.37）。

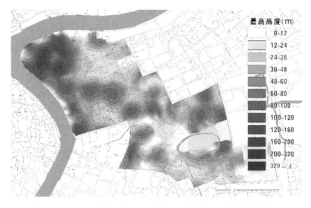

图2.36 陆家嘴中心区最高建筑高度等值线分布

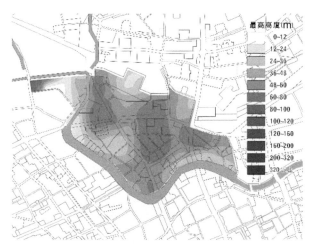

图2.37 火车站中心区最高建筑高度等值线分布

陆家嘴、火车站等中心区建筑高度分布出现的以水系景观为导向的特征，反映了中心区高层建筑发展的一种布局特征，即以水系景观为核心形成高层建筑的聚集簇群。总结陆家嘴、火车站中心区等案例的建筑高度布局形态，该类中心区的高层建筑形成沿水岸线性展开的形态，尤其是河道弯曲形成的凸岸一侧由于多个方向都有较好的水系景观，易于形成高层建筑簇群。

——大型绿地等景观资源影响下的中心区高度布局

与陆家嘴中心区等不同,人民广场、虹桥、徐家汇等中心区的高层建筑出现了以围绕绿地景观为核心的布局特征。人民广场中心区高层建筑主要分布在人民公园、静安寺公园、中山公园等大型广场绿地的周边(图2.38),虹桥中心区高层布局紧密结合虹桥公园(图2.39),徐家汇中心区高层布局紧密结合光启公园和徐家汇公园(图2.40),五角场中心区高层布局集中于五角场广场和曲阳公园周边(图2.41)。总结人民广场、虹桥中心区等案例的建筑高度布局形态,可以发现,以绿地景观为核心的高层建筑布局往往以围绕绿地或广场地块的四周布局高层建筑的形式,或在其中一侧形成较为集中的高层建筑簇群。

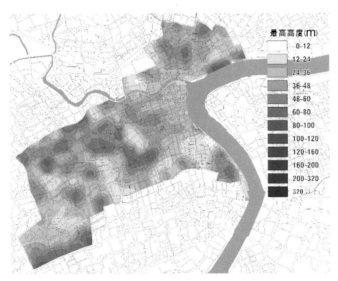

图 2.38　人民广场中心区最高建筑高度等值线分布

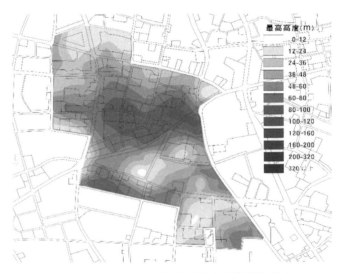

图 2.39　虹桥中心区最高建筑高度等值线分布

图 2.40　徐家汇中心区最高建筑高度等值线分布
*资料来源：作者绘制

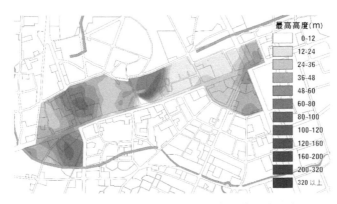

图 2.41　五角场中心区最高建筑高度等值线分布

2.4.4　中心体系路网结构分析

　　城市中心体系空间形态形成的根本原因是城市中心区与其所处空间环境要素的互动关系，中心区在适宜的空间区位和条件下得到快速的发展，相反不适宜的空间区位和环境则会制约中心区。在若干空间环境因素中，城市道路系统的空间形态构成了影响中心体系布局的重要因素。在城市复杂道路结构中，公共服务设施在城市某些地段聚集并发展成为中心区，通过集聚—扩散等空间运动，中心区之间改变孤立状态形成空间联系并整体化，发展更加丰富的公共职能，形成城市中心体系。为了分析道路系统形态对中心体系空间形态的影响机制，本节采用空间句法的研究方法，借助 Axwoman 4.0 软件，对中心体系道路系统的空间句法特征进行解析。

　　1）中心区布局空间句法特征

　　1970 年代英国学者 Bill Hiller 提出了空间句法理论，该理论认为城市空间的所有社会功能取决于其中的行为主体的运动流,人们用空间的先决条件是感知并到达空间,行为主体到达空间的难易程度会影响空间的使用频率,因此空间区位的等级分化并不完全依赖于自身的尺度或其他自然属性,而是它与其他空间之间的连接组织关系。这为城市中心区的区位选择提出了空间层面的理论解释,即街道活力的本质来源于街道结构,与城市存在特殊连接组织关系的街道拥有较好的可达性,进而吸引商业及服务设施的聚集,构成了轴核中心区形成的基础动力。

空间句法理论反映空间连接组织关系的关键性参数为集成度(Integration value)。集成度反映了一个单元空间与系统中所有其他空间的集聚或离散程度。如果空间系统中集成度越高,则表示该空间在系统中的便捷程度越大,反之,空间处于不便捷的位置。集成度 I_i 的计算公式为:

$$I_i = \frac{n-2}{2 \cdot (\bar{D}-1)}$$

公式中深度值 D 指在一个空间系统中某一单元空间到其他空间的最小连接数,n 则代表集成度分析的空间范围。集成度分析依据分析范围可以分为全局集成度和局部集成度,全局集成度表示节点与整个系统内所有节点联系的紧密程度,称为 n-x 集成度;而局部集成度是表示某节点与其周边一定深度值内的节点间联系的紧密程度,通常计算深度值为 3,称为 n-3 集成度。因此,对于同一空间单元,全局集成度指标强调该单元对空间系统全局的空间整合能力,而局部集成度则强调该单元对于其周边空间系统的空间整合能力。

以 2015 年上海中心城区的交通路网图为基础数据,绘制上海中心城区的空间句法轴线图,评价范围内共有轴线 8 581 条,使用 Axwoman 4.0 软件生成全局集成度轴线图($N=x$)(图 2.42 参见彩图附录)。中心城区范围内全局集成度最高值为 0.924 1,最低值为 0.440 9。从图中可以看出全局集成度峰值位于浦东新区世纪大道两侧,总体而言,黄浦区与浦东新区陆家嘴地段集成度较高,沿外环线周边地段集成度较低。生成局部集成度轴线图($N=3$)(图 2.43 参见彩图附录)。中心城区范围内全局集成度最高值为 3.688 7,最低值为 0.333 3。从图中可以看出局部集成度峰值相比全局集成度分布更为分散,主要集中在世纪大道、淮海路和鲁班路等地段。

为明确集成度峰值的空间分布,把轴线图中全局集成度最高的 40 条轴线定义为集成核,集成核轴线比例为 0.5%,其集成度范围为 0.875 9~0.924 1。这 40 条轴线分别对应上海中心城区的 22 条道路,通过将集成核轴线分布图与上海轴核结构中心区布局进行叠合,可以发现全局集成度集成核的空间布局与轴核结构中心区的区位存在较明显的相关性,即集成核轴线大部分落在轴核中心区的范围之内。为证实这一判断,将集成核的数据提取出来,研究集成核内所有轴线所代表的道路(见表 2.38),则发现中心城区内全局集成度最高的 22 条道路中有 18 条位于由人民广场中心和陆家嘴中心构成的城市主中心区内,而且往往作为中心区的主轴线或边界等重要空间,这表明城市主中心区的区位与全局集成度的高低确实存在空间相关性。但是作为对比,全局集成度集成核道路没有一条位于城市副中心区,这说明城市中心体系中主中心区和副中心区在道路空间集成度方面存在差异。

第二章 空间本体视角下的中心体系形态解析 | 93

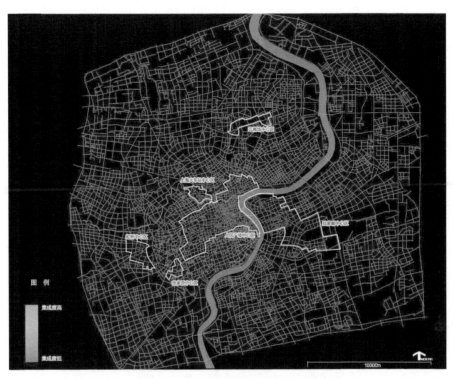

图 2.42 上海中心体系全局集成度
*资料来源：作者绘制

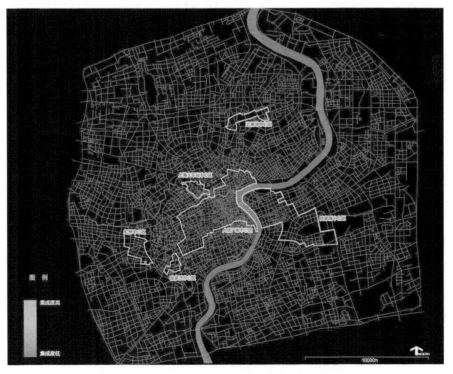

图 2.43 上海中心体系局部集成度
*资料来源：作者绘制

表 2.38　上海全局集成核与中心区空间关系一览表 *

轴线序号	空间轴线名称	全局集成度	所在区位
1	张杨路	0.924 1	陆家嘴中心区内
2	淮海中路	0.922 5	人民广场中心区内
3	重庆中路－重庆南路	0.918	人民广场中心区内
4	世纪大道	0.910 9	陆家嘴中心区内
5	延安路	0.904 6	人民广场中心区内
6	中山东一路	0.903 7	人民广场中心区内
7	广西路	0.901 1	人民广场中心区内
8	鲁班路	0.900 8	非中心区
9	云南路	0.897 7	人民广场中心区内
10	永寿路	0.897 2	人民广场中心区内
11	浙江路	0.896 9	人民广场中心区内
12	中山南路	0.895 4	人民广场中心区内
13	罗山路	0.892 7	非中心区
14	南京路	0.886 6	人民广场中心区内
15	沈家弄路—洋泾镇路	0.885 8	非中心区
16	瑞金二路	0.884 9	部分路段在人民广场中心区内
17	黄陂南路	0.884 3	人民广场中心区内
18	普安路	0.879 4	人民广场中心区内
19	杨高路—杨高南路	0.878 9	部分路段在陆家嘴中心区内
20	福山路	0.876 6	陆家嘴中心区内
21	龙阳路	0.876 1	非中心区
22	河南路	0.875 9	人民广场中心区内

* 资料来源：作者统计

为了进一步判断在城市空间系统中主中心区与副中心区的区别,以局部集成度和全局集成度为 x 轴与 y 轴,建构上海中心城区道路轴线的集成度矩阵,并将各个中心区的道路分别进行标注,并以排除 5% 离散点的最小椭圆表示各个中心区的道路集成度数值分布范围(图 2.44)。通过将各个中心区道路的集成度分布范围进行叠加(图 2.45),可以发现上海中心体系主副中心区道路集成度具有如下特征:

(1)主中心区道路具有突出的高全局集成度的特征,但局部集成度数值差异较大

在全局集成度方面,主中心区道路具有显著的全局集成度数值。人民广场主中心区与陆家嘴主中心区全局集成度的平均值分别为 0.755 8 和 0.787 4,远高于上海中心城区的集成度平均值 0.683 9。不仅两个主中心区内所有空间轴线的全局集成度均高于中心城区平均值,而且全局集成度最高的道路轴线也位于主中心区内。但在局部集成度方面,主中心区道路的数值则差异甚大,没有显著的局部集成度分布特征,既有中心城区范围内的峰值点,也有局部集成度极低的道路存在。

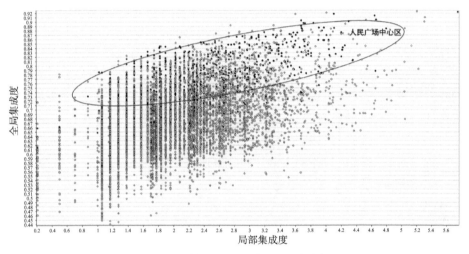

(a)人民广场中心区内轴线集成度分布

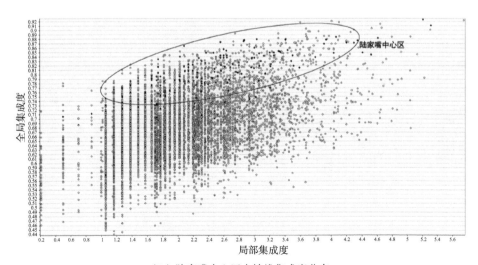

(b)陆家嘴中心区内轴线集成度分布

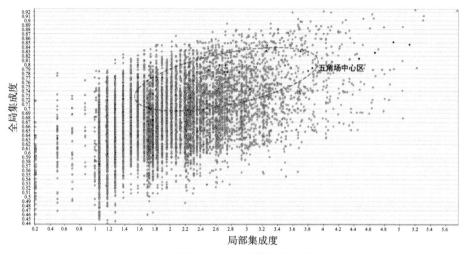

（c）五角场中心区内轴线集成度分布

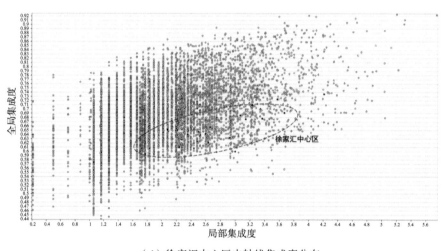

（d）徐家汇中心区内轴线集成度分布

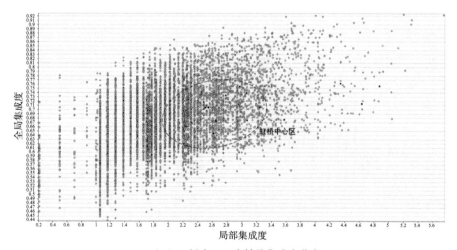

（e）虹桥中心区内轴线集成度分布

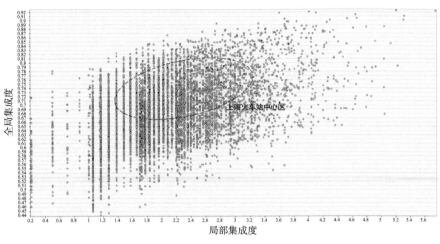

(f) 火车站中心区内轴线集成度分布

图 2.44 上海各市级中心区集成度分布*

资料来源：作者绘制

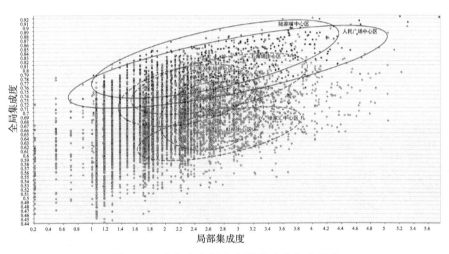

图 2.45 上海市各级中心区集成度分布汇总

资料来源：作者绘制

主中心区内的主要服务产业类型为生产性服务业和高端生活性服务业，包括金融保险业、贸易咨询业、高端零售业等。这些产业在空间区位选择时考虑的是最大限度地增加经营收入，同时也可以通过提高单位用地的建设量来稀释中心区昂贵的地价，所以主要集中于城市范畴大致的几何中心。这些地区位于城市空间系统的核心，在宏观尺度具有最高的集成度，这样不仅能更好地服务于所有城市居民，也能够为城市产业的聚集提供更好的支撑结构，促进贸易和产业的发展，更加有利于城市市级中心区的形成和发展。市级中心区的服务职能要求其与城市其他部分进行最便捷的连接，因此对全局集成度有更高的需求，一般布局于全局集成度较高的地区。市级中心内部也存在局部集成度较低的地区，但并不影响市级中心区在全市范围内的服务辐射。

（2）副中心区道路同时具有较高的全局集成度和局部集成度

上海副中心区道路全局集成度接近上海中心城区的平均值，其中五角场中心区为 0.760 6，高于中心城区平均值0.6839；火车站中心区、徐家汇中心区、虹桥中心区分别为0.6826、0.6725、0.6503，略低于中心城区平均值。同时在局部集成度方面，副中心区的局部集成度普遍略高于中心城区平均值。相比主中心区，副中心区的集成度数值分布更为集中。

上海副中心区的主要服务产业类型则较为复杂，一方面在生活型服务业、公益型服务业等某一产业类型具有服务全城的能力，另一方面也承担着为周边城市片区提供日常社区服务的职能。其中，生活型服务业由零售业、餐饮业、租赁业等构成，这些产业由于经营门槛较低、需求量较大、盈利能力较弱，对地价的承受能力较差，因此对宏观区位的要求较低。公益型服务业，包括体育、医疗卫生、初级教育、社会福利业等。公益型服务业由于保证社会公平的需求而不应该集聚发展，往往分散在各个片区内部，这也是造成副中心区全局集合度并不突出的原因之一。而作为副中心区的另一重要组成部分，日常社区服务业对局部集成度有更高的需求，一般布局于局部集成度较高的地区，因此副中心区也表现出局部集成度较高的特点。

上海中心体系中主副中心区集成度数值特征的区别，对应了不同类型中心区职能的差异，也说明了主副中心区不同服务职能对道路空间特征的选址趋向。不同类别的中心区由于具备独特的产业特性以及空间影响因素，通常导致其在空间区位选择时会出现截然不同的结果。中心体系空间区位选择分化的结果是：各个中心区在充分完成城市服务职能的同时，还塑造出城市协调有序的中心体系空间布局。

2）中心区形态空间句法特征

道路形态对中心区的影响不仅仅体现在中心区的区位选址上，也体现在中心区内部硬核与空间轴线的形态层面上。对上海人民广场主中心区和上海陆家嘴主中心区进行的空间句法计算

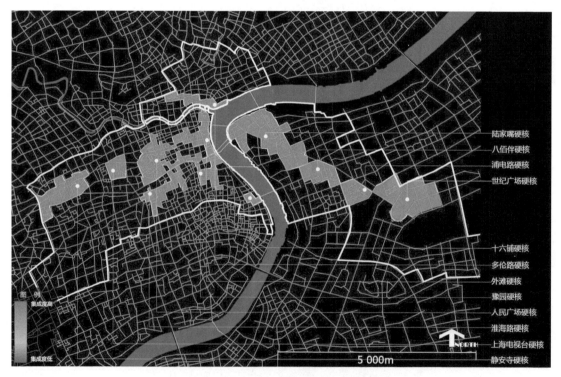

图 2.46　上海主中心区内轴线全局集成度分布
*资料来源：作者绘制

数据和中心区形态格局进行耦合性分析（图 2.46 参见彩图附录），采用中心城区评价范围内的集成度数据作为分析数据，上海人民广场中心区和上海陆家嘴中心区共有 12 个硬核，其中人民广场中心区有 8 个硬核，陆家嘴中心区有 4 个硬核，对各个硬核内的集成度数据进行提取（表 2.39），在全局集成度轴线图（$N=x$）中人民广场中心区全局集成度平均值为 0.755 8，而人民广场中心区内硬核的全局集成度平均值为 0.775 7；陆家嘴中心区全局集成度平均值为 0.787 4，而人民广场中心区内硬核的全局集成度平均值为 0.808 8，硬核内部的轴线集成度略高于硬核外部。除此之外，12 个硬核中，除了上海电视台、多伦路与静安寺硬核略低于中心区平均集成度之外，其他硬核的平均集成度均高于中心区平均集成度。从图 2.46 可以看出高全局集成度密集的地段位于人民广场硬核与淮海路硬核之内。总体而言，在城市中心区之内，硬核内部及附近的全局集成度较高，非硬核地段的全局集成度较低。

表 2.39　中心区及硬核平均集成度 *

人民广场中心区		平均集成度数值	陆家嘴中心区		平均集成度数值
中心区平均值		0.755 840 568	中心区平均值		0.787 42
硬核整体平均值		0.775 734 984	硬核整体平均值		0.808 784
单个硬核	外滩硬核	0.778 934 788	单个硬核	世纪广场硬核	0.819 783
	人民广场硬核	0.770 133 703		八佰伴硬核	0.813 057
	上海电视台硬核	0.748 676 454		浦电路硬核	0.806 64
	多伦路硬核	0.734 615 352		陆家嘴硬核	0.795 657
	静安寺硬核	0.702 899 209		—	—
	豫园硬核	0.797 981 865		—	—
	淮海路硬核	0.841 991 387		—	—
	十六铺硬核	0.830 647 112		—	—

* 资料来源：作者自绘

在上文中，轴线图中全局集成度最高的 40 条轴线定义为集成核，集成核轴线比例为 0.5%，其集成度范围为 0.875 9～0.924 1，上海中心城区的集成核轴线大部分落在主中心区的范围之内。对这些集成核轴线进一步进行空间分析，发现全局集成度最高的空间轴线，往往作为对中心区形态产生重要影响的硬核轴线或中心区边界等重要空间（表 2.40），这进一步表明中心体系内中心区形态与道路结构全局集成度的高低同样存在空间相关性。

表 2.40　上海全局集成核与轴核中心区硬核空间关系一览表 *

空间轴线名称	全局集成度	与硬核关系	空间轴线名称	全局集成度	与硬核关系
张杨路	0.924 1	穿过八佰伴硬核	浙江路	0.896 9	穿过人民广场硬核与淮海路硬核

续表 2.40

空间轴线名称	全局集成度	与硬核关系	空间轴线名称	全局集成度	与硬核关系
淮海中路	0.922 5	穿过淮海路硬核	南京路	0.886 6	串联人民广场与外滩硬核
重庆中路—重庆南路	0.918	上海电视台硬核东边界	瑞金二路	0.884 9	—
世纪大道	0.910 9	串联陆家嘴中心区的四个硬核	黄陂南路	0.884 3	穿过淮海路硬核
延安路	0.904 6	人民广场硬核南边界	普安路	0.879 4	穿过淮海路硬核
中山东一路	0.903 7	串联外滩硬核与十六铺硬核	杨高路—杨高南路	0.878 9	穿过世纪广场硬核
广西路	0.901 1	穿过人民广场硬核与淮海路硬核	福山路	0.876 6	穿过浦电路硬核
云南路	0.897 7	穿过人民广场硬核与淮海路硬核	河南路	0.875 9	穿过外滩硬核
永寿路	0.897 2	穿过淮海路硬核	—	—	—

* 资料来源：作者自绘

2.5 传统中心体系空间研究的优势和局限

空间视角是城市规划学科认知、理解城市最常用的途径。在当前城市规划研究文献中通常被使用的是"传统空间视角"——认为空间的区位、规模和形态是城市规划研究的首要决定因素和主要度量手段。因为任何一座城市都是由建筑、街区和道路聚合形成，而建筑、街区和道路等城市的组成部分又都可以使用容积率、高度、密度等空间指标进行描述，所以从传统视角看，空间是理解城市形成与发展过程的关键。尽管近几十年来随着社会、生态等非空间要素对空间本身的内涵进行了不断完善，但在研究城市中心体系等涉及城市运行与发展的重要问题时，传统空间视角依旧对研究者的思路和方法有重大影响。本节以上海中心体系为对象，反思城市中心体系研究中传统空间视角的优势和局限。

就上海城市中心体系而言，空间视角是认知其结构构成和面貌的最直观方式。根据人类学习知识的一般过程，对感性认识的发生要早于理性认识。对人类所身处的城市而言，城市空间具有的体量、尺度、序列、色彩、材质、氛围等信息给身处其中的人以强烈而直观的感受，是其他不可知不可感的非空间信息所不可比拟的。在这种由认识论决定的差异影响下，当人们去观察一座城市时，优先以空间作为切入点也是非常自然的选择。

（1）传统空间研究视角的优势

传统空间视角的优势具体在于可以将复杂的城市巨系统进行解构。对于上海这样的巨型城市，其中的社会、经济、交通、生态系统无时无刻不在发生着剧烈的交互活动，显然不能将其作为单一个体进行研究，但从物质空间层面，则可以将复杂而难以一观全貌的城市解构为众多尺度较小的空间个体，并将其中的复杂活动进行归类和简化，从而提供一个研究的基本平台。从这种角度而言，传统空间视角可以对城市中心体系进行优势与局限两个层面的解构：

——从空间尺度层面解构城市，转化为若干尺度较小的空间单元

在对上海城市中心体系的空间分析中，将中心体系转化为若干尺度更小的空间单元，显然是其中关键的步骤。空间划分不仅仅意味着研究对象空间尺度的缩小，还代表着研究对象的复杂程度的降低。对于建设用地面积达到 36.8 km² 的上海中心体系，将其划分为 2 457 个地块，地块平均面积为 1.7 hm²，每个地块都对应于明确的空间区位、空间职能和空间形态，因而可以将其归类为不同的用地类型，并借助建设强度、建筑密度、建筑高度等指标对其进行比较。通过对不同空间单元的量化比较，首先，可以了解中心体系内不同地段的发展差异，例如人民广场中心区内来福士广场地块的容积率达到 12.0 以上，建筑密度接近 0.70，街区建筑高度达到 220 m，而与之相邻的人民广场地块的容积率却不足 0.1，建筑密度接近于 0，街区最高建筑高度不足 5 m，因而可以量化地了解中心体系内包括商务区、商业区和公园绿地等各个地段的空间发展特点。其次，通过不同空间单元的量化分析，可以了解中心体系空间形态的分布趋势，例如人民广场中心区内人民广场以西直到外滩，北至苏州河，南至延安路的区域建筑密度最高，平均建筑密度约为 0.80，向周边衰减向西至静安寺地段、向东至黄浦江、向北至海宁路、向南至小南门的区域，平均建筑密度约为 0.35，人民广场中心区建筑密度由中心向外随距离而降低，呈现出圈层衰减的态势。由此可见，在传统空间视角下中心体系被解构为众多易于度量、易于检验的空间单元，从而使对中心区较大空间规模的空间研究成为可能。

——从空间要素层面解构城市，转化为若干相对独立的空间系统

在对上海城市中心体系的空间分析中，另一个意义上的解构出现在空间要素层面。将城市中复杂而相互关联的不同空间要素进行分解，形成若干独立的空间系统，从而分别进行研究。对于上海城市中心体系，被分解为道路系统、街区系统、建筑系统等不同的层面，每个空间要素系统内部关系得到了简化，便于进行进一步的分析。例如，上海城市中心体系的建筑系统包含了各类建筑共计 7 454.42 万 m²，其中商业用地建筑面积为 276.72 万 m²，商务用地建筑面积达到 1 021.6 万 m²，商住混合用地建筑面积为 737.1 万 m²，通过比较可以清晰地了解上海中心体系的建筑空间的职能构成。又如，通过对上海城市中心体系的道路系统进行的空间句法分析，可以发现世纪大道、延安路等中心区道路对于空间系统的整合能力显著高于其他道路，从而建构上海城市中心体系道路系统的空间等级结构。可见，在传统空间视角下，中心体系被解构成为若干构成更加简单的空间系统，从而能够对中心体系的某一构成要素进行更加深入的分析。

因此，对于城市规划学者而言，基于传统空间视角进行的中心体系研究满足了人们认知事物的一般习惯，赋予认知城市这一兼具巨大体量和极度复杂性于一身的研究对象的能力，将难以直观认知的城市复杂巨系统进行了简化，将其解构为若干更直观的空间单元和更单纯的空间系统，使研究中关注的主要对象和核心问题更加凸显。

（2）传统空间研究视角的局限

——空间是社会运行的结果而非成因

在传统空间视角下，宏观尺度、多系统的城市被简化为由实体和空间组成的物质环境，并如同庖丁解牛一般被解构为众多便于理解的微观空间单元和单一空间系统，成为一个个单独的研究对象。但是，越来越多的学者已经意识到，传统空间视角的优势有时也会带来束缚，不可

避免地会对其研究产生局限。

　　传统空间视角的局限在于，城市空间环境最终表现出来的形态，是长期社会活动运行的结果，而并非由其自身形成。因此当规划学者试图透过城市的物质表象，去探究其形成发展的驱动要素时，很难从空间本身找到答案，空间无法解释空间。因为当将城市物化为空间系统的同时，大量推动城市发展的非空间要素的作用被无形中忽视了，而这些要素对于城市形态的发展演化起到至关重要的作用，当这些要素被从研究中剥离后，就难以突破空间的"硬壳"，一窥在城市钢筋水泥丛林背后推动其发展演化的完整图景。

第三章 城市中心体系的时空动态特征

基于手机信令数据对城市手机用户的时空行为的记录，使研究城市空间的使用者在城市空间内的时空分布变化成为可能。本章脱离传统城市中心体系研究的空间视角的束缚，通过三维活动空间视角下的行为密度计算方法，获得城市人群个体行为密度的时空分布。基于分析人群时空行为密度与城市公共服务设施分布的相关性，发现城市中心体系的空间布局——中心区之所以会选择在特定地段产生与发展，与人群公共空间行为密度之间存在紧密的关联。进一步，本章验证了中心体系布局与行为密度之间的联系随着昼夜、工作日/节假日、春夏秋冬等时间波动的规律，最终证明了对城市中心体系设施布局与个体行为密度之间存在的"行为—空间"动态关联规律。

3.1 基于手机数据的行为密度计算

城市中心区是地区经济和社会生活的中心，人们在此聚集，从事生产、交易、服务、会议、交换信息和思想活动，它是市民和文化的中心，是社会群体存在的象征，具有易通达、用途多样化、用途集中和稠密、组织结构等特征。中心区作为城市中社会经济活动高度密集、交通组织活动高度发达的地区，直观上就与高密度的人群特征形成联系，因此长期以来人群密度分布就是基于时空行为进行中心区研究的重要途径。

3.1.1 三维活动空间视角的行为密度计算方法

时空行为密度研究为理解人类活动和城市环境之间在时空上的复杂关系提供了独特的视角，正如上文所述，城市时空行为研究已经构建了一系列行为密度的计算方法，通过这些方法可以有效地从手机信令提供的原始数据中模拟人口在某个特定时间的空间分布聚集态势。在学习继承既有方法的数学思想的基础上，本小节提出一种基于三维活动空间的行为密度计算方法。通过该算法，可以将以手机基站为单元的手机信令数据转化为以用地（Lot）为单元的手机用户空间分布信息，从而便于与城市其他数据源进行关联。同时作为该算法的重要特征，基站的用户数量分配至各个用地的步骤中，本算法引入了城市三维活动空间面积（3D activity area）作为分配权重，提高了该算法在城市中微观尺度上的精确性。该算法包括以下具体步骤：

1）以基站为单元进行手机信令数据汇总

对于手机信令数据而言，只有手机向基站发送信令时，手机的用户编号和坐标信息才会被基站所记录，因此在每个时刻基站仅能记录其服务范围内一部分用户的空间位置。考虑到手机信令数据的周期性更新特征，以小时为时间统计单位进行各基站连接用户数量汇总，并且以用户在每小时内停留时间最长的基站作为用户在该小时唯一的基站编号进行记录。例如，计算

8：00 至 9：00 各个手机基站的用户数量，先检索 8：00~9：00 所有用户全部信令数据文件中的基站编号，计算每个用户在各个基站的累积停留时间，将累积停留时间最长的基站记为其在该时段的主要服务基站，即该用户在统计时间段内对应的空间位置，最后对每个基站被记为主要服务基站的用户数量进行汇总，得到该时段各个基站的连接用户数量。该汇总流程可以避免因手机信令更新的周期性造成的用户统计遗漏，也可以防止因用户在基站间移动造成用户重复统计，能够较好地反映手机用户全天内的宏观空间轨迹。

需要强调的是，通过手机信令数据获得的手机用户行为密度并不能等同于城市整体人群的行为密度，但由于手机信令数据相比手机通话数据、短信数据以及浮动车等数据在人群样本选择上具有更好的取样率，所以可以间接表征城市整体人群行为密度分布态势。以本研究为例，共统计上海市域范围内手机基站约 8 500 个，在选取的 8 天共 192 个小时的信令数据中，上述基站平均每小时汇总得到手机用户 2 000 万人，在市域范围内人群取样率约为 70%。其中，中心区范围内基站平均每小时汇总得到手机用户数量为 150 万人。

2）以基站坐标划定基站小区范围

基站小区是在手机通信网络中以基站为中心形成的面状服务区。在已知基站坐标的情况下，通常使用多边形算法进行基站小区范围的计算。Thiessen 多边形又称为 Voronoi 图，由一组连接两邻点直线的垂直平分线组成的连续多边形组成。Thiessen 多边形算法是对空间平面的一种划分方式，其特点是多边形内的任何位置离该多边形的样点（如基站）的距离最近，离相邻多边形内样点的距离远，且每个多边形内含且仅包含一个样点。由于 Thiessen 多边形在空间剖分上的等分性特征，因此可用于解决最近点、最小封闭圆等问题，以及许多空间分析问题，如邻接、接近度和可达性分析等。

本研究使用 Thiessen 多边形算法计算上海市域内每个基站服务的基站小区范围，使每个基站小区范围内有且仅有一个基站，基站小区内任一点距离该基站的距离小于其他基站。上海市域范围内基站小区平均面积为 88.1 hm^2，中心城区范围内基站小区平均面积为 37.7 hm^2，而中心区范围内基站小区平均面积为 31.3 hm^2（图 3.1）。

（a）手机基站分布　　（b）Thiessen 多边形划定　　（c）手机信令小区划分

图 3.1 基于基站坐标划定基站小区范围
*资料来源：作者绘制

3）基于三维活动空间面积进行个体行为密度计算

将以手机基站为单元的手机信令数据转化为以用地为单元的用户空间分布数据，是本算法的核心步骤，也是主要的难点所在。Pierre Deville（2014）在南欧使用手机数据进行人口密度研究中，提出了以用地面积作为分配权重，计算各个行政区的动态人口密度的算法。该算法将行政区边界与基站小区边界进行叠置，假设各个基站小区内人群在二维平面均匀分布，计算每个叠置区块的人口数量，再将隶属于同一行政区的叠置区块的人口进行汇总，获得各个行政区内的人口数量（图3.2）。本书所提出的算法在 Deville 的方法基础上进一步完善，以三维活动空间面积而非二维用地面积作为分配权重，为进行区别，将本算法称为基于三维活动空间面积的算法，而将 Pierre 及前人采用的以平面面积作为分配权重的算法称作基于二维面积的算法。

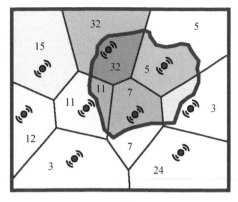

图 3.2 基于二维用地面积权重的 Deville 算法
* 资料来源：Deville P, Linard C, Martin S, et al, 2014. Dynamic population mapping using mobile phone data[J]. Proceedings of the National Academy of Sciences, 111（45）：15 888–15 893.

本书所定义的三维活动空间指的是城市中主要人群活动的空间，由建筑空间和室外公共空间构成，但不包括水面等人群难以进入的公共空间（图3.3）。而对于特定的城市片区，三维活动空间面积可以表达为：

$$A = A'_0 + A_0 \quad \text{或} \quad A = A' + A_0 - A'_g$$

其中，A 为片区的三维活动空间面积，A'_0 为片区内的室外活动面积，A_0 为片区内的建筑总面积，A' 为片区面积，A'_g 为片区内的建筑总底面积。

本书将个体行为密度定义为：在某一特定时间，单位面积土地上活动着的个体数量。并提出

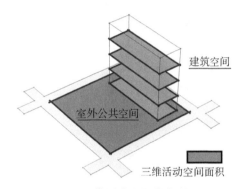

图 3.3 三维活动空间的范围界定
* 资料来源：作者绘制

以下基于三维活动空间面积的手机用户行为密度算法，公式为：

$$\rho_{c_i} = \frac{1}{A'_{c_i}} \sum_{c_i} \frac{A_{(c_i \cap v_j)} D_{v_j}}{A_{v_j}}$$

其中，v_j 为编号为 j 的基站小区，c_i 为编号为 i 的用地，ρ_{c_i} 为 c_i 用地的手机用户密度，A'_{c_i} 为 c_i 用地的用地面积，D_{v_j} 为 v_j 基站小区某时刻的手机用户数量，A_{v_j} 为 v_j 基站小区的三维活动空间面积，$A_{(c_i \cap v_j)}$ 为 c_i 用地与 v_j 基站形成的叠置区内的三维活动空间面积。

应用该算法，对研究范围内数量为 j 的手机基站 n 时段内的信令数据进行计算，将以基站为单元的数据格式有效转化为以用地为单元的数据格式，获得的行为密度数据的格式如表3.1所示。由于用地是城市规划领域常用的数据单元，同时也便于与街区、交通小区、行政区等数据单元进行转化，因此该算法为构建融合手机行为、城市空间形态、用地职能等多源异构数据的耦合分析平台奠定了基础。

表 3.1　以用地为单元的行为密度数据格式

用地分类	t_1 时段密度	t_2 时段密度	t_3 时段密度	…	t_n 时段密度
c_1 用地	$\rho_{c_1 t_1}$	$\rho_{c_1 t_2}$	$\rho_{c_1 t_3}$	…	$\rho_{c_1 t_n}$
c_2 用地	$\rho_{c_2 t_1}$	$\rho_{c_2 t_2}$	$\rho_{c_2 t_3}$	…	$\rho_{c_2 t_n}$
c_3 用地	$\rho_{c_3 t_1}$	$\rho_{c_3 t_2}$	$\rho_{c_3 t_3}$	…	$\rho_{c_3 t_n}$
…	…	…	…	…	…
c_m 用地	$\rho_{c_m t_1}$	$\rho_{c_m t_2}$	$\rho_{c_m t_3}$	…	$\rho_{c_m t_n}$

＊资料来源：作者绘制

3.1.2　上海行为密度计算实证研究

根据基于三维活动空间的行为密度算法，对上海手机用户行为密度分布进行了计算。研究样本为上海市域范围内约 8 500 个手机基站所记录的 2 000 万用户的信令数据，数据取样日期分别选取 2013 年春季、夏季、秋季、冬季各 2 日，每个季节选取工作日、节假日各一天，每块用地内的行为密度以小时为单位进行统计。

从空间层面，上海行为密度计算以用地为空间单元，对每个用地的用地密度分别进行计算。中心城区内共有用地 12 584 个，平均用地面积为 1.9 hm²，城市中湖泊、河流、生态用地等行为难以进入的区域作为不参评地区（图 3.4 参见彩图附录）。

从时间层面，上海行为密度计算以小时为时间刻度，分别记录每个空间单元每个小时的行为密度

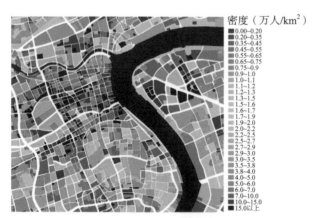

图 3.4　上海个体行为密度计算的空间精度
＊资料来源：作者绘制

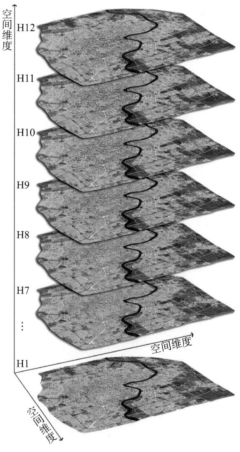

图 3.5　上海个体行为密度计算的时间精度
＊资料来源：作者绘制

数值,8个样本日共记录时间刻度192个(图3.5参见彩图附录)。

1)行为密度空间分布:以用地为空间单元

根据行为密度计算的结果,可以从宏观层面获得市民活动时空规律的直观精确认知。以秋季某工作日为例,上海中心城区内各个地块的行为密度差异较大,其中密度最高的地区密度达到15万人/km²,而密度最低的地区密度则低于0.2万人/km²,同时这种行为密度的空间差异在一天内发生显著变化(图3.6参见彩图附录)。使用该密度方法绘制各个时段行为密度的等值线

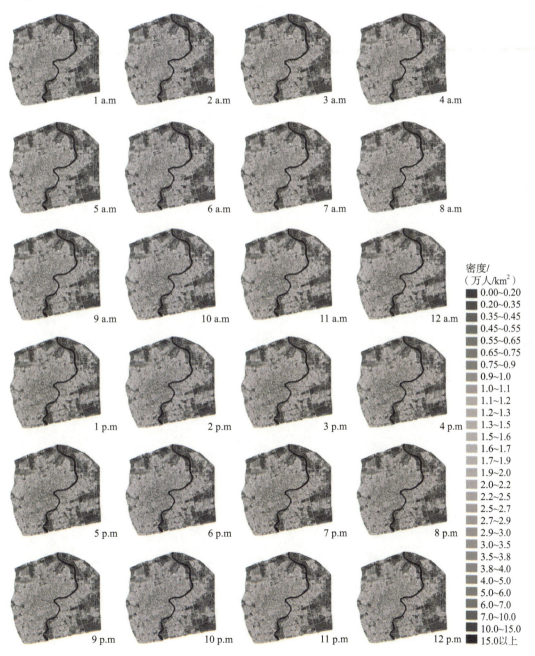

图3.6　上海中心城区范围秋季某工作日手机用户行为密度分布图

*资料来源:作者绘制

分布图，发现白天在城市中心区域出现深色表示的行为密度聚集核心，而在夜晚则向城市中心以外的其他地段转移（图 3.7 参见彩图附录）。

根据本研究提出的基于三维活动空间的行为密度计算方法，实现了以用地为基本空间单元，对上海中心体系特定时刻各个城市地段的手机用户规模和用户密度分别进行量化测定，便于不同类型用地单元之间进行行为密度和活动规模的量化比较（图 3.8 参见彩图附录），这为基于个

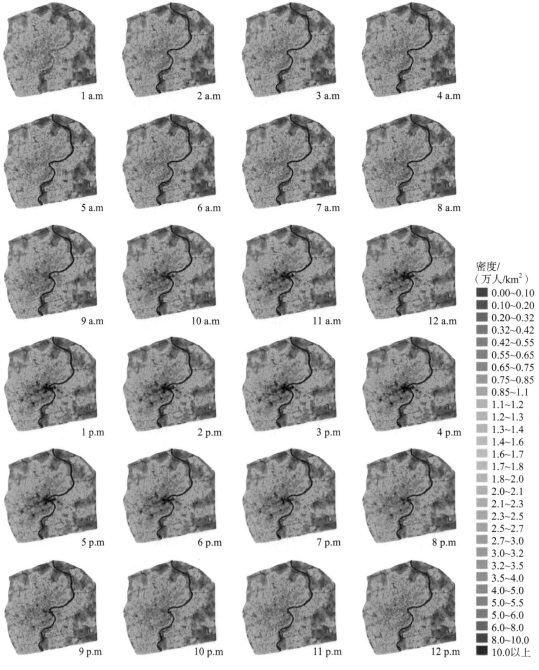

图 3.7　上海中心城区范围秋季某工作日手机用户行为密度分区趋势图

*资料来源：作者绘制

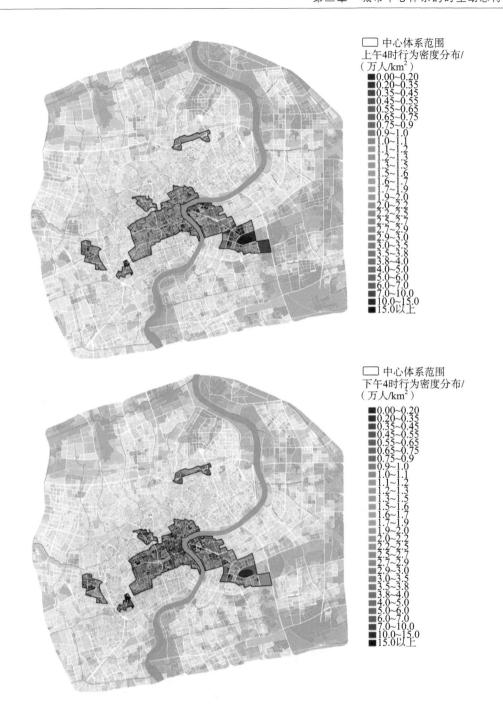

图 3.8　上海中心体系范围秋季某工作日凌晨 4 时与下午 4 时手机用户行为密度分布图
* 资料来源：作者绘制

体行为密度的中心体系空间布局研究提供了重要的数据支撑。

2）行为密度时间分布：以小时为时间刻度

根据行为密度的计算结果，可以对不同尺度下手机用户规模的时间变化进行统计。在上海中心城区范围内，工作日与节假日各个时段手机用户规模平均值如图 3.9 所示。工作日全日各时段平均用户数量为903.7万人，节假日各时段平均用户数量为897.1万人；工作日用户数量最大值为960.8万人，节假日用户数量最大值为953.4万人，用户数量最大值均出现在下午6时；工作日用户数量最小值为844.6万人，节假日用户数量最小值为841.1万人，时间均出现在上午5时，最大值与最小值之间的波动主要由手机用户在不同时段进入或离开中心城区研究范围造成。

而上海中心体系范围内，工作日与节假日各个时段手机用户规模平均值如图3.10所示。工作日全日各时段平均用户数量为139.8万人，节假日各时段平均用户数量为126.3万人；工作日用户数量最大值为199.4万人，出现在下午3时，节假日用户数量最大值为172.0万人，出现在下午4时；工作日用户数量最小值为88.4万人，节假日用户数量最小值为87.0万人，时间均出现在上午5时。

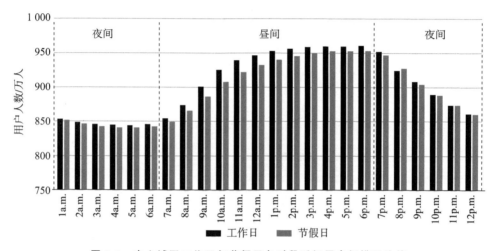

图3.9　中心城区工作日与节假日各时段手机用户规模平均值

*资料来源：作者绘制

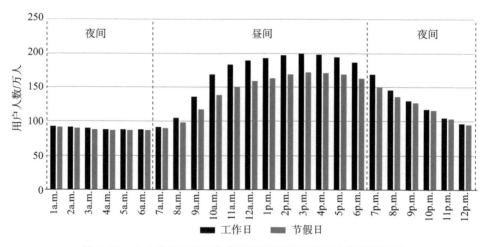

图3.10　中心体系工作日与节假日各时段手机用户规模平均值

*资料来源：作者绘制

在对各个地块的手机用户密度进行计算的基础上,可以对上海城市中心体系内各个中心区的用户数量的时间变化进行统计。如表3.2所示,人民广场主中心区和陆家嘴主中心区的用户数量最为突出,用户数量最多的人民广场主中心区工作日手机用户数量平均值为72.2万人,最高值为103.0万人,最低值为46.1万人;节假日手机用户数量平均值为65.6万人,最高值为90.0万人,最低值为45.3万人。陆家嘴主中心区工作日手机用户数量平均值为36.5万人,最高值为51.7万人,最低值为23.4万人;节假日手机用户数量平均值为31.8万人,最高值为42.4万人,最低值为22.4万人。副中心区用户规模与主中心区相比有较大差距,手机用户规模最大的副中心区为虹桥中心区,工作日下午3点钟手机用户规模达到11.2万人,节假日下午3点钟手机用户规模为11.0万人;手机用户规模最小的副中心区为徐家汇中心区,工作日上午5点钟手机用户规模为2.7万人,节假日上午5点钟手机用户最小值仅为2.6万人(图3.11)。

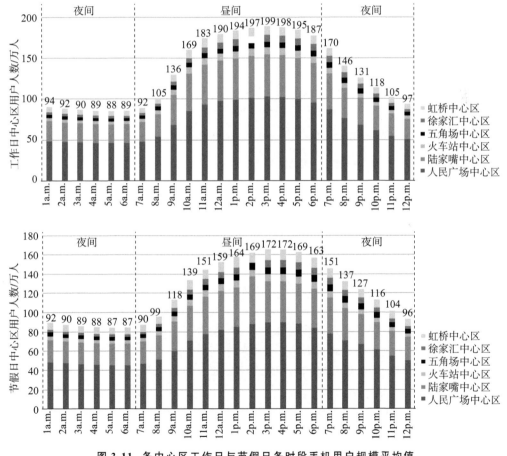

图3.11 各中心区工作日与节假日各时段手机用户规模平均值
*资料来源:作者绘制

表 3.2 各中心区工作日与节假日各时段手机用户总量

地点	工作日手机用户总量 /万人			节假日手机用户总量 /万人		
	平均值	最高值	最低值	平均值	最高值	最低值
人民广场主中心区	72.2	103.0	46.1	65.6	90.0	45.3
陆家嘴主中心区	36.5	51.7	23.4	31.8	42.4	22.4
火车站副中心区	5.9	8.8	3.3	5.3	7.5	3.2
五角场副中心区	5.6	7.1	4.0	5.6	7.3	3.9
徐家汇副中心区	5.3	8.2	2.7	4.9	7.8	2.6
虹桥副中心区	8.6	11.2	6.2	9.0	11.0	7.1

* 资料来源：作者统计

根据本研究提出的基于三维活动空间的行为密度计算方法，实现了以小时为基本时间刻度，对上海中心体系特定空间范围内连续时段的手机用户规模和用户密度分别进行量化测定，便于对上海中心体系内个体行为密度和规模的动态比较，这为基于个体行为密度的中心体系空间布局研究提供了坚实的数据支撑。

3.1.3 上海行为密度计算结果的验证与讨论

本节提出的基于三维活动空间面积的行为密度计算方法，本质上是继承既有研究中基于二维面积算法的数学思想，并将其放在城市三维空间视角中重新审视，从而建构的一种改良算法。新算法的主要改进目标，就是提高基于手机信令数据的行为密度算法在城市中微观尺度上的精确性，因此有必要比较两种算法及其计算结果的精确性，以检验新算法的可行性。

正如上文所述，既有算法在将基于基站的人口数据分配至更小的栅格或其他空间单元时，算法中存在默认前提：人口的空间分布在二维平面上呈正态分布特征。由于正态分布的微观形态就是均匀分布，所以大部分研究将其简化为以下分配规则：在同一基站内，人口分布与用地平面面积成正比。本研究采用的算法则基于以下默认前提：人口的空间分布在三维活动平面上呈现正态分布特征，具体到基站尺度的微观视角下，即同一基站内人口分布与各用地内的三维活动空间面积成正比。

两种算法思想的差异可以用图 3.12 进行直观说明。假设某基站内包含两块相同面积的用地，用地 A 为某开敞绿地，用地 B 为某容积率为 4.0、密度为 1.0 的商业用地。若基于传统算法，则 A 绿地分配的人数 B 商业用地相等，但相同活动面积上的人数是 B 用地的 4 倍；若基于新算法，则 A 绿地分配的人数是 B 商业用地的 1/4，而相同活动面积上的人数与 B 用地相当。很显然，新算法描述的这种中微观人群分布状况更符合实际情况。

本研究在对上海手机信令处理结果进行验证的过程中也发现了与图 3.12 所描述的类似的现象，即新算法在中微观尺度上相对传统算法精度有所提升。如图 3.13 所示，A 地块为上海人民公园，面积约为 11.3 hm^2，B 地块为紧邻人民公园的来福士广场，面积约为 1.7 hm^2，包含地面 7 层的商业中心和 48 层的甲级写字楼。表 3.3 显示了秋季某工作日下午 14：00~15：00 记录的手

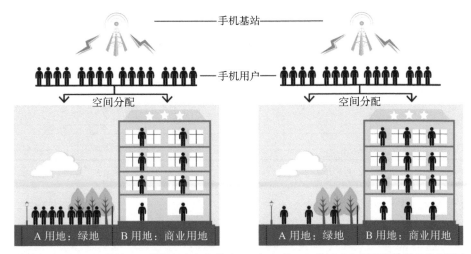

(a) 传统方法：基于二维平面面积的行为密度算法　　(b) 基于三维活动空间面积的行为密度算法

图 3.12　基于三维活动空间的行为密度算法与传统算法的思路比较

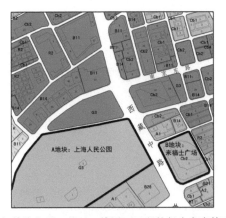 

(a) 传统方法：基于二维平面面积的行为密度算法　　(b) 基于三维活动空间面积的行为密度算法

图 3.13　基于三维活动空间的行为密度算法与传统算法的计算结果比较

机信令数据在两种不同的算法处理下，A、B 地块的人口计算结果。在基于二维平面面积的算法结果中，A 地块（人民公园）在该时段有 10 457.2 人，平均每公顷活动空间内有 919.3 人，相当于每个篮球场大小的面积内有 38.6 人；而 B 地块（来福士广场）在该时段有 1 418.3 人，平均每公顷活动空间内有 65.9 人，相当于每个 2 200 m² 的写字楼标准层内仅有 14.5 人。而在基于三维活动空间面积的算法结果中，A 地块（人民公园）在该时段有 3 096.4 人，平均每公顷活动空间内有 272.2 人，该密度相当于每个篮球场大小的面积内有 11.4 人，而 B 地块（来福士广场）在该时段有 6 469.5 人，平均每公顷活动空间内有 300.8 人，相当于每个 2 200 m² 的标准层内有 66.2 人。通过实际调查，人民公园在工作日下午的游客人数约为 2 500~4 000 人，在不举办大型集会活动时不会超过 10 000 人；而参考甲级写字楼设计规范，来福士广场 2 200 m² 的写字楼标准层可布置工作人员约 100 人，结合空置率、工作人员离开等因素的影响，工作时段各标准层的工作人员约为 50~90 人。比较两种算法的结果，前一种算法对于人民公园的人口密度计算值过高，而对来福士广场地块的人口计算值又远远低于一般商务写字楼的运营状态，相比之下，基于三维活动空间面积的算法结果则更符合实际调查的结果，精确度较高。

表 3.3 基于三维活动空间的行为密度算法与传统算法的计算结果比较

算法类型	A 地块：人民公园		B 地块：来福士广场	
	人数	活动空间人口密度 /（人/hm²）	人数	活动空间人口密度 /（人/hm²）
基于二维平面面积的算法	10 457.2	919.3	1 418.3	65.9
基于三维活动空间面积的算法	3 096.4	272.2	6 469.5	300.8

* 资料来源：作者绘制

正如前文所述，基于手机数据的人口密度计算中误差的主要来源是人口实际分布状况与理想的正态分布之间的变异性，人口统计的空间单位越小，变异性表现得越明显，这使得变异性带来的误差在大尺度下并不显著，而在中微观的研究尺度下，人口分布在正态分布以外出现的小尺度变异已经使原有的人口密度测算方法出现严重的误差。本研究提出的基于三维活动空间的行为密度算法，由于在面积权重中增加了建筑内部面积，从某种程度上而言是将"蜷曲"在建筑内部的空间平展开，与室外空间共同形成尺度更大的城市总体行为空间，增大了人口统计单元的空间尺度，从而提高了行为密度计算的精确性。

3.2 城市中心体系的行为密度特征

人群活动的空间分布及其变化是城市生活带来的社会现象，它在受到社会生产方式和经济发展水平制约的同时，也对城市中心区与公共服务设施的配置模式产生了广泛而深远的影响。基于三维活动空间视角的城市个体行为密度计算方法，城市空间数据与个体行为数据被整合在以用地为单元的数据结构下，成功搭建了城市空间与行为模式进行耦合分析的桥梁。本节通过回归运算检验个体行为密度昼夜波动与城市设施布局之间的相关性，从动态的视角发现城市中心体系与人群行为活动规律之间的关联特征。

3.2.1 城市中心体系个体行为的类型构成

城市中心体系是城市中活动最为频繁、活动内容最为多样的空间场所，当我们从行为视角对城市中心体系空间活动进行观察时，需要对其行为类型进行界定和划分。在既有研究中，根据划分标准的不同，个体行为类型的划分有多种类型，从社会性角度可分为本能行为和社会行为两类，从时间分配角度可以将行为分为强制性行为、维护性行为与自由支配行为。日本地理学家荒川良雄从行为空间角度将行为分为就业行为、消费行为、游憩行为和居住行为，分别对应行为所处的就业空间、消费空间、游憩空间与居住空间，而根据行为发生的空间场所和性质不同，这四种行为类型可以归纳为公共空间行为和非公共空间行为两大类型。

1）公共空间行为——就业、消费、游憩行为

公共空间是供城市居民日常生活和社会生活公共使用的城市空间。根据空间形式的不同，公共空间可以分为室外及室内空间，室外部分包括街道、广场、居住区户外场地、公园、体育

场地等；室内部分包括政府机关、学校、图书馆、商业场所、办公空间、餐饮娱乐场所、酒店民宿等。根据开放程度的不同，公共空间又可以分为开放空间和专用空间。开放空间有街道、广场、停车场、居住区绿地、街道绿地及公园等，专用公共空间有运动场等。

公共空间行为是在公共空间进行的行为，包括交通、商业交易、表演、展览、体育竞赛、运动健身、休闲、观光游览、节日集会及人际交往等各类活动。对于城市中心体系而言，根据行为性质的差异，可以将公共空间行为分为就业行为、消费行为和游憩行为等主要类别。

——就业行为。就业行为的含义是指在居民主观选择从事的为获取报酬或经营收入进行的活动。城市中心体系内的就业行为包括在中心区内的商务办公、贸易咨询、零售餐饮、专业批发、行政办公、文化娱乐等一切工作活动。就业行为是居民为获取报酬或经营收入以支付生活开支的主要方式，因此对于具有劳动能力和劳动意愿的居民而言，就业行为在活动频率和活动时间方面具有强制性，在工作日绝大部分就业行为遵循"朝九晚五"的活动时段，在节假日部分生产型、公益型为主的就业行为停止而部分生活型为主的就业行为仍会继续。

——消费行为。消费行为是指消费者为获得所用的消费资料和劳务而从事的物色、选择、购买和使用等活动。城市中心体系内的消费行为包括居民及游客在中心区内的零售餐饮、文化娱乐、体育健身、医疗卫生、教育培训等场所购买商品或服务的活动。城市中心体系内的消费行为既包含了居民在中心区内购买食物等生活必需品的维持性消费行为，也包含了在中心区内购买奢侈品、观赏音乐会等随机性消费行为，前者行为的发生在时间上具有一定的规律性，而后者则更多地遵循消费者的个人主观意愿。

——游憩行为。游憩行为一般是指人们在闲暇时间所进行的各种活动；游憩可以恢复人的体力和精力，它包含的范围极其广泛，从在家看电视到外出度假都属于游憩。城市中心体系内的游憩行为通常包括居民及游客对中心区内公园绿地、广场、景观街道等休闲设施的使用。游憩行为通常发生在游憩者的非工作时段，因此节假日和工作日的非工作时段中心区的游憩行为更加密集频繁。

2）非公共空间行为——居住行为

非公共空间相对于公共空间，指的是满足人们日常活动中的私密感和领域性的空间。城市中心体系研究中，非公共空间主要是城市中住宅空间等私密性空间以及住宅小区等半私密性空间。非公共空间行为主要指的是居民在住宅等非公共空间内进行的活动，其中以居住行为为主。

——居住行为。居住行为指的是具有普遍和一般意义的个体——人的居住活动的内容和方式，以人对住宅的使用方式为主要特征。对居住生活内容和方式进行研究，是城市规划空间理论的主要内容。1933年《雅典宪章》提出城市规划的目的是解决居住、工作、游憩与交通四大功能活动的正常进行，并强调居住为城市主要因素。日本学者吉阪隆正在《住居的发现》一书中，将居住行为分为三个类型：把生殖、排泄、休养、觅食及维持生理和生命需要的行为称为第一生活；把家务、生产、交换、消费等补助第一生活的行为称为第二生活；把表现、创作、游戏、构思等艺术、娱乐及思维活动称为第三生活。

在这三类生活中，第一生活和第三生活分别对应着人类最基本的物质生活和精神生活活动，而第二生活则是由第一生活的复杂化而产生的。从原始社会直到现代社会，这三类生活的内容在不断丰富、复杂，这三类生活所得的比重动态发生着变化，但是三类生活的划分动态概括了人类从古至今居住行为的全部内容。

居住行为的主体是最为基本的人群个体，根据其自然属性和社会属性可以从其性别、年龄、职业、阶层、教育水平进行划分。对于消费、就业、游憩等行为，某些个体可能并不进行其中某项行为，然而对于所有个体而言居住行为都是其生活中不可缺失的一部分，从这种层面而言，居住行为在个体行为体系中具有最强的普遍性。

居住行为发生的场所称为居住空间，居住空间为人提供一个遮风避雨的场所，承载着人的各种行为需求，满足人们居住生活中的各种需要。城市中心区对居住行为存在双重影响，从居住行为对居住空间的要求而言，人们的居家行为既有起居、交谈、娱乐等活动，又有个人独处、学习、睡眠的需要，必然要求居住空间具有较强的私密性与安静环境，因此城市中心区的噪音、污染和过高的建筑密度必然会对居住活动产生一定的干扰。但同时，城市中心区又提供了居住人群所必需的公共服务设施，因此中心区又会对居住行为具有较强的吸引力。由于居住行为的特殊性，中心体系居住行为主要发生在中心区内部的居住用地和居住混合用地，同时居住行为主要发生在节假日和工作日的非工作时段。

3.2.2 城市中心体系设施布局与行为密度的相关性分析

城市中心体系布局本质上是公共服务设施空间布局的一种高级形态。这是由于城市中心区与中心体系的产生和出现是公共服务设施在城市特定区位高度集聚的产物，公共服务设施构成了中心体系的主体，中心体系的主要职能也必须通过其中的公共服务设施来实现，因此只有当公共服务设施聚集规模达到了相当规模，城市中心体系的形成才成为可能。从这种意义上说，如果将城市中心体系比喻成海面上耸立的一座座冰山，公共服务设施就是隐藏在海面之下的巨大冰座，正是城市中海量的公共服务设施的空间聚集态势，决定了中心体系最终表现出的空间布局特征。因此，本研究选择以公共服务设施的整体视野来研究中心体系布局与行为密度分布的关联性问题。

中心体系布局与行为密度分布之间相关性验证的技术方法采用线性回归法。线性回归法是确定变量间相互作用与影响程度的计量方法，它建立在对客观事物进行大量试验观察数据的基础上，寻找并总结隐藏在数值分布概率中的统计学规律，在数据分析工作中有着极其广泛的应用。线性回归模型的建立通常要满足以下基本前提：

① 自变量是非随机变量且彼此间不相关，即 $Cov(x_i, x_j) = 0$；
② 随机误差项相互独立且服从期望为零、标准差为 σ 的正态分布，即 $\varepsilon_i \sim N(0, \sigma^2)$；
③ 样本容量个数多于参数个数，即 $n > p + 1 n > p + 1$。

根据上文提出的理论假设，建立以下模型：

$$y = \alpha + \beta x + \mu$$

其中，y 为因变量，x 为自变量，α 为回归截距，β 为回归系数，μ 为随机误差。

线性回归模型的检验使用回归系数显著性检验方法，回归系数的显著性检验反映了自变量的合理性。当检验统计量 t 小于临界值时，未通过检验；大于临界值则通过检验。未通过显著性检验的系数所对应的变量，应结合实际情况考虑将其剔除，这是自变量选择的一个最常用的方法。

线性回归模型的评价采用拟合度 R^2 评价和标准化系数评价法。拟合度 R^2 表示总数据样本中回归方程可以解释的部分所占的比例。这一比例越大，R^2 值越接近 1，表示回归方程可以解释的数据样本越多，模型越精确。当用于宏观数据统计时，R^2 越接近 1 回归效果越显著，如果超过 0.8，认为模型的拟合优度比较高。当多元线性回归法用于统计微观数据时，由于微观数据在自身构成的复杂与精确程度方面都与宏观数据存在很大差别，因此应适当降低评价的可接受标准，当 R^2 超过 0.5 时即可认为回归结果存在一定合理性。标准化回归系数 β 是指消除了因变量 y 和自变量 x 所取单位的影响之后的回归系数，其绝对值的大小直接反映了 x 对 y 的影响程度，标准化回归系数越大表示 x 对 y 的影响越大，标准化回归系数为正值表示 y 随 x 的增大而增大，负值则表示 y 随 x 的增大而减小。

1) 公共服务设施与昼间行为密度分布之间的相关性

本研究选择公共服务设施容积率作为考察公共服务设施布局特征的研究对象。自 1954 年 R.E. 墨菲和 J.E. 万斯提出城市中心区的具体量化测定方法[①] 起，公共服务设施容积率就被作为中心区区位和规模的判断指标，此后该指标被广泛应用于中国中心区的研究实践，并被充分加以检验[②]。由于公共服务机构的聚集是中心区的核心特征，因此公共服务设施空间的聚集程度可以作为衡量城市地段从初级商业网点向中心区发展过程的评价指标。从每个中心区的发展过程来看，都是某个初级公共服务设施网点通过公共服务设施的规模不断累积进而形成的，因此可以采用公共服务设施容积率作为城市各个地段公共设施和中心体系发育的研究指标。

为了研究行为密度对中心体系布局的影响，以公共服务设施容积率作为该线性回归模型的主要考察因变量，以容积率和非公共服务设施容积率作为参照因变量，以日均行为密度、昼间行为密度、夜间行为密度作为供考察的自变量，表 3.4 对回归分析涉及的各变量进行了定义，包括各变量的代表意义和计量单位。

表 3.4 变量定义表

因变量	代表评价因素	计量单位
P	容积率	地块总建筑面积与用地面积的比率 / %
P_a	公共服务设施容积率	地块公共服务职能建筑面积与用地面积的比率 / %
P_b	非公共服务设施容积率	地块非公共服务职能建筑面积与用地面积的比率 / %
自变量	代表评价因素	计量单位
ρ	日均行为密度	人 /m^2
ρ_d	昼间行为密度	人 /m^2
ρ_n	夜间行为密度	人 /m^2

* 资料来源：作者绘制

---

① 1954 年，美国经济地理学家 R.E. 墨菲和 J.E. 万斯提出依据土地使用特征、空间开发强度的中心区量化测定方法，使用中心商贸高度指数 CBHI（Central Business Height Index）、中心商贸密度指数 CBII（Central Business Intensity Index）进行城市中心区的空间分布划定，被称为"墨菲指数界定法"，其中判断中心区区位和规模的关键指标中心商贸高度指数 CBHI（Central Business Height Index）即为中心区商贸等公共职能空间的容积率。

② 2014 年，杨俊宴在"墨菲指数界定法"的基础上，针对我国及亚洲城市中心区的发展特点，提出使用公共服务设施高度指数 PSFHI（Public Service Facilities Height Index）作为对中心区边界进行量化界定的技术方法，其中公共服务设施高度指数 PSFHI 即为城市公共服务设施容积率。

其中，P 为各个地块的容积率，即地块总建筑面积与用地面积的比率。对于公共管理与公共服务用地（A 类）、商业服务业设施用地（B 类）以及混合类用地（不包括商住混合用地），P_a 数值与其地块容积率相等，P_b 记为 0；居住用地（R 类）、工业用地（M 类）、仓储用地（W 类）等非公共服务设施用地的 P_b 与其地块容积率 P 相等，P_a 记为 0；对于商住混合用地（Cb1 类），P_a 与 P_b 分别为混合用地中商业部分、居住部分与地块用地面积的比率。自变量 ρ 为样本数据中各个地块的行为密度均值，ρ_d 为昼间行为密度，以上午 10 点至 11 点之间的行为密度值表示，P_n 为夜间行为密度，以凌晨 4 点至 5 点的行为密度值表示。

计算数据选择上海中心城区范围内的所有工作日样本数据，从凌晨 0 时至午夜 12 时各个时间段的行为均值密度，考虑到可能存在特殊事件如重大节事活动会导致部分地区个别日期的密度值发生突变，不能反映该处的日常人流集聚程度，使用变异系数法检验不同日期相同时间点上用户行为密度数值的变化程度，除少数地区及研究区边缘以外，变异系数基本在 20% 以下。

在上海中心城区范围内，分别对公共服务设施容积率 P_a、容积率 P 等因变量与自变量日均行为密度 ρ 进行一元线性回归分析，用以检验行为密度对中心区公共服务设施布局的影响，线性回归模型运算结果如表 3.5 所示：

表 3.5　日均行为密度线性回归结果

自变量 （Independent variable）	因变量 （Dependent variable）	拟合度 （R^2）	标准化系数 （β）	显著性 （Sig.）
日均行为密度（ρ）	容积率（P）	0.644	0.802	0.000
日均行为密度（ρ）	公共服务设施容积率（P_a）	0.653	0.808	0.000
日均行为密度（ρ）	非公共服务职能容积率（P_b）	0.637	0.798	0.000

* 资料来源：作者绘制

根据表 3.5 显示的回归结果，因变量公共服务设施容积率 P_a 与自变量日均行为密度构成线性回归方程，其拟合度 R^2 为 0.653，回归系数为 0.808，回归具有显著性。但作为对照，日均行为密度对于所有用地的容积率以及非公共服务设施用地容积率同样也表现出了较高的相关性，日均行为密度与所有用地的容积率的回归拟合度 R^2 为 0.644，回归系数为 0.802；日均行为密度与非公共服务职能容积率的回归拟合度 R^2 为 0.637，回归系数为 0.798。日均行为密度对于公共服务设施、非公共服务设施容积率都具有较高的相关性，这说明日均行为密度对于公共服务设施用地和非公共服务设施用地都存在日均行为密度越高，其容积率也越高的现象。而且上述三个回归方程其拟合度与回归系数极为接近，则进一步表明，尽管日均行为密度对于地块容积率提升表现出较强的促进作用，但这种促进作用并不会因为用地是公共服务设施或非公共服务设施而出现显著差异。

对上述结果进行进一步阐述，由于日均行为密度是城市各个地段人口分布在日周期内的行为密度均值，因此上述结论说明：经以日甚至更长周期平均后的人口密度总体分布状况，尽管能够很好地解释城市容积率的空间分布模式，总体人口密度较高的地区倾向于发展较高的容积率；但是这种对城市容积率的提升作用不仅作用于公共服务设施用地，也相似程度地作用于非公共设施用地，所以长周期（以日或更长时间段）观察下的人口行为密度均值，尽管与中心区公共服务设施的提升有关，但并不是影响中心区布局的直接因素。

既然反映人口总体分布特征的日均行为密度指标被证明不能很好地解释中心体系的空间布局，那么从行为角度出发什么是影响公共服务设施乃至中心体系布局的原因，必须从更短的时间刻度去观察行为活动的分布规律。在进一步进行的回归性分析中，分别选择昼间与夜间的典型时刻，作为不同时间段的代表，分别观察自变量昼间行为密度ρ_d、夜间行为密度ρ_n与因变量公共服务设施容积率P_a的相关性，同时采用容积率P作为参照因变量。

表 3.6　公共服务设施容积率与昼间、夜间行为密度线性回归结果

自变量 (independent variable)	因变量 (dependent variable)	拟合度 (R^2)	标准化系数（β）	显著性（$Sig.$）
昼间行为密度（ρ_d）	容积率（P）	0.613	0.783	0.000
夜间行为密度（ρ_n）	容积率（P）	0.625	0.791	0.000
昼间行为密度（ρ_d）	公共服务设施容积率（P_a）	0.706	0.840	0.000
夜间行为密度（ρ_n）	公共服务设施容积率（P_a）	0.441	0.664	0.000

* 资料来源：作者绘制

表 3.6 为上海中心城区昼间行为密度ρ_d、夜间行为密度ρ_n分别与容积率（P）、公共服务设施容积率（P_a）的一元线性回归结果。从容积率指标（P）来看，昼间行为密度的拟合度为 0.613，回归系数为 0.783，夜间行为密度的拟合度为 0.625，回归系数为 0.791；这说明昼间、夜间行为密度的变化对容积率的影响非常小。但是从回归结果中发现，昼间行为密度对公共服务设施容积率的相关性高于夜间行为密度与公共服务设施的相关性，昼间行为密度与公共服务设施容积率的拟合度达到 0.706，回归系数为 0.840，而夜间行为密度与公共服务设施容积率的拟合度仅为 0.441，回归系数为 0.664，这说明尽管昼夜行为密度波动对容积率的影响很小，却对公共服务设施容积率的相关性表现出显著差异。上海城市公共服务设施的布局模式证明了个体行为活动对于公共服务设施布局关联的时间异质性，在白天具有高行为密度的地段相比其他时段更倾向于聚集公共服务设施，而且昼间行为密度越高，公共服务设施规模越大，两者之间形成了显著的联系。

2）非公共服务设施与夜间行为密度分布之间的相关性

既然公共服务设施布局与昼间行为密度之间存在显著关联，那么是否非公共服务设施布局也与昼间行为密度存在相似的关联，还是有着其他的不同相关因素？本节使用一元线性回归方法对非公共服务设施容积率与行为密度数值之间的关联性进行进一步检验。

在回归检验中，以非公共服务设施容积率P_b作为该线性回归模型的主要考察因变量，以容积率P作为参照因变量；以日均行为密度ρ、昼间行为密度ρ_d、夜间行为密度ρ_n作为供考察的自变量。

表 3.7 非公共服务设施容积率昼间、夜间行为密度线性回归结果

自变量 (independent variable)	因变量 (dependent variable)	拟合度 (R^2)	标准化系数 (β)	显著性 (Sig.)
昼间行为密度(ρ_d)	容积率(P)	0.613	0.783	0.000
夜间行为密度(ρ_n)	容积率(P)	0.625	0.791	0.000
昼间行为密度(ρ_d)	非公共服务设施容积率(P_b)	0.585	0.765	0.000
夜间行为密度(ρ_n)	非公共服务设施容积率(P_b)	0.639	0.799	0.000

* 资料来源：作者绘制

表 3.7 为上海中心城区昼间行为密度 ρ_d、夜间行为密度 ρ_n 分别与容积率（P）、非公共服务设施容积率（P_b）的一元线性回归结果。相比昼间行为密度，夜间行为密度则对非公共服务设施容积率表现出更强的影响力，夜间行为密度与非公共服务设施容积率的拟合度达到 0.639，回归系数为 0.799，而昼间行为密度与非公共服务设施容积率的拟合度仅为 0.585，回归系数为 0.765，这说明夜间行为的密度与地段非公共服务设施发展的关联性明显高于公共服务设施用地。这表明：夜间行为密度较高的地段更倾向于集聚非公共服务设施，夜间行为密度越高，居住用地等非公共服务设施规模越大，形成中心区的可能性越小。

3）行为是城市中心体系布局真正的相关要素

上文通过设施布局与行为密度的相关性分析，证明了公共服务设施与昼间行为密度之间的关联性，以及非公共服务设施与夜间行为密度之间的关联性，并否定了经日甚至更长周期平均后的人口密度总体分布状况与城市中心体系之间存在的关联，这实质上是对人口分布与公共设施布局之间关系究竟如何形成联系的这一重要问题进行了解答。

人口密度的空间分布及其变化是城市生活带来的社会现象，它在受到社会生产方式和经济发展水平制约的同时，也对社会经济活力、城市公共服务设施与基础设施的配置模式产生了广泛而深远的影响。在既有的研究文献中，大量研究从人口分布的视角，探讨了人口密度的空间效应，及人口密度分布与公共服务设施和基础设施布局之间的关联（张文新，2004；俞路，等，2006），其中李政（2006）明确提出商业中心规划布局受居民分布密度的影响，商业中心倾向于出现在居民分布密度高、分布集中的地区。近年来，更多研究使用定量的方法肯定了人口密度与公共设施布局之间的相关性，如沈琪（2014）使用街道人口统计数据结合夜间灯光遥感、土地利用数据，对上海市人口分布与服务设施布局的空间协调性进行分析，认为上海市的人口密度分布与服务设施的布局呈现出较强的正相关性；赵梓渝（2014）则验证了长春市大型零售设施的空间布局与城市人口密度分布呈现正相关性。但是相关研究中也多次观察到城市部分人口密度较高地区公共服务设施密度却较低，这种难以用理论进行解释的现象，被称为是人口分布与公共设施布局的不协调性，并认为是城市规划建设应加强的重点。

结合上文研究结论，可以发现使用户籍人口等统计口径获得的人群分布数据并不反映人群真正的行为空间分布，而是人群与空间在社会学意义上的依附关系；街道人口等数据尽管反映了人群的真实空间关系，但反映的是空间上在较长时间阶段人群分布的总体状态；灯光遥感数据等尽管反映了人群在某一时间节点的行为分布密度，但无法对行为的内容和类型进行识别与

划分；由于上述制约的存在，人口分布与公共服务设施布局之间的关联性会受到各种因素的干扰，这也解释了相关研究结论中所观察到的矛盾性和不协调性的存在。

通过相关性分析证明，符合特定行为类型的个体行为的聚集强度是城市中心体系空间布局真正的关联要素，行为与空间之间具有时间动态性的关联，构成了观察研究城市中心体系空间布局的重要桥梁。

3.3 城市中心体系设施布局与个体行为密度的动态关联规律

个体行为密度被证明与中心体系的布局形态具有较强的相关性。尤其值得关注的是，通过昼间行为密度与夜间行为密度的比较，证明个体行为密度对中心区布局的关联性具有时间异质性，即不同时刻个体行为密度规模对中心区公共服务设施的聚集强度的相关性存在差异。本小节以行为密度对中心体系布局影响的动态波动为研究对象，从昼夜行为密度波动、工作日/节假日行为密度波动、季节行为密度波动等角度，分别从日、周、年等不同的时间跨度，观察行为密度波动对中心体系布局的关联性的变化。

3.3.1 城市中心体系"行为—空间"动态关联规律

为了研究昼夜行为密度变化对中心体系布局影响的变化，以公共服务设施容积率 P_a 作为该线性回归模型的主要考察因变量，以容积率 P 和非公共服务设施容积率 P_b 作为参照因变量。将工作日 0 点至 24 点每小时的平均行为密度作为自变量，分别记为 H1，H2，H3，…，H24，进行线性回归计算。线性回归模型的评价采用拟合度 R^2 评价和标准化系数评价法拟合度 R^2 值越高，表示总数据样本中回归方程可以解释的部分所占的比例越大。这一比例越大，R^2 值越接近 1，表示回归方程可以解释的数据样本越多，模型越精确。标准化回归系数 *Beta* 是指消除了因变量 *y* 和自变量 *x* 所取单位的影响之后的回归系数，其绝对值的大小直接反映了 *x* 对 *y* 的影响程度，标准化回归系数绝对值越大表示 *x* 对 *y* 的影响越大，标准化回归系数为正值表示 *y* 随 *x* 的增大而增大，负值则表示 *y* 随 *x* 的增大而减小。

表 3.8 为工作日 0 点至 24 点每小时的平均行为密度与公共服务设施容积率 P_a、非公共服务设施容积率 P_b 和容积率 P 的相关性结果。可以发现：公共服务设施容积率与上午 11 点至 12 点之间行为密度均值（H12）具有最高的相关性，拟合度为 0.706，标准化系数为 0.840，与凌晨 4 点至 5 点之间的行为密度均值（H5）具有最低的相关性，拟合度为 0.439，标准化系数为 0.663。相反，非公共服务设施容积率与 0 点至 1 点、1 点至 2 点的行为密度均值（H1、H2）具有最高的相关性，拟合度均为 0.640，标准化系数均为 0.800，与 14 点至 15 点的行为密度均值（H15）具有最低的相关性，拟合度均为 0.577，标准化系数均为 0.760。容积率与 7 点至 8 点的行为密度均值（H8）具有最高的相关性，拟合度为 0.636，标准化系数为 0.798，与 14 点至 15 点的行为密度均值（H15）具有最低的相关性，拟合度为 0.603，标准化系数为 0.776。

表 3.8 昼夜行为密度变化的回归计算

每小时平均行为密度	容积率		公共服务设施容积率		非公共服务设施容积率	
	拟合度 (R^2)	标准化系数 (β)	拟合度 (R^2)	标准化系数 (β)	拟合度 (R^2)	标准化系数 (β)
H1	0.629	0.793	0.464	0.681	0.640	0.800
H2	0.628	0.793	0.455	0.674	0.640	0.800
H3	0.627	0.792	0.447	0.669	0.639	0.800
H4	0.625	0.791	0.441	0.664	0.639	0.799
H5	0.625	0.790	0.439	0.663	0.638	0.799
H6	0.625	0.791	0.441	0.664	0.638	0.799
H7	0.629	0.793	0.468	0.684	0.639	0.799
H8	0.636	0.798	0.539	0.734	0.635	0.797
H9	0.634	0.796	0.651	0.807	0.611	0.782
H10	0.622	0.788	0.694	0.833	0.591	0.769
H11	0.616	0.785	0.705	0.840	0.586	0.766
H12	0.613	0.783	0.706	0.840	0.585	0.765
H13	0.609	0.781	0.699	0.836	0.583	0.764
H14	0.604	0.777	0.695	0.834	0.579	0.761
H15	0.603	0.776	0.696	0.834	0.577	0.760
H16	0.605	0.778	0.697	0.835	0.578	0.761
H17	0.610	0.781	0.697	0.835	0.583	0.764
H18	0.613	0.783	0.679	0.824	0.586	0.766
H19	0.617	0.785	0.617	0.785	0.598	0.773
H20	0.625	0.791	0.585	0.767	0.612	0.782
H21	0.632	0.795	0.572	0.757	0.623	0.790
H22	0.634	0.797	0.544	0.738	0.631	0.795
H23	0.633	0.796	0.513	0.716	0.636	0.798
H24	0.631	0.794	0.480	0.693	0.639	0.799

* 资料来源：作者绘制

将工作日 0 点至 24 点每小时的平均行为密度与公共服务设施容积率 P_a、非公共服务设施容积率 P_b 和容积率 P 的标准化回归系数在图表中标注，并连接成曲线（图 3.14）。从图中可以发现，公共服务设施容积率 P_a 的回归系数在工作日昼夜周期内显著变化，回归系数最低时刻为凌晨 4 点至 5 点，回归系数为 0.663，6 点之后回归系数急剧上升，从上午 9 点至下午 6 点回归系数都保持在 0.800 以上的较高水平，下午 6 点钟之后回归系数快速下降，至午夜 12 点降至 0.700 的水准，午夜 12 点之后至凌晨 6 点之间则较为稳定地保持在 0.650~0.700 之间的低水平。

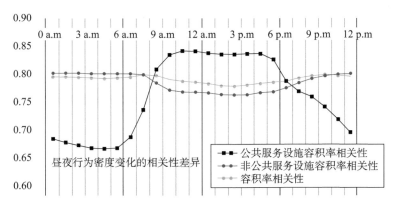

图 3.14　昼夜行为密度变化的相关性差异
＊资料来源：作者绘制

而非公共服务设施容积率回归系数曲线同样在工作日昼夜周期内表现出较明显的波动，回归系数从夜间 11 点至上午 8 点都维持在 0.800 左右的较高水平，从上午 9 点迅速下降至约 0.77，并从上午 9 点至下午 5 点左右维持在 0.760 左右的较低水平，回归系数在下午 5 点之后开始回升至午夜恢复至 0.800 左右。

比较公共服务设施容积率、非公共服务设施容积率在工作日 0 点至 24 点每小时的波动曲线，可以发现在上午 9 点至下午 5 点、夜晚 12 点至凌晨 6 点都是较为稳定的峰值区间，这与人们日常"朝九晚五"的就业/居住行为规律高度吻合。在从上午 9 点至下午 5 点的工作时段内，以就业、消费、游憩等公共空间行为为主，因此该时段的行为密度分布与公共服务设施容积率显著相关。从夜晚 12 点至凌晨 6 点则是大部分市民的非工作时段，主要的行为类型是市民在其居住地的睡眠行为，因此与公共服务设施容积率的相关性减弱，而与居住等非公共服务设施容积率显著相关。从凌晨 5 点至上午 9 点、从下午 5 点至夜晚 12 点则对应了工作时段与休息时段之间过渡的通勤与娱乐时段，因此回归系数也处于两者之间。因此，昼间行为密度、夜间行为密度的相关性变化，事实上反映了公共空间行为、非公共空间行为与城市设施布局之间的动态关系。

因此从总体而言，城市中心体系与个体行为密度之间的联系表现出一种周期性的动态关联规律：公共空间行为密度与包括中心体系在内的公共服务设施布局具有显著关联，而非公共空间行为密度则与包括居住设施在内的非公共服务设施布局具有显著关联，两者相关性随着昼夜动态变化呈现出此消彼长的渐进周期，这种不同时段行为密度对城市中心体系布局产生的动态变化特征，被称为中心体系与行为密度之间的动态关联规律。

中心体系与行为密度之间的动态关联规律，实际上证明了促使中心体系在城市特定地段出现的因素不是人群的聚集，而是特定行为活动的聚集，就业、娱乐、通勤等公共空间行为对中心区形成的关联性远大于居住、休息等非公共空间行为。

3.3.2 工作日／节假日行为差异对中心体系动态关联的影响

当对个体行为密度的考察放到更长的时间尺度上，以周为周期进行观察时，可以比较工作日／节假日的行为密度波动对中心体系布局的影响变化。以公共服务设施容积率 P_a 作为该线性回归模型的因变量，分别将工作日和节假日 0 点至 24 点每小时的平均行为密度作为自变量，记为 H1，H2，H3，…，H24，进行线性回归计算。

表 3.9 工作日／节假日行为密度变化的回归计算

工作日每小时平均行为密度	公共服务设施容积率		节假日每小时平均行为密度	公共服务设施容积率	
	拟合度（R^2）	标准化系数（β）		拟合度（R^2）	标准化系数（β）
H1	0.464	0.681	H1	0.445	0.667
H2	0.455	0.674	H2	0.437	0.661
H3	0.447	0.669	H3	0.430	0.656
H4	0.441	0.664	H4	0.426	0.652
H5	0.439	0.663	H5	0.423	0.651
H6	0.441	0.664	H6	0.425	0.652
H7	0.468	0.684	H7	0.448	0.670
H8	0.539	0.734	H8	0.504	0.710
H9	0.651	0.807	H9	0.603	0.776
H10	0.694	0.833	H10	0.656	0.810
H11	0.705	0.840	H11	0.667	0.817
H12	0.706	0.840	H12	0.667	0.817
H13	0.699	0.836	H13	0.652	0.810
H14	0.695	0.834	H14	0.651	0.807
H15	0.696	0.834	H15	0.647	0.804
H16	0.697	0.835	H16	0.643	0.802
H17	0.697	0.835	H17	0.641	0.801
H18	0.679	0.824	H18	0.626	0.791
H19	0.617	0.785	H19	0.581	0.763
H20	0.585	0.767	H20	0.553	0.744
H21	0.572	0.757	H21	0.531	0.729
H22	0.544	0.738	H22	0.515	0.718
H23	0.513	0.716	H23	0.490	0.700
H24	0.480	0.693	H24	0.460	0.678

* 资料来源：作者绘制

表 3.9 为工作日和节假日每小时的平均行为密度与公共服务设施容积率的相关性结果。可以发现，无论是节假日还是工作日，11 点至 12 点的行为密度均值（H12）与公共服务设施容积率都具有最高的相关性，其中工作日的拟合度为 0.706，标准化系数为 0.840，节假日的拟合度为 0.667，标准化系数为 0.817；而节假日和工作日，4 点至 5 点的行为密度均值（H5）与公共服务设施容积率都具有最低的相关性，其中工作日的拟合度为 0.439，标准化系数为 0.663，节假日的拟合度为 0.423，标准化系数为 0.651。

将工作日与节假日从 0 点至 24 点每小时的平均行为密度与公共服务设施容积率的标准化回归系数在图表中标注，并连接成曲线（图 3.15）。可以发现工作日的回归指数曲线在各个小时都高于节假日的回归指数曲线，其中从上午 9 点至傍晚 7 点钟两者的差值较为显著，而从凌晨 0 点至上午 8 点两者的差距则较小。这是因为从凌晨 0 点至上午 8 点的时段，工作日和节假日的行为模式较为接近，大部分人群都在居住地休息，所以不论是工作日还是节假日，该时段的行为都很难对公共服务设施产生促进作用；相反，工作日和节假日行为模式的差异主要体现在从上午 9 点至傍晚 7 点钟的时段，由于工作日离开居住地参与公共空间行为的人数要多于节假日，所以与公共服务设施的相关性作用相比节假日更加显著。工作日与节假日回归曲线相比，另一个差异就是节假日的回归指数曲线在傍晚 7 点钟之后下降得更加平缓，这显然是由于节假日的公共活动不会受到朝九晚五的工作时段影响，因而夜间市民公共活动更加丰富自由。

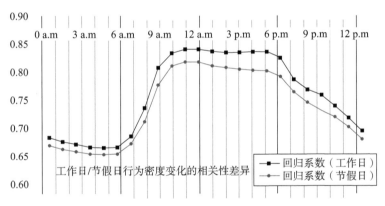

图 3.15　工作日 / 节假日行为密度变化的相关性差异
* 资料来源：作者绘制

尽管工作日 / 节假日的个体行为的内容和形式都有很大差异，但总体上中心体系和个体行为密度的相关性的昼夜波动模式并没有发生本质变化，这说明工作、购物、游憩等具体公共空间行为内容的变化不会对城市中心体系布局与个体行为密度的动态关联规律的存在产生影响。

3.3.3　季节行为差异对中心体系动态关联的影响

当对个体行为密度以年为周期进行观察时，可以比较春、夏、秋、冬不同季节的行为密度波动对中心体系布局的影响力变化。以公共服务设施容积率 P_a 作为该线性回归模型的因变量，分别将春、夏、秋、冬不同季节工作日 0 点至 24 点每小时的平均行为密度作为自变量，记为 H1，H2，H3，…，H24，进行线性回归计算。每个取样日的天气状况均为晴天，日最高气温分别为：春季 15℃，夏天 35℃，秋天 25℃，冬天 5℃。

表3.10为各个季节每小时的平均行为密度与公共服务设施容积率 P_a 的相关性结果。各个季节回归系数的最低值都出现在凌晨4点至5点之间的时刻,其中春季工作日的拟合度为0.405,标准化系数为0.636;夏季工作日的拟合度为0.422,标准化系数为0.649;秋季工作日的拟合度为0.445,标准化系数为0.667;冬季工作日的拟合度为0.412,标准化系数为0.642。但是各个季节回归系数的最高值出现的时间有所差异,春季与秋季工作日回归系数的最高值出现在上午11点至12点之间,夏季工作日回归系数的最高值出现在9点至10点之间,冬季工作日回归系数的最高值出现在10点至11点之间的时刻,其中春季工作日的拟合度为0.676,标准化系数为0.822;夏季工作日的拟合度为0.663,标准化系数为0.814;秋季工作日的拟合度为0.715,标准化系数为0.845;冬季工作日的拟合度为0.638,标准化系数为0.799。

表3.10 春夏秋冬工作日行为密度变化的回归计算

每小时平均行为密度	公共服务设施容积率（春季工作日）		公共服务设施容积率（夏季工作日）		公共服务设施容积率（秋季工作日）		公共服务设施容积率（冬季工作日）	
	拟合度（R^2）	标准化系数（β）	拟合度（R^2）	标准化系数（β）	拟合度（R^2）	标准化系数（β）	拟合度（R^2）	标准化系数（β）
H1	0.425	0.652	0.442	0.665	0.466	0.682	0.442	0.665
H2	0.418	0.647	0.433	0.658	0.457	0.676	0.433	0.658
H3	0.410	0.641	0.428	0.654	0.451	0.672	0.424	0.651
H4	0.407	0.638	0.424	0.651	0.447	0.669	0.414	0.643
H5	0.405	0.636	0.422	0.649	0.445	0.667	0.412	0.642
H6	0.408	0.639	0.424	0.651	0.447	0.669	0.412	0.642
H7	0.435	0.660	0.452	0.673	0.473	0.688	0.434	0.659
H8	0.507	0.712	0.522	0.723	0.532	0.729	0.501	0.706
H9	0.622	0.789	0.637	0.798	0.639	0.799	0.607	0.779
H10	0.666	0.816	0.663	0.814	0.694	0.833	0.630	0.793
H11	0.675	0.821	0.649	0.806	0.711	0.843	0.638	0.799
H12	0.676	0.822	0.630	0.794	0.715	0.845	0.636	0.797
H13	0.670	0.819	0.618	0.786	0.714	0.845	0.630	0.794
H14	0.668	0.817	0.616	0.785	0.712	0.844	0.626	0.792
H15	0.669	0.818	0.618	0.786	0.712	0.844	0.625	0.791
H16	0.671	0.819	0.626	0.791	0.712	0.844	0.624	0.790
H17	0.672	0.820	0.637	0.798	0.712	0.844	0.623	0.789
H18	0.658	0.811	0.638	0.799	0.688	0.829	0.613	0.783

续表 3.10

每小时平均行为密度	公共服务设施容积率（春季工作日）		公共服务设施容积率（夏季工作日）		公共服务设施容积率（秋季工作日）		公共服务设施容积率（冬季工作日）	
	拟合度（R^2）	标准化系数（β）	拟合度（R^2）	标准化系数（β）	拟合度（R^2）	标准化系数（β）	拟合度（R^2）	标准化系数（β）
H19	0.606	0.778	0.584	0.765	0.620	0.787	0.562	0.750
H20	0.577	0.760	0.552	0.743	0.586	0.766	0.536	0.732
H21	0.545	0.738	0.537	0.733	0.580	0.761	0.532	0.729
H22	0.509	0.714	0.515	0.718	0.550	0.742	0.508	0.713
H23	0.473	0.688	0.492	0.701	0.510	0.714	0.485	0.697
H24	0.440	0.663	0.457	0.676	0.480	0.693	0.459	0.677

* 资料来源：作者绘制

将各个季节从 0 点至 24 点每小时的平均行为密度与公共服务设施容积率的标准化回归系数在图表中标注，并连接成曲线（图 3.16）。可以发现，不论从各个时段来看，秋季个体行为密度与公共服务设施容积率的相关性都最高，并且在从上午 9 点到下午 5 点的时段内都保持在 0.85 左右的高水平；在秋季与冬季的回归指数曲线中，该时段同样也是全回归系数最高的时段，其中秋季大约在 0.83 左右的水平，冬季数值较低仅为 0.80 左右。夏季则与其他季节不同，在清晨与傍晚的时段回归系数与秋季相似且高于冬季，但回归系数在正午前后出现明显的降低。结合各个取样日期的最高温度差异，不同季节行为密度的相关性曲线波动差异，说明季节和温度对于中心区公共活动密度的差异：秋季由于温度最为适宜（日最高温度 25℃），因此市民活动密度与公共服务设施的相关性最为显著；春季在白天的温度较为适宜中心区公共活动（日最高温度 15℃），白天的行为密度与公共服务设施的相关性仅次于秋季，但夜晚和凌晨较为寒冷，相关性较低；夏季由于正午的温度过于炎热（日最高温度 35℃），反而抑制了该时段的公共活动强度；冬季由于处于全年温度最低的时段（日最高气温 5℃），市民出行参加社会活动的意愿降低，所以行为密度与公共服务设施的相关性显著低于其他季节。

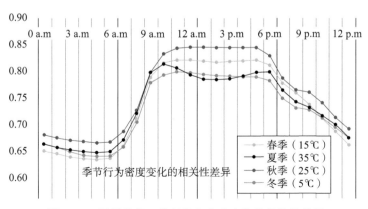

图 3.16 不同季节工作日行为密度变化的相关性差异

* 资料来源：作者绘制

可以发现，尽管季节更迭带来的气候变化使人群的行为模式发生了一些变化，表现为不同季节行为密度与公共设施的相关性的波动特征存在不同的特征，但总体上其仍旧存在显著的昼夜周期特征，其相关性的波动性差异符合城市环境受季节影响对出行、通勤、游憩的影响关系，因此反而证明了城市中心体系布局与个体行为密度间的动态关联规律在更长的年周期内的稳定性。

第四章 时空行为视角下城市中心体系的新内涵

本章从时空行为视角对城市中心体系的内涵进行重新审视，提出人群个体行为具有空间异化作用和空间选择作用，其中个体行为的空间异化作用是城市中心区产生和发展的重要推动力，而个体行为的空间选择作用也在城市中心体系的演化升级中发挥重要作用。基于个体行为与城市中心体系发展之间的紧密联系，本章对城市中心区与中心体系的概念进行梳理，从时空行为视角提出了城市中心区与城市中心体系的新内涵。在此基础上，对上海城市中心体系进行了重新审视，发现在时空行为视角下上海行为密度分布符合多核心模型，通过对上海行为密度的测算对上海现状中心体系进行识别。

4.1 城市中心体系的重新界定

城市中心体系的传统定义基于对其空间形态与空间职能的考察。在个体行为视角下，城市中心体系反映了城市人群在城市特定地段动态聚集和扩散的行为现象，因而具有了新的内涵。本节基于中心体系"行为—空间"动态关联规律，提出人群活动和中心区交互发展产生的极化效应，进而从个体行为层面提出城市中心区和中心体系的定义和内涵。

4.1.1 中心区与时空行为的空间异化作用

1) 个体行为的空间异化作用

城市发展和行为分异是一个相辅相成且互为表里的过程。在人类历史早期的农业社会，人类居民点以低密度均质的形式分布，人类的所有活动都以满足生存所需的耕作、采集和休息等最基础的活动为主，活动范围受到原始技术条件的限制也仅局限在其住所周围，无法进行复杂的社会协作活动。第二次社会大分工中手工业从农业中脱离出来，出现了直接以交换为目的的商品生产活动，第三次社会大分工则促成了不从事生产而专门从事商品交换的商人阶级的出现，商品制造和商人阶级的出现提升了对公共空间的需求，便在适于货物集散和商品交换的地方出现了固定的交易场所——集市，随着商品生产和商品交换的发展，以及交换地域的进一步扩大，集市就可能演变为城市。人类发展的历史证明，伴随着城市发展的是城市居民活动类型和内容的极大扩展，人群行为的分异是城市发展的重要推动力，而城市则为各种复杂社会活动的运行提供了必要的平台土壤。

对于城市中心区而言，中心区的产生和发展就是向社会提供更多的公共空间和公共设施，以承载更多的公共空间行为，而中心区本身所能提供的空间存量和增量是有限的，所以与中心区职能关联较弱的居住用地等非公共空间必然在中心区的一次次拓展中被商业、商务等公共空间所取代。根据城市中心体系"行为—空间"之间的动态关联规律，公共空间行为密度与包括中心体系在内的公共服务设施布局具有显著关联,而非公共空间行为密度则与以居住设施为主体的非公共服务设施布局具有显著关联。这一规律产生一个直接推论:在中心区的发展过程中,伴随公共服务设施的集聚和非公共服务设施的外迁和扩散,同时发生着公共空间行为向中心区聚集和非公共空间行为向中心区外部转移。这种不同类型的行为向不同空间区位聚集的过程,称为个体行为的空间异化作用(图4.1)。

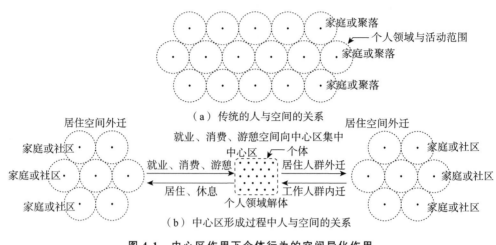

图 4.1 中心区作用下个体行为的空间异化作用
* 资料来源:作者绘制

个体行为的空间异化现象反映了在工业社会中人与空间关系的改变。在前工业化时期,人以家庭或聚落的形式紧密依附在土地上,聚落的低密度布局使得个体能够保有广阔的个人领域,这个领域既是个人生存繁衍的依托,也是个人全部活动的空间范围〔图4.1(a)〕。而在工业化和后工业化时期,个体与土地之间的依附与被依附的关系被割断,行为成为连接人和空间的纽带,人群根据行为的不同在空间上流转起来,中心区成为控制、消费和交易等人与社会互动的活动空间,而居住等活动则在中心区外部重新聚集。在中心区吸引周边就业、消费、游憩人群的同时,中心区内部原有居住的人群则因为人群高密度分布的压力下外迁〔图4.1(b)〕,最终形成中心区的空间异化过程。

2)时空行为视角下中心区的定义和内涵

由于中心区自身的演变和各类理论研究者侧重角度的不同,导致了中心区在概念上的多义性和模糊性。作为具体的城市规划者和专业研究人员,从不同学科视角,对中心区有着不尽相同乃至相去甚远的看法和理解。

《建筑大辞典》指出:"城市中心是城市公共建筑及设施较为集中的地段,是城市居民政治、经济、文化和社交活动的中心,也是城市面貌的缩影。它是由城市的主要公共建筑和构筑物按其功能要求并结合道路、广场以及绿化等用地有机组成的综合体。在大中城市中,除了全市性的综合中心外,还有分区中心、区中心以及专业化中心,小城镇则通常只有一个公共活动中心。"该定义则是以物质空间形态为切入点,强调的是中心区在建筑形态、空间尺度、功能设施等方面与城市其他区域的差异,同时说明了各中心区存在着等级序列的差异和功能的错位发展。

吴明伟等在《城市中心区规划》一书中提出:"城市中心区是一个综合的概念,是城市结构的核心地区和城市功能的重要组成部分,是城市公共建筑和第三产业的集中地,为城市及城市所在区域集中提供经济、政治、文化、社会等活动设施和服务空间，并在空间特征上有别于城市其他地区。"这个定义从城市空间和职能的角度分析了中心区的概念。

杨俊宴在《城市中心区规划理论设计与方法》一书中认为："城市中心区是位于城市功能结构的核心地带，以高度集聚的公共设施及街道交通为空间载体，以特色鲜明的公共建筑和开放空间为景观形象，以种类齐全完善的服务产业和公共活动为经营内容，凝聚着市民心理认同的物质空间形态。"这个定义主要从城市整体功能结构的演变过程总结了城市中心区的定义。

根据以上辞典和专著的引述分析，可以看出，目前中心区定义主要针对其空间显性因素，主要指各类公共服务设施的集聚区。同时，尽管城市中心区表现为一种物质空间形态，但我们不能回避公共活动等隐性因素对城市中心区形成与发展的支撑作用。在个体行为的研究视角下，城市中心区的形成过程，不仅仅是实体建筑与商业设施的集聚，同样也是管理、交易、休闲、交流等公共空间行为的集聚。公共空间行为的进行，是城市中心区存在和运转的内在动力，也是贯通城市中心区发展至今的历史主线。由于人是城市之所以存在的基础，如果将建筑空间组成的物质外壳从中心区剥离，人群依旧可以因陋就简进行最基本的商品交易，但如果中心区没有了各种消费、就业人群和社会公共活动，则中心区就失去了最根本的意义。因此从这种意义上说，基于行为活动对城市中心区的理解更加反映了城市中心区的本质，也更还原了城市中心区的原有内涵。

因此，本书对城市中心区做如下的定义理解：城市中心区是城市各类公共空间行为的中心，以高度集聚、复杂交互的公共空间行为活动为标志，以完善齐全的各类型公共空间和基础设施为活动载体，在有限的空间上集聚各项资源以最大限度地促成和协调各项社会经济活动的进行，并为之提供各类所需的条件。

城市中心区的特征内涵可进一步表现为以下几个方面，如表 4.1 所示：

表 4.1 中心区的特征内涵

特征		特征描述
活动主体特征	中心区使用者的普遍性	城市中心区作为城市最核心、最集中的公共活动空间，服务于城市最广泛的人群，也为城市以外的各类跨区域经济活动和外来游客提供服务和便利，是城市内部各类活动和对外活动的窗口，被称为"城市客厅"
	中心区使用者的流动性	城市中心区通过发展成了高度专业化的公共活动空间，中心区内各个组成部分有特定的商业、商务、文化、行政等活动内容，因此中心区使用者在进行各类活动时必须在中心区内部进行流动；同时中心区为了提供更多的公共活动空间，居住空间不能满足所有活动者的居住需求，所以中心区使用者也必须在中心区内部与外部进行频繁的流动
	中心区使用者的竞争性	由于城市中心区能够满足各类社会经济活动的需求，空间的稀缺性也带来了中心区使用者之间的竞争。竞争不仅表现为中心区空间的争夺，也表现为对市场、人才、信息等资源的争夺

续表 4.1

	特征	特征描述
活动内容特征	中心区活动的高密度性	城市中心区是城市中社会经济活动最为密集的区域，使得人群聚集成为中心区的重要特征，同时中心区广泛分布的高层建筑也使中心区承载高密度人群活动成为可能
	中心区活动的高复杂性	随着城市中心区的发展，中心区活动内容不仅仅包括商业零售等商品交换活动，还包括金融保险、科技研发、设计创意等高端社会活动内容，由于这些活动对活动场所具有更高的要求，所以高端社会活动对中心区具有更高的依赖性
	中心区活动的高交互性	城市中心区不是简单的所有个体活动的累加，而是通过活动人群在空间上的高度聚集，促成各类交互行为的产生，中心区内的会议展览、行政决策、信息汇总等职能的运行，都是城市中心区所提供的各类交互活动的产物
	中心区活动的高异质性	在个体行为的空间异化作用下，公共空间行为和非公共空间行为受到了完全不同的作用力推动，公共空间行为向中心区聚集，而非公共空间行为则向中心区外转移，在这种作用下城市中心区内的行为类型出现显著的异质化特征
活动空间特征	中心区活动空间的激发性	对于城市中心区进行的众多活动而言，中心区提供了活动进行的重要激发条件和媒介，中心区满足了各类就业、消费、游憩活动所必需的信息资源、人力资源、景观资源和文化资源，脱离了中心区特定的活动空间，这些活动难以进行
	中心区活动空间的承载性	对于城市中心区的各类活动而言，中心区在发展中逐步形成了最为适合各类公共活动进行的物质空间环境，各类高层建筑、大型公建满足了中心区活动高密度聚集的基本要求，并随着公共活动形式的时代变化不断对应建筑空间形态以满足新的要求
	中心区活动空间的辅助性	城市中心区提供了各类公共活动所需的交通设施、信息设施、市政设施等配套服务，辅助各类公共活动的运行

* 资料来源：作者绘制

在个体行为视角下，城市中心区的空间构成要素可以被重新解读，同时也增添了新的要素内容（图4.2）。

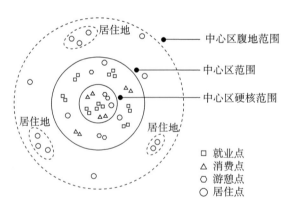

图 4.2 城市中心区的构成要素
* 资料来源：作者绘制

——中心区硬核。中心区硬核是城市中几乎完全被公共空间占据的部分，在空间异化作用下，大部分居住行为和居住空间都被从硬核中疏解出去。硬核是中心区主要公共空间行为集聚和运行的区域。

——中心区腹地。在城市中心体系内发生的个体行为空间异化现象包括两个同时发生的过程,即公共空间行为向中心区聚集和非公共空间行为向中心区外部转移。其中第一个过程表现为中心区内部商务、商业、行政等就业活动,以及商业娱乐等消费行为、游憩行为的行为密度的提升,第二个过程则表现为中心区内居住等非公共空间行为密度的下降。显然,中心区内部高密度的公共空间行为只有一部分来自中心区内部的居住人群,其余大部分来自中心区周边一定范围之内的居住人群,同样中心区内非公共空间行为密度的下降也代表了中心区内居住人群向中心区边缘及中心区外部一定空间范围内迁移。在这个过程中,向中心区提供就业、消费、游憩人群,并承接中心区活动人群的居住地的空间范围,即称为中心区腹地。

——就业点、消费点、游憩点与居住点。中心区内公共空间行为由就业、消费、游憩等行为组成,中心区内人群进行就业、消费、游憩活动的地段分别被称为就业点、消费点、游憩点,这些地段都分布在中心区内部,因而与中心区在空间上是重合的。居住点是中心区活动人群在中心区活动之外的时间进行居住活动的地段,分布在中心区及其腹地范围之内。

——居住地。在大多数中心区的腹地中,中心区活动人群的居住点不是均质分布的,而是在腹地内部呈现簇群状分布,这种簇群状分布的居住点簇群称为居住地。

4.1.2 中心体系与时空行为的空间选择作用

1) 个体行为的空间选择作用

在传统空间视角下,城市中心体系的产生和发展被视为是服务业在"集聚—扩散"作用下的结果,中心区内的服务产业在聚集产生负效应的驱动下,从原有中心区向外扩散,并在中心区外适宜区位重新聚集并形成新中心区。这种解释虽然反映了服务业的空间规律,但有失全面,忽略了中心区各行为主体在中心体系发展过程中的作用。

基于行为视角,本节对城市中心体系及其产生过程进行重新审视。在城市发展的初期阶段,商业、贸易活动的需求衍生出了各类公共服务设施,其在某一空间场所的集聚形成了城市中心区。由于此时城市规模较小、城市人口数量不多,整个城市都可以纳入中心区的腹地范围,单一中心区即能满足城市的各项公共服务需求。中心区通常位于城市交通可达性的中心,便于服务所有城市居民。在"单中心"发展阶段,城市中心区可以为整个城市提供需要的公共服务〔图4.3(a)〕。

随着城市的空间拓展和人口增长,城市新增的空间和人口的服务需求都要由原有中心区来承担,中心区发展至更大规模,城市中心区腹地的空间规模和服务人口规模随之增大,保持一种平衡关系〔图4.3(b)〕。当中心区腹地规模增长至某一阶段时,在四种机制的作用下中心区与腹地的协调增长被打破。第一,是腹地范围内人群规模超过了中心区所能提供服务的能力;第二,中心区腹地边缘的居住地与中心区之间的距离过远,对居民使用中心区造成了较大的阻碍;第三,中心区空间环境及其基础设施限制了中心区规模的继续扩展;第四,城市交通基础设施建设不能满足中心区与腹地之间的便捷交通。在这四种机制作用下,中心区与其腹地之间的平衡关系就会解体〔图4.3(c)〕。此时腹地内的行为个体就不得不对其公共活动的空间场所进行重新选择,就业者在原有中心区难以获得适合的就业空间,选择是否在新的城市空间重新就业;消费者选择是否在距离更近更便捷的区位购物;游憩者选择是否在景观资源更丰富、生

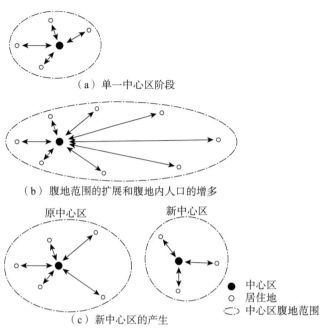

图 4.3 空间选择作用与中心体系的产生
* 资料来源：作者绘制

态环境更怡人的区位进行休闲活动；而居住者也面临是否更换居住地的选择。而所有行为主体空间选择的结果进行累积之后，新的就业行为、消费行为、游憩行为聚集最多的地区成为新的中心区，并形成新的腹地范围，原有中心区的腹地被分割，新老中心区与其腹地重新取得平衡，这一过程在中心体系的发展过程中不断循环。

事实上，在城市中心体系出现、城市中存在多个中心区的情况下，个体行为对中心区的空间选择无时无刻不在进行。所有的消费者、就业者、游憩者在对其消费空间、就业空间、游憩空间的品质、感受、便捷度等进行主观感受，这种主观感受决定了每一个行为主体在中心体系各个中心区之间的行为空间选择。而所有行为空间选择的累积在宏观上表现为城市中心体系的发展。

我国经历从计划经济体制向市场经济体制转型的过程中，城市公共服务从不足到丰富，城市公共服务供给从卖方市场趋向于买方市场，公共活动具有了更多的空间选择余地，个人行为选择对城市中心体系发展的作用更加凸显。

2) 时空行为视角下城市中心体系的定义和内涵

在传统空间研究视角下，城市中心体系被看作是城市内部各中心区构成的整体，作为城市内部公共服务设施的空间核点，其主要的构成单元为城市主中心区—副中心区—区级中心。这种定义虽然清晰描述了城市中心体系的空间构成，但将中心体系视为城市所有中心区的简单叠加。《辞海》指出："所谓'体系'即指若干有关事物互相联系、互相制约而构成的一个整体。"体系强调的是相互联系性和统一整体性，城市中心体系作为城市的重要组成部分，并不是一个个孤立的中心区个体，其构成中心区与中心区、中心区与城市之间的联系纽带并没有得到强调。

在个体行为视角下对城市中心体系进行重新审视，发现行为活动构成了城市中心体系内部的空间关联和空间协调的联系纽带。无论城市中心区之间的交通组织和产业迁移，还是中心区与城市郊区之间的通勤联系，都是个体行为的具体体现。可以说，正是各种社会行为活动将各个中心区组织成为城市中心体系，也正是行为活动将中心体系与城市紧密关联，使其发挥城市中心的职能。

因此，本书对城市中心体系进行如下定义：城市中心体系是城市各类公共空间及其公共空间行为的总体，在空间上表现为多种主导活动类型、多种等级规模和不同服务区域的中心区，这些中心区通过各类型的公共空间行为加以联系，形成互相依存的有机整体。

4.2 上海行为密度分布呈现多中心结构

在建立城市中心体系及其行为密度特征之间的联系之后,研究上海手机用户行为密度分布的空间特征,成为了解上海城市中心体系空间组织的可行途径。手机用户空间分布研究属于人口空间分布的研究范畴,人口空间分布研究尽管仅是当今城市空间研究体系中的一个组成部分,但在城市空间研究的初期,人口空间分布却是人类研究城市空间结构的唯一工具。基于人口分布的城市空间结构研究具有漫长的历史,最早可以追溯到 Thünen(1966)的农业区位论及 Burgess(1925)的同心圆模式、Hoyt 的扇形模式和 Clark 等(1951)的研究。此后 Alonso(1964)、Muth(1969)和 Mills(1967)对城市人口的空间分布进行了详细研究。以上城市人口空间结构研究中主要为基于单中心模型假设下的实证研究,即以城市仅有的、唯一的中心区作为前提条件。随着城市规模扩大、功能发展,各种城市副中心区的出现使单中心模型已经难以很好地解释城市愈发复杂的人口分布,因此城市人口的多核心模型得到了发展。Heikkila 等(1989)提出了 3 种理论模型,其他经典研究包括 Gordon(1989)、Small 和 Song(1994)对洛杉矶的研究以及 McMillen 和 McDonald(1998)对芝加哥的研究,研究证明多中心模型能够更好地模拟多中心城市的人口分布。

基于手机信令的时空行为密度计算由于是对某时刻的手机用户的空间分布特征的分析,因而可以利用前人提出的不同空间理论模型进行模拟验证,从时空动态视角对城市行为分布的特征进行观察。本节基于上文的行为密度计算结果,分别使用单中心模型和多中心模型对上海城市行为密度空间分布结构进行检验,总结上海中心体系目前所处的结构发展阶段。

4.2.1 单核心模型检验

单核心人口分布模型源于 Clark 在 1951 年的开创性工作,而城市空间结构的最初模型则源于 Alonso 的单核心城市模型。这个模型后来被 Mills 和 Muth 扩展到包括生产、交通、房产等的分布模型。单中心城市的人口密度分布在经典的单中心城市假定即城市存在唯一 CBD 的理想条件下,人口密度分布从中心区向外逐渐减小;而且,随着城市的不断发展扩大,城市中心人口密度峰值降低,郊区人口密度增大,城市地域扩大。

1)单核心模型构建

常见的单核心模型包括 Clark 模型、Newling 模型、Smeed 模型和 Cubic 模型等。

——Clark 模型。Clark 认为可以用负指数函数表达人口密度与离市中心距离的关系。Clark 模型公式为:

$$D_{(r)} = D_0 e^{-br}$$

其中,$D_{(r)}$ 为距城市中心距离 r 的人口密度;D_0、b 为参数;D_0 表示理论上城市中心的人口密度;$b > 0$,表示离市中心距离增加 1 m 时人口密度减少的百分比,称为人口密度梯度。

——Newling 模型。将 Clark 模型中的负指数函数换为二次指数函数,用以反映城市郊区逐渐增长的态势。Newling 模型公式为:

$$D_{(r)} = D_0 e^{br-cr^2}$$

其中，b、c 为参数，$c>0$，其他符号含义同 Clark 模型。

——Smeed 模型。幂指数函数模型，公式为：

$$D_{(r)}=D_0 r^b$$

其中，参数 $D_0>0$，$b<0$。

——Cubic 模型。三次方函数模型，公式如下：

$$D_{(r)}=D_0 e^{br+cr^2+dr^3}$$

其中，$D_0>0$，$b<0$，$c>0$，$d<0$。

Clark 模型、Newling 模型、Smeed 模型和 Cubic 模型分别针对不同类型的单中心城市的人口密度分布状况进行描述，根据目前相关研究进展，大部分单中心城市的人口分布状况都可以使用上述模型进行解释。

2）上海行为密度分布不符合单核心模型

为了检验上海目前行为密度分布是否还符合单中心模型，本小节以上海人口分布呈现单中心特征为假设前提，使用 Clark 模型、Newling 模型、Smeed 模型和 Cubic 模型分别对上海手机用户的行为密度进行回归检验。研究方法如下：计算各用地的日平均行为密度 $D(r)$，单位为人 /m^2；使用 ArcGIS 10.3 软件提取用地斑块的质心，并计算各用地质心坐标距城市中心的直线距离，单位为 m，使用统计软件 SPSS 22 计算不同模型下的线性回归方程。城市中心选取日平均行为密度最高的人民广场西侧西藏中路与福州路交叉口。在具体分析时，分别从上海市域（不包括长江以北部分）、中心城区两个尺度进行讨论。

表 4.2　上海市域范围行为密度分布模拟

模型类型	参数 $\ln D_0$	参数 b	参数 c	参数 d	R^2	显著性（$Sig.$）
Clark 模型	−3.546	0.000 079	—	—	0.488	0.000
Newling 模型	−3.027	−0.000 148	−1.473E−9（值域错误）	—	0.528	0.000
Smeed 模型	5.577	−1.113	—	—	0.496	0.000
Cubic 模型	−2.852	−0.000 187	3.3932E−9	−2.428E−14	0.531	0.000

* 资料来源：作者绘制

上海市域范围行为密度分布模型模拟结果见表 4.2。从模拟结果来看，拟合度 R^2 最大的是 Cubic 模型，但其值也仅为 0.531，并且参数最多；其次为 Smeed 模型，R^2 为 0.496；Clark 模型 R^2 为 0.488，拟合度并不突出；Newling 模型系数 c 不符合 $c>0$ 的值域要求，证明 Newling 模型不成立。模拟结果表明，Cubic 模型可以部分解释上海市域尺度下的人口分布，但并不是最理想结果。

表 4.3 上海中心城区范围行为密度分布模拟

模型类型	参数 $\ln D_0$	参数 b	参数 c	参数 d	R^2	显著性（$Sig.$）
Clark 模型	−2.970	0.000 140	−	−	0.304	0.000
Newling 模型	−2.905	−0.000 161	−1.3166E−9（值域错误）	−	0.305	0.000
Smeed 模型	2.316	−0.726	−	−	0.265	0.000
Cubic 模型	−2.934	−0.000 144	−1.1656E−9（值域错误）	9.7378E−14（值域错误）	0.305	0.000

* 资料来源：作者绘制

上海中心城区范围行为密度分布模型模拟结果见表 4.3。从模拟结果来看，Newling 模型系数 c 不符合 $c>0$ 的值域要求，Cubic 模型系数 c 与 d 不符合值域要求，证明 Newling 模型与 Cubic 模型不成立，Clark 模型、Smeed 模型虽然成立但拟合系数均较低，其中 Clark 模型的拟合系数 R^2 为 0.304，Smeed 模型的拟合系数 R^2 仅为 0.265。模拟结果表明，尽管 Clark 模型相比其他模型对中心城区层面的人口分布稍具解释能力，但拟合系数 R^2 过低，说明 Clark 模型、Newling 模型、Smeed 模型和 Cubic 模型，在中心城区范围内都很难对上海手机用户的行为密度分布进行描述。

比较上海市域和中心城区的行为密度在不同模型下的拟合结果，在市域层面上海行为密度分布的最优模型是三次方函数 Cubic 模型（$R^2=0.531$），在中心城区层面的最优模型为负指数函数 Clark 模型（$R^2=0.304$）。这同吴文钰和马西亚（2006）对上海人口空间布局的研究结论基本一致。但与其研究中计算结果相比（表 4.4），市域范围单中心模型的拟合度出现了明显的衰减趋势，从 1990 年的 0.800，2000 年的 0.747，降至 2013 年的 0.531，中心城区范围单中心模型的拟合度从 1990 年的 0.655，2000 年的 0.424，降至 2013 年的 0.304。与此同时，由拟合公式中 D_0 值获得的理论上城市中心最高人口密度数字显著减少，在市域层面从 1990 年的 9.7 万人，2000 年的 6.1 万人，降至 2013 年的 5.8 万人，在中心城区层面从 1990 年的 12.3 万人，2000 年的 6.9 万人，降至 2013 年的 5.1 万人。这说明，不管在上海市域层面还是中心城区层面，其人口分布的空间分布模式与单中心结构形态的差距越来越远。

表 4.4 上海行为密度不同模型下的拟合结果

		1990 年	2000 年	2013 年
中心城区范围	Clark 模型	$R^2=0.655$	$R^2=0.424$	$R^2=0.304$
	城市中心人口密度 D_0（万人 /km²）	12.326	6.869	5.130
市域范围	Cubic 模型	$R^2=0.800$	$R^2=0.747$	$R^2=0.531$
	城市中心人口密度 D_0（万人 /km²）	9.659	6.145	5.773

* 资料来源：2013 年数据来自作者计算，1990 年与 2000 年数据引用自吴文钰，马西亚，2007. 1990 年代上海人口密度模型及演变[J]. 市场与人口分析，13（2）：40-47.

基于本小节的计算结果，结合从 1990 年至 2013 年数据的变化趋势，可以总结上海目前人口空间结构发展阶段的特征：在过去二十年来上海人口行为密度分布的单中心结构逐步消解，至 2013 年为止基本解体，这个变化过程在上海中心城区的尺度下尤其显著。伴随着单中心结构解体过程的，是城市原有单中心人口向外疏散，在更大范围内重新聚集的过程。

4.2.2 多核心模型检验

1）多核心模型构建

由于单核心模型已经难以对上海手机用户的空间分布进行解释，所以尝试使用多核心模型对上海手机用户的行为密度数据进行检验。多核心理论模型的出现是城市规模扩展和结构复杂化的产物，在城市空间快速扩展的过程中，部分大城市中发育出现次级中心，由此产生多中心城市，在认识到单核心模型在解释多核心城市结构的局限时，多核心模型理论应运而生。多核心模型假设城市存在多个核心，因而更能准确地解释具有规模大、结构复杂特征的特大城市内人群的分布特征。

在多核心模型中，城市人口密度的分布基于以下公式：

$$D_{(r)} = \sum_{n=1}^{N} a_n \mathrm{e}^{b_m r_{mn}}$$

其中，$D_{(r)}$ 为人口密度，$m = 1, 2, \cdots, M$，M 为街区数量；N 为城市核心数量；r_{mn} 为街区 m 到核心 n 的距离；a_n 与 b_m 为参数，$a_n > 0$，$b_m < 0$。

2）上海行为密度分布符合多核心模型

参考国外相关文献以及国内同类文献中人口分布的多核心模型和研究方法（冯健和周一星，2003），第一步先确定首位城市核心的坐标，在本书中以人民广场作为首位城市核心；然后确定城市其他中心，方法是绘制上海各个地块日均行为密度等值线图，经过比较确定其他核心的区位。其他核心选取依照以下几个原则：① 首先确定 5 万人/km² 的人口密度等值线；② 确定满足上述条件的每个高峰等值线内的峰值点，可近似地视为该核心的坐标原点；③ 在没有水系、山体等自然隔离的情况下，城市核心之间的距离大于 5 km。

按照上述原则，上海除人民广场之外可以识别得到 5 个可能的城市核心，分别为陆家嘴、上海火车站、徐家汇、曹杨路、打浦桥地区（图 4.4）。陆家嘴和上海火车站核心虽然距离其他中心距离不足 5 km，但由于有黄浦江和苏州河的区隔，所以也划定在城市核心的范围内。除了上述城市地区以外，张杨路、五角场等其他行为密度在 5 万人/km² 以上的地段，或由于规模面积较小，或由于与其他大尺度核心距离不足 5 km，所以不

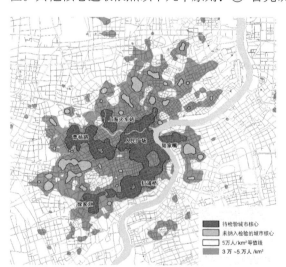

图 4.4　上海手机用户日均行为密度等值线及核心划定
*资料来源：作者绘制

被纳入城市核心的范畴。在确定可供检验的城市核心后，计算各街区到各个核心的距离，使用 SPSS 22 统计软件编写多核心模型非线性回归程序，采用迭代技术进行回归。由于共有 6 个城市核心，所以多核心模型公式可以转化为：

$$D_{(r)} = a_1 e^{b_1 r_{m1}} + a_2 e^{b_2 r_{m2}} + a_3 e^{b_3 r_{m3}} + a_4 e^{b_4 r_{m4}} + a_5 e^{b_5 r_{m5}} + a_6 e^{b_6 r_{m6}}$$

其中，$D_{(r)}$ 为每个用地的日平均行为密度，单位为万人 $/km^2$；r_{m1}、r_{m2}、r_{m3}、r_{m4}、r_{m5}、r_{m6} 分别为人民广场、陆家嘴、上海火车站、徐家汇、曹杨路、打浦桥等核心与各用地间的距离，单位为 km。

表 4.5 为上海市域、中心城区范围内日平均行为密度空间分布的多核心模型拟合结果。从拟合参数来看，不论在市域层面还是中心城区层面，人民广场、陆家嘴、火车站、徐家汇地区的参数 a 均为正值，参数 b 均为负值，参数值域符合多中心模型的要求，而曹杨路、打浦桥地区的参数 a 均为负值，值域不符合模型要求。从拟合结果来看，行为密度分布在市域和中心城区层面都较为理想，市域层面的拟合度 R^2 达到了 0.843，在中心城区层面的拟合度 R^2 为 0.841，显著高于所有单中心模型的拟合结果。这说明以人民广场、陆家嘴、上海火车站、徐家汇等四个核心的多核心模型能够较好地描述上海的行为密度分布，上海的手机用户密度分布已经呈现显著的多核心特征，其中市域范围的拟合度略高于中心城区，表明随着研究地域的扩大，上海行为密度分布的多核心特征显著。

表 4.5 上海行为密度分布多核心模型模拟

城市核心	中心城区范围		市域范围	
	参数 a	参数 b	参数 a	参数 b
人民广场	3.895	−0.242	5.177	−0.211
陆家嘴	0.244	−0.307	1.330	−0.052
上海火车站	5.087	−0.097	3.402	−0.112
徐家汇	3.270	−0.058	4.626	−0.073
曹杨路	−2.956	−0.100	−2.104	−2.000
打浦桥	−3.229	−0.076	−5.836	−0.081
R^2	0.841		0.843	

* 资料来源：作者绘制

在多核心模型中，通过观察参数 a、b 可以比较不同核心在多核心模型中聚集度的强弱。a 表示所对应核心的截距，在多核心模型中表示该核心行为密度的理论最大值，a 值越高表示该核心聚集了更多的个体活动；参数 b 对应核心的斜率，b 值的绝对值越大，表示随着与该核心距离的增加，行为密度的衰减越显著。观察上海市域层面行为密度多核心模型的拟合结果，其中人民广场核心的截距 a 值大于其他核心，这说明人民广场地区是行为密度聚集最为显著的核心，徐家汇、火车站、陆家嘴地区的截距 a 值依次递减，表示他们的行为聚集能力依次减弱。而在上海中心城区层面下，上海行为密度的多核心模型中上海火车站地区的截距 a 值最大，人民广场、徐家汇、陆家嘴地区的 a 值依次递减，显现出了与市域层面不同的核心聚集态势。

利用多核心模型对上海行为密度分布的拟合结果表明，上海的行为密度分布表现出了显著的多核心空间特征。在使用日均行为密度作为辨别核心的指标时，在上海市域内已经可以识别出人民广场、徐家汇、上海火车站和陆家嘴等四处中心区，这一方面从行为角度证明了上海中心体系所处的多中心结构阶段，另一方面也证明了上述四个中心区在城市行为模式分布中的重要特征。但是从回归方程所得的参数可以发现，由于日均行为指数是昼间行为密度与夜间行为密度平均后的结果，所以与现状基于空间的中心体系结构进行对比，陆家嘴等夜间行为密度较低的地区其行为聚集核心的等级会被低估，而上海火车站等昼夜行为密度均较高的地区其行为聚集核心的等级会被高估。根据本节分析，可以得到如下结论：基于上海手机用户的平均行为分布态势，上海总体行为密度分布已经呈现典型的多核心结构，同时，平均行为密度指标由于受到昼夜分布变化的影响，在识别部分中心区的过程中有所局限，需要对行为密度核心进行更为细致的区分以完成对中心体系的识别。

4.3 基于行为密度的城市中心体系识别

经过使用经典多核心模型对上海日均行为密度分布进行检验，证明从宏观人口分布层面，上海已经呈现多中心结构。但是根据中心体系与行为活动之间存在动态关系，日均行为密度指标还不足以对城市中心体系进行识别。因为不同地段的行为聚集活动可能发生在不同的时段，如果不能将行为活动进行更细的划分，就不能够清晰地对城市中心体系进行界定。

本节使用上海中心城区范围内样本工作日的白天时段（上午 9 时至下午 6 时）和夜晚时段（夜晚 12 时至上午 6 时）的行为密度分布，对上海城市中心体系进行识别。

4.3.1 基于昼间行为密度识别中心区

基于行为视角对城市中心体系的重新审视，城市中心体系是城市中社会性活动高强度聚集的区域。因此，需要对城市中的社会性活动人群进行识别，同时需要对不同地段的人群活动密度进行计算。本书使用工作日白天时段（上午 9 时至下午 6 时）的手机用户分布状况来表示城市社会性活动的分布态势，同时使用上述时段内的手机用户分布密度作为识别城市中心体系的研究指标。

在识别上海城市中心体系前，首先确定上海中心城区内昼间行为密度高度集聚的区域。分别计算中心城区内各个地块在工作日上午 9 时至下午 6 时内的昼间行为密度均值，使用 ArcGIS 软件中的核密度计算方法绘制上海中心城区内白天时段行为密度分布的趋势图（图 4.5），趋势图绘制的差值算法采用局部多项式插值法（Local polynomial interpolation）。使用等距法将趋势图中中心城区内的区域划分为不同值域的地区并绘制等值线，等值线间距为 1 万人 /km^2。通过对不同等值线内范围进行比较，以 6 万人 /km^2 等值线作为识别中心区的参考标准，将位于 6 万人 /km^2 等值线以内，围合面积大于 0.2 km^2 的区域作为中心区（图 4.6）。

根据上述识别方法，上海中心城区内共识别得到人民广场、陆家嘴、徐家汇、上海火车站、打浦桥、五角场、虹口体育场、长寿路、虹桥、临平路、塘桥、张江和漕河泾等中心区。

第四章　时空行为视角下城市中心体系的新内涵　　141

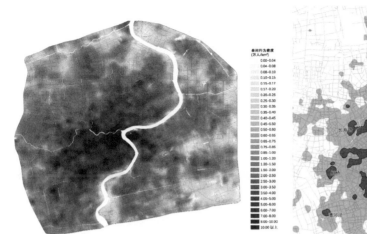

图 4.5　上海昼间行为密度
*资料来源：作者绘制

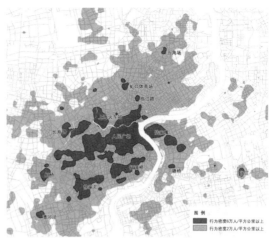

图 4.6　上海手机用户昼间行为密度等值线
*资料来源：作者绘制

图 4.7　基于昼间行为密度识别上海中心区
*资料来源：作者绘制

将通过行为密度识别获得的中心区与通过传统空间方法识别的中心区进行对比，可以发现传统空间方法识别获得的人民广场主中心区、陆家嘴主中心区、上海火车站副中心区、徐家汇副中心区、虹桥副中心区、五角场副中心区、曹杨路区级中心、打浦桥区级中心在通过行为密度识别的中心体系中同样出现，大宁等区级中心则由于行为密度等值线围合区域不足 0.2 km² 没有被识别，同时虹口体育场、临江路、塘桥、漕河泾等通过传统空间方法未能识别的地区通过行为密度方法被识别为城市中心体系的组成部分。

将识别获得的中心区的空间范围在上海中心城区底图上进行界定，对于通过传统方法已经识别出的中心区，其空间范围使用既有范围进行界定；对于通过行为密度新识别获得的中心区，其空间范围使用其行为密度高值街区进行界定（图4.7）。识别获得的13处中心区总用地面积为 45.2 km²，根据其昼间行为密度测算，工作日内昼间时段中心区内共有手机用户198.5万人，约占同时段上海市域范围内手机用户规模的10%。

4.3.2 基于夜间行为密度识别居住地

作为行为视角下与中心区紧密关联的组成部分，居住地是城市中居住行为高强度聚集的区域，也是城市中心体系行为研究的重要内容。本书使用工作日夜晚（晚上12时至上午6时）的手机用户分布状况来表示城市居住行为的分布态势，同时使用上述时段内的手机用户分布密度作为识别居住地的研究指标。

首先确定上海中心城区内夜间行为密度高度集聚的区域，分别计算中心城区内各个地块在工作日晚上12时至上午6时内的夜间行为密度均值，使用ArcGIS软件中的核密度计算方法绘制上海中心城区内夜间时段行为密度分布的趋势图（图4.8），趋势图绘制的差值算法采用局部多项式插值法。使用等距法将趋势图中中心城区内的区域划分为不同值域的地区并绘制等值线，等值线间距为1万人/km²。通过对不同等值线内范围进行比较，以4万人/km²等值线作为识别

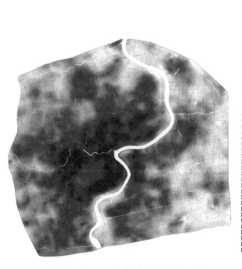

图 4.8　上海夜间行为密度
*资料来源：作者绘制

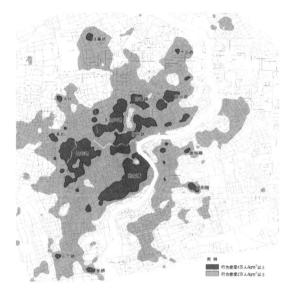

图 4.9　上海手机用户夜间行为密度等值线及核心划定
*资料来源：作者绘制

居住地的参考标准，将位于 4 万人 / km² 等值线以内，围合面积大于 0.5 km² 的区域作为居住地（图 4.9）。

根据上述识别方法，上海中心城区内共识别得到打浦桥、临平路、长寿路、东宝兴路、赤峰路、中原路、黄兴路、共康路、大华、真如、张杨路、龙阳路、东兰路、长桥等 14 处居住地。

将各个居住地的空间范围在上海中心城区底图上进行界定，其空间范围使用行为密度高值街区进行界定（图 4.10）。识别获得的 14 处居住地总用地面积为 7.3 km²，根据其夜间行为密度测算，工作日内夜间时段居住地内共有手机用户 30.4 万人，约占同时段上海市域范围内手机用户规模的 1.5%。

图 4.10　基于夜间行为密度识别上海居住地
＊资料来源：作者绘制

第五章 时空行为视角下的城市中心体系等级结构

在通过时空行为视角对城市中心体系进行重新审视之后，城市中心体系的等级构成和空间结构被赋予了新的意义。本章主要依靠通过手机信令获得的上海时空行为的密度测算和时空分布数据，以时空行为的视角对上海城市中心体系的等级构成和空间结构进行分析，梳理隐藏在中心体系空间背后的结构组织关系，得到对城市中心体系等级结构的新认识。

5.1 从行为密度视角测定中心体系等级

根据中心体系的既有理论框架，城市中心体系内主中心区、副中心区、片区级中心区的划分标准主要通过中心区的规模和服务范围进行区分。在时空行为视角下，可以使用中心区人群分布规模和服务范围对中心区的等级进行区分。中心区内分布的人群越多、行为密度越高，则表示其在中心体系内具有更高的等级。同时，中心区所服务的人群分布越广泛，通勤距离越远，则表示其在中心体系内具有更高的等级。因此，本章分别从中心区中行为密度和通勤距离两种不同的视角测定上海中心体系内的等级构成。本节从行为密度视角测定中心体系等级，在行为密度视角下通过计算中心区和居住地内手机用户的行为密度和分布规模，可以表征其在中心体系内的等级，分别从中心区和居住地两方面对其进行测算。

5.1.1 中心区等级

人民广场地区建设用地面积为 15.6 km²，在工作日上午 9 时至下午 6 时的时段中，下午 3 时活动人数规模最大，为 103.0 万人，行为密度为 6.6 万人 /km²，上午 9 时活动人数规模最小，为 68.7 万人，行为密度为 4.4 万人 /km²。研究范围内平均分布手机用户 97.8 万人，平均行为密度为 6.3 万人 /km²。其中，平均行为密度在 20 万人 /km² 以上的用地有 108 块，面积为 0.6 km²，占研究范围面积的 3.8%，内部活动人群规模约 18.3 万人；平均行为密度在 10 万人 /km² 以上的用地有 361 块，面积为 2.4 km²，占研究范围面积的 15.4%，内部活动人群规模约 42.3 万人（图 5.1）。

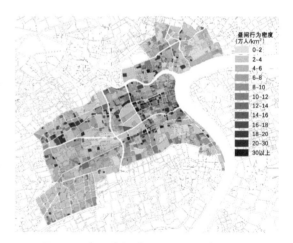

图 5.1 人民广场地区昼间行为密度分布
* 资料来源：作者绘制

陆家嘴地区建设用地面积为 14.2 km²，在工作日上午 9 时至下午 6 时的时段中，下午 3 时活动人数规模最大，为 51.7 万人，行为密度为 3.6 万人 /km²，上午 9 时活动人数规模最小，为 36.6 万人，行为密度为 2.6 万人 /km²。研究范围内平均分布手机用户 49.8 万人，平均行为密度为 3.5 万人 /km²。其中，平均行为密度在 20 万人 /km² 以上的用地有 16 块，面积为 0.21 km²，占研究范围面积的 1.5%，内部活动人群规模约 5.5 万人；平均行为密度在 10 万人 /km² 以上的用地有 63 块，面积为 0.9 km²，占研究范围面积的 6.3%，内部活动人群规模约 15.3 万人（图 5.2）。

图 5.2　陆家嘴地区昼间行为密度分布 *

火车站地区建设用地面积为 1.4 km²，在工作日上午 9 时至下午 6 时的时段中，下午 3 时活动人数规模最大，为 8.5 万人，行为密度为 6.5 万人 /km²，上午 9 时活动人数规模最小，为 6.0 万人，行为密度为 4.6 万人 /km²。研究范围内平均分布手机用户 8.2 万人，平均行为密度为 6.3 万人 /km²。其中，平均行为密度在 10 万人 /km² 以上的用地有 26 块，面积为 0.29 km²，占研究范围面积的 20.7%，内部活动人群规模约 4.2 万人（图 5.3）。

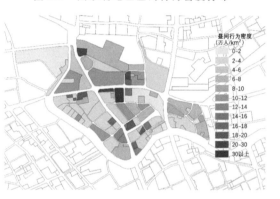

图 5.3　上海火车站地区昼间行为密度分布

徐家汇地区建设用地面积为 0.9 km²，在工作日上午 9 时至下午 6 时的时段中，下午 4 时活动人数规模最大，为 8.2 万人，行为密度为 9.1 万人 /km²，上午 9 时活动人数规模最小，为 4.4 万人，行为密度为 4.9 万人 /km²。研究范围内平均分布手机用户 7.5 万人，平均行为密度为 8.3 万人 /km²。其中，平均行为密度在 20 万人 /km² 以上的用地有 5 块，面积为 0.06 km²，占研究范围面积的 6.6%，内部活动人群规模约 1.7 万人；平均行为密度在 10 万人 /km² 以上的用地有 16 块，面积为 0.2 km²，占研究范围面积的 22.2%，内部活动人群规模约 3.2 万人（图 5.4）。

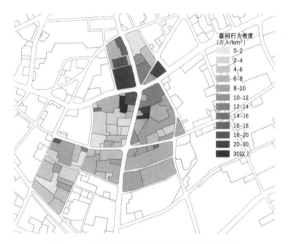

图 5.4　徐家汇地区昼间行为密度分布
* 资料来源：作者绘制

虹桥地区建设用地面积为 2.7 km²，在工作日上午 9 时至下午 6 时的时段中，下午 3 时活动人数规模最大，为 11.2 万人，行为密度为 4.1 万人 /km²，上午 9 时活动人数规模最小，为 8.7 万人，行为密度为 3.2 万人 /km²。研究范围内平均分布手机用户 10.8 万人，平均行为密度为 4.0 万人 /km²。其中，平均行为密度在 10 万人 /km² 以上的用地有 16 块，面积为 0.2 km²，占研究范围面积的 7.4%，内部活动人群规模约 3.1 万人（图 5.5）。

五角场地区建设用地面积为 1.9 km²，在工作日上午 9 时至下午 6 时的时段中，下午 3 时活动人数规模最大，为 6.8 万人，行为密度为 3.6 万人 /km²，上午 9 时活动人数规模最小，为 5.6 万人，行为密度为 2.9 万人 /km²。研究范围内平均分布手机用户 6.5 万人，平均行为密度为 3.4 万人 /km²。其中，平均行为密度在 10 万人 /km² 以上的用地有 3 块，面积为 0.05 km²，占研究范围面积的 2.6%，内部活动人群规模约 0.6 万人（图 5.6）。

长寿路地区建设用地面积为 0.5 km²，在工作日上午 9 时至下午 6 时的时段中，下午 2 时活动人数规模最大，为 4.7 万人，行为密度为 9.4 万人 /km²，上午 9 时活动人数规模最小，为 3.6 万人，行为密度为 7.2 万人 /km²。研究范围内平均分布手机用户 4.5 万人，平均行为密度为 9.0 万人 /km²。其中，平均行为密度在 10 万人 /km² 以上的用地有 23 块，面积为 0.2 km²，占研究范围面积的 40.0%，内部活动人群规模约 2.7 万人（图 5.7）。

打浦桥地区建设用地面积为 1.2 km²，在工作日上午 9 时至下午 6 时的时段中，下午 2 时活动人数规模最大，为 8.7 万人，行为密度为 7.3 万人 /km²，上午 9 时活动人数规模最小，为 6.9 万人，行为密度为 5.8 万人 /km²。研究范围内平均分布手机用户 8.4 万人，平均行为密度为 7 万人 /km²。其中，平均行为密度在 10 万人 /km² 以上的用地有 19 块，面积为 0.2 km²，占研究范围面积的 16.7%，内部活动人群规模约 3.1 万人（图 5.8）。

虹口体育场地区建设用地面积为 0.2 km²，

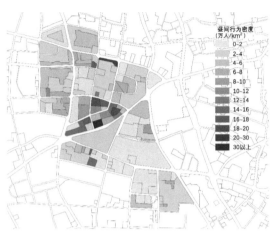

图 5.5　虹桥地区昼间行为密度分布
* 资料来源：作者绘制

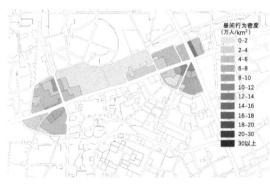

图 5.6　五角场地区昼间行为密度分布
* 资料来源：作者绘制

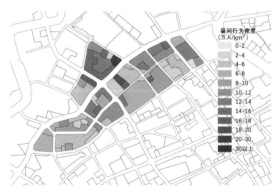

图 5.7　长寿路地区昼间行为密度分布
* 资料来源：作者绘制

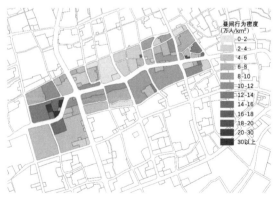

图 5.8　打浦桥地区昼间行为密度分布

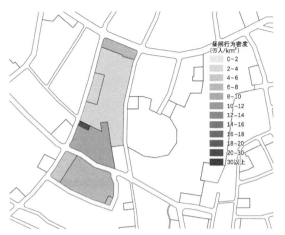

图 5.9　虹口体育场地区昼间行为密度分布

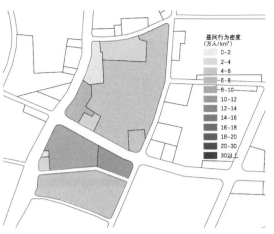

图 5.10　塘桥地区昼间行为密度分布

*资料来源：作者绘制

在工作日上午 9 时至下午 6 时的时段中，下午 2 时活动人数规模最大，为 1.0 万人，行为密度为 5 万人 /km^2，上午 9 时活动人数规模最小，为 0.8 万人，行为密度为 4 万人 /km^2。研究范围内平均分布手机用户 0.9 万人，平均行为密度为 4.5 万人 /km^2。平均行为密度在 10 万人 /km^2 以上的用地有 1 块，面积为 0.1 hm^2，占研究范围面积的 0.5%，内部活动人群规模约 0.9 万人（图 5.9）。

塘桥地区建设用地面积为 0.5 km^2，在工作日上午 9 时至下午 6 时的时段中，下午 3 时活动人数规模最大，为 2.5 万人，行为密度为 5.0 万人 /km^2，上午 9 时活动人数规模最小，为 2.2 万人，行为密度为 4.4 万人 /km^2。研究

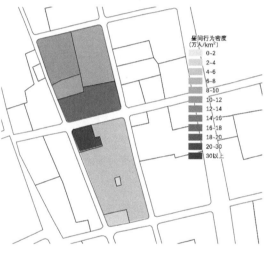

图 5.11　漕河泾地区昼间行为密度分布

范围内平均分布手机用户 2.4 万人，平均行为密度为 4.8 万人 /km^2。其中，平均行为密度在 10 万人 /km^2 以上的用地有 2 块，面积为 0.02 km^2，占研究范围面积的 4.0%，内部活动人群规模约 0.2 万人（图 5.10）。

漕河泾地区建设用地面积为 0.2 km^2，在工作日上午 9 时至下午 6 时的时段中，下午 3 时活动人数规模最大，为 1.5 万人，行为密度为 9.7 万人 /km^2，上午 9 时活动人数规模最小，为 0.8 万人，行为密度为 4.2 万人 /km^2。研究范围内平均分布手机用户 1.5 万人，平均行为密度为 8.9 万人 /km^2。其中，平均行为密度在 10 万人 /km^2 以上的用地有 3 块，面积为 0.06 km^2，占研究范围面积的 30.0%，内部活动人群规模约 0.9 万人（图 5.11）。

临平路地区建设用地面积为 0.2 km^2，在工作日上午 9 时至下午 6 时的时段中，下午 9 时活动人数规模最大，为 1.1 万人，行为密度为 5.5 万人 /km^2，上午 9 时活动人数规模最小，为 1.0 万人，行为密度为 5 万人 /km^2。研究范围内平均分布手机用户 1.1 万人，平均行为密度为 5.0 万人 /km^2。其中，平均行为密度在 10 万人 /km^2 以上的用地有 2 块，面积为 0.04 km^2，占研究范围

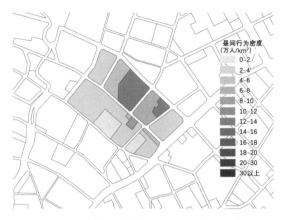

图 5.12　临平路地区昼间行为密度分布

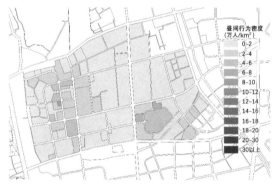

图 5.13　张江地区昼间行为密度分布
*资料来源：作者绘制

面积的 20.0%，内部活动人群规模约 0.5 万人（图 5.12）。

张江地区建设用地面积为 5.2 km²，在工作日上午 9 时至下午 6 时的时段中，下午 3 时活动人数规模最大，为 16.6 万人，行为密度为 3.2 万人 /km²，上午 9 时活动人数规模最小，为 6.8 万人，行为密度为 5.5 万人 /km²。研究范围内平均分布手机用户 9.0 万人，平均行为密度为 1.7 万人 /km²。平均行为密度最高的地块，行为密度为 8.9 万人 /km²（图 5.13）。

将昼间平均行为密度在 10 万人 /km² 以上的用地定义为高密度用地，分别统计各中心高密度用地内的手机用户规模。将高密度用地内用户规模以极小化方法做标准化处理得到各个中心区行为密度视角的能级。为便于比较，使用自然间断点分级法将能级分为 4 个等级，分别表示一级中心、二级中心、三级中心和四级中心。其中一级中心为人民广场中心区；二级中心为陆家嘴中心区、上海火车站中心区、徐家汇中心区、虹桥中心区、打浦桥中心区、长寿路中心区；三级中心为漕河泾中心区、五角场中心区、虹口体育场中心区、临平路中心区；四级中心区为塘桥中心区、张江中心区（图 5.14）。

行为密度视角下各中心区的等级由城市中心的人民广场中心区向外递减，一级中心位于城市最为核心的人民广场附近，二级中心呈圈层状位于一级中心周边，三级中心位于距离城市中心更远的外围，四级中心则位于高等级中心区的周围。

5.1.2　居住地等级

长寿路地区建设用地面积为 1.3 km²，在工作日凌晨 0 时至上午 6 时的时段中，凌晨 0 时活动人数规模最大，为 6.7 万人，行为密度为 5.9 万人 /km²，上午 5 时活动人数规模最小，为 6.4 万人，行为密度为 5.7 万人 /km²。研究范围内平均分布手机用户 6.5 万人，平均行为密度为 5.8 万人 /km²。其中，平均行为密度在 10 万人 /km² 以上的用地有 11 块，面积为 0.07 km²，占研究范围面积的 5.4%，内部活动人群规模约 0.9 万人（图 5.15）。

打浦桥地区建设用地面积为 0.9 km²，在工作日凌晨 0 时至上午 6 时的时段中，凌晨 0 时活动人数规模最大，为 6.2 万人，行为密度为 6.8 万人 /km²，上午 6 时活动人数规模最小，为 6.0 万人，行为密度为 6.7 万人 /km²。研究范围内平均分布手机用户 6.1 万人，平均行为密度为 6.6 万人 /km²。其中，平均行为密度在 10 万人 /km² 以上的用地有 11 块，面积为 0.06 km²，占研究范围面积的 6.7%，内部活动人群规模约 0.9 万人（图 5.16）。

第五章 时空行为视角下的城市中心体系等级结构

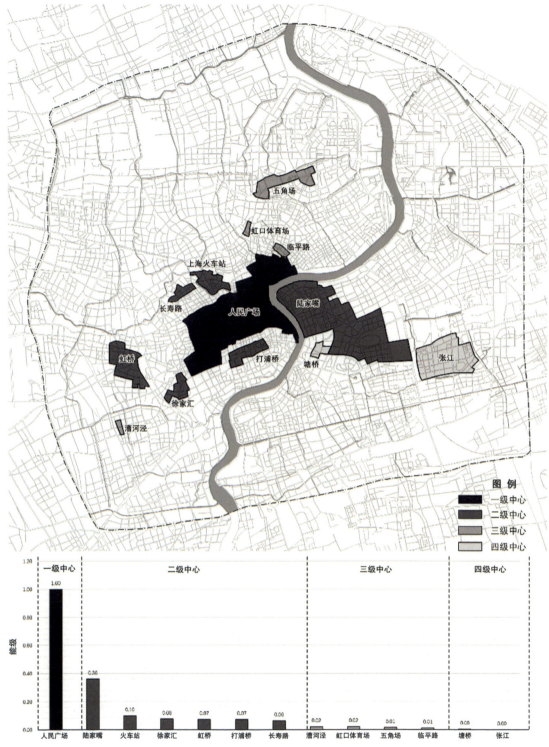

图 5.14 基于昼间行为密度测定上海中心区等级
*资料来源：作者绘制

东宝兴路地区建设用地面积为 0.6 km²，在工作日凌晨 0 时至上午 6 时的时段中，凌晨 4 时活动人数规模最大，为 2.9 万人，行为密度为 5.0 万人 /km²，凌晨 0 时活动人数规模最小，为 2.8 万人，行为密度为 4.9 万人 /km²。研究范围内平均分布手机用户 2.8 万人，平均行为密度为 5.0 万人 /km²。其中，平均行为密度在 10 万人 /km² 以上的用地有 5 块，面积为 0.05 km²，占研究范围面积的 8.3%，内部活动人群规模约 0.5 万人（图 5.17）。

临平路地区建设用地面积为 0.6 km²，在工作日凌晨 0 时至上午 6 时的时段中，凌晨 0 时活动人数规模最大，为 3.4 万人，行为密度为 5.3 万人 /km²，凌晨 6 时活动人数规模最小，为 3.2 万人，行为密度为 5.0 万人 /km²。研究范围内平均分布手机用户 3.3 万人，平均行为密度为 5.1 万人 /km²。其中，平均行为密度在 10 万人 /km² 以上的用地有 5 块，面积为 0.05 km²，占研究范围面积的 8.3%，内部活动人群规模约 0.6 万人（图 5.18）。

赤峰路地区建设用地面积为 0.6 km²，在工作日凌晨 0 时至上午 6 时的时段中，凌晨 5 时活动人数规模最大，为 3.2 万人，行为密度为 5.5 万人 /km²，凌晨 0 时活动人数规模最小，为 3.1 万人，行为密度为 5.4 万人 /km²。研究范围内平均分布手机用户 3.1 万人，平均行为密度为 5.5 万人 /km²。其中，平均行为密度在 10 万人 /km² 以上的用地有 3 块，面积为 0.02 km²，占研究范围面积的 3.3%，内部活动人群规模约 0.2 万人（图 5.19）。

黄兴路地区建设用地面积为 0.9 km²，在工作日凌晨 0 时至上午 6 时的时段中，凌晨 0 时活动人数规模最大，为 3.9 万人，行为密

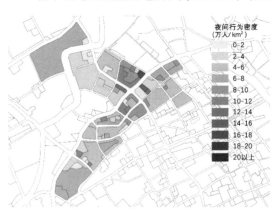

图 5.15　长寿路地区夜间行为密度分布

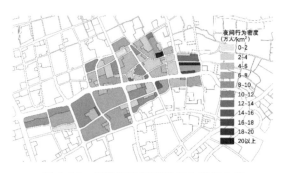

图 5.16　打浦桥地区夜间行为密度分布

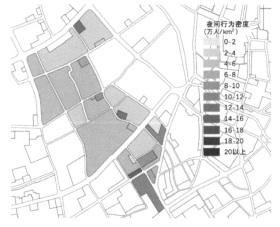

图 5.17　东宝兴路地区夜间行为密度分布

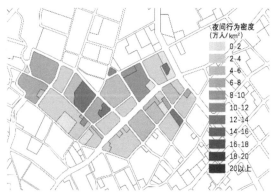

图 5.18　临平路地区夜间行为密度分布

* 资料来源：作者绘制

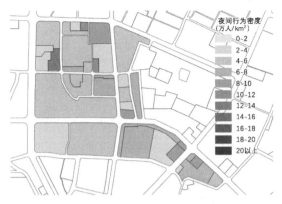

图 5.19　赤峰路地区夜间行为密度分布

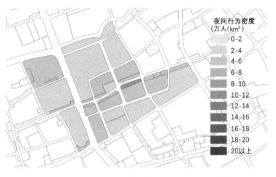

图 5.20　黄兴路地区夜间行为密度分布

度为 4.3 万人 /km²，凌晨 5 时活动人数规模最小，为 3.8 万人，行为密度为 4.2 万人 /km²。研究范围内平均分布手机用户 3.8 万人，平均行为密度为 4.2 万人 /km²。其中，平均行为密度在 10 万人 /km² 以上的用地有 1 块，面积为 0.01 km²，占研究范围面积的 1.1%，内部活动人群规模约 0.1 万人（图 5.20）。

真如地区建设用地面积为 1.1 km²，在工作日凌晨 0 时至上午 6 时的时段中，凌晨 0 时活动人数规模最大，为 3.9 万人，行为密度为 4.3 万人 /km²，凌晨 5 时活动人数规模最小，为 3.8 万人，行为密度为 4.2 万人 /km²。研究范围内平均分布手机用户 3.3 万人，平均行为密度为 3.0 万人 /km²。其中，平均行为密度在 10 万人 /km² 以上的用地有 1 块，面积为 0.01 km²，占研究范围面积的 0.9%，内部活动人群规模约 0.1 万人（图 5.21）。

大华地区建设用地面积为 0.3 km²，在工作日凌晨 0 时至上午 6 时的时段中，凌晨 0 时活动人数规模最大，为 3.9 万人，行为密度

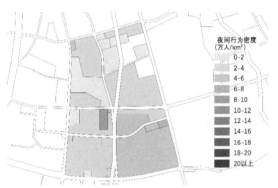

图 5.21　真如地区夜间行为密度分布

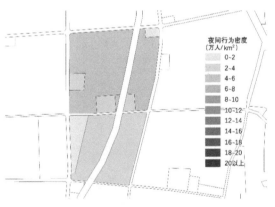

图 5.22　大华地区夜间行为密度分布

* 资料来源：作者绘制

为 4.3 万人 /km²，凌晨 5 时活动人数规模最小，为 3.8 万人，行为密度为 4.2 万人 /km²。研究范围内平均分布手机用户 1.2 万人，平均行为密度为 3.7 万人 /km²。其中，平均行为密度在 10 万人 /km² 以上的用地有 1 块，面积为 0.01 km²，占研究范围面积的 3.3%，内部活动人群规模约 0.1 万人（图 5.22）。

共康路地区建设用地面积为 0.5 km²，在工作日凌晨 0 时至上午 6 时的时段中，凌晨 0 时活动人数规模最大，为 3.9 万人，行为密度为 4.3 万人 /km²，凌晨 5 时活动人数规模最小，为 3.8 万人，行为密度为 4.2 万人 /km²。研究范围内平均分布手机用户 2.3 万人，平均行为密度为

4.2万人/km²。其中，平均行为密度在10万人/km²以上的用地有1块，面积为0.01 km²，占研究范围面积的2.0%，内部活动人群规模约0.1万人（图5.23）。

中原路地区建设用地面积为1.0 km²，在工作日凌晨0时至上午6时的时段中，凌晨0时活动人数规模最大，为3.9万人，行为密度为4.3万人/km²，凌晨5时活动人数规模最小，为3.8万人，行为密度为4.2万人/km²。研究范围内平均分布手机用户3.3万人，平均行为密度为3.2万人/km²。其中，平均行为密度在10万人/km²以上的用地有1块，面积为0.01 km²，占研究范围面积的1.0%，内部活动人群规模约0.1万人（图5.24）。

张杨路地区建设用地面积为0.4 km²，在工作日凌晨0时至上午6时的时段中，凌晨0时活动人数规模最大，为3.9万人，行为密度为4.3万人/km²，凌晨5时活动人数规模最小，为3.8万人，行为密度为4.2万人/km²。研究范围内平均分布手机用户1.1万人，平均行为密度为2.7万人/km²。其中，平均行为密度在10万人/km²以上的用地有1块，面积为0.01 km²，占研究范围面积的2.5%，内部活动人群规模约0.1万人（图5.25）。

长桥地区建设用地面积为0.3 km²，在工作日凌晨0时至上午6时的时段中，凌晨0时活动人数规模最大，为3.9万人，行为密度为4.3万人/km²，凌晨5时活动人数规模最小，为3.8万人，行为密度为4.2万人/km²。研究范围内平均分布手机用户0.9万人，平均行为密度为3.0万人/km²。其中，平均行为密度在10万人/km²以上的用地有1块，面积为0.01 km²，占研究范围面积的3.3%，内部活动人群规模约0.1万人（图5.26）。

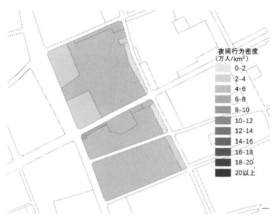

图5.23　共康路地区夜间行为密度分布

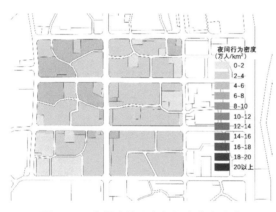

图5.24　中原路地区夜间行为密度分布

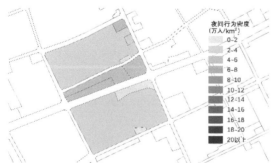

图5.25　张杨路地区夜间行为密度分布

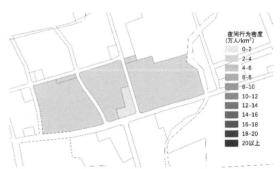

图5.26　长桥地区夜间行为密度分布

*资料来源：作者绘制

龙阳路地区建设用地面积为 1.1 km²，在工作日凌晨 0 时至上午 6 时的时段中，凌晨 0 时活动人数规模最大，为 3.9 万人，行为密度为 4.3 万人 /km²，凌晨 5 时活动人数规模最小，为 3.8 万人，行为密度为 4.2 万人 /km²。研究范围内平均分布手机用户 2.4 万人，平均行为密度为 2.3 万人 /km²。其中，平均行为密度在 10 万人 /km² 以上的用地有 1 块，面积为 0.01 km²，占研究范围面积的 0.9%，内部活动人群规模约 0.1 万人（图 5.27）。

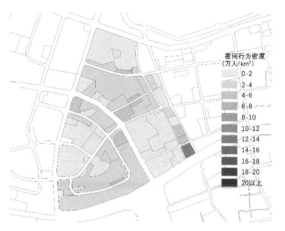

图 5.27　龙阳路地区夜间行为密度分布

东兰路地区建设用地面积为 0.1 km²，在工作日凌晨 0 时至上午 6 时的时段中，凌晨 0 时活动人数规模最大，为 3.9 万人，行为密度为 4.3 万人 /km²，凌晨 5 时活动人数规模最小，为 3.8 万人，行为密度为 4.2 万人 /km²。研究范围内平均分布手机用户 0.4 万人，平均行为密度为 3.4 万人 /km²。其中，平均行为密度在 10 万人 /km² 以上的用地有 1 块，面积为 0.01 km²，占研究范围面积的 10.0%，内部活动人群规模约 0.1 万人（图 5.28）。

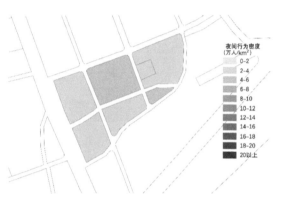

图 5.28　东兰路地区夜间行为密度分布
*资料来源：作者绘制

分别统计各居住地夜间平均行为密度，将夜间平均行为密度以极小化方法做标准化处理得到各个居住地行为距离视角的能级。为便于比较，使用自然间断点分级法将能级分为 4 个等级，分别表示一级居住地、二级居住地、三级居住地和四级居住地。其中一级居住地为打浦桥、长寿路、赤峰路、临平路、东宝兴路；二级居住地为共康路、黄兴路、大华；三级居住地为东兰路、真如、中原路、长桥；四级居住地为张杨路、龙阳路（图 5.29）。

行为密度视角下各居住地的等级由城市中心向外递减，一级居住地位于城市中心城区的中心地段，二级、三级居住地呈圈层状位于黄浦江以西的城市外围地区，四级中心则位于中心城区内黄浦江东岸距离城市中心较远的地区。

5.2　从行为距离视角测定中心体系等级

在中心区活动行为距离视角下，城市中心体系使用者的分布范围也反映了中心体系内不同中心区的等级差异。本小节基于手机信令数据，识别各个中心区使用者的居住地，以及居住地和中心区的空间距离，从而测算中心体系的等级构成。

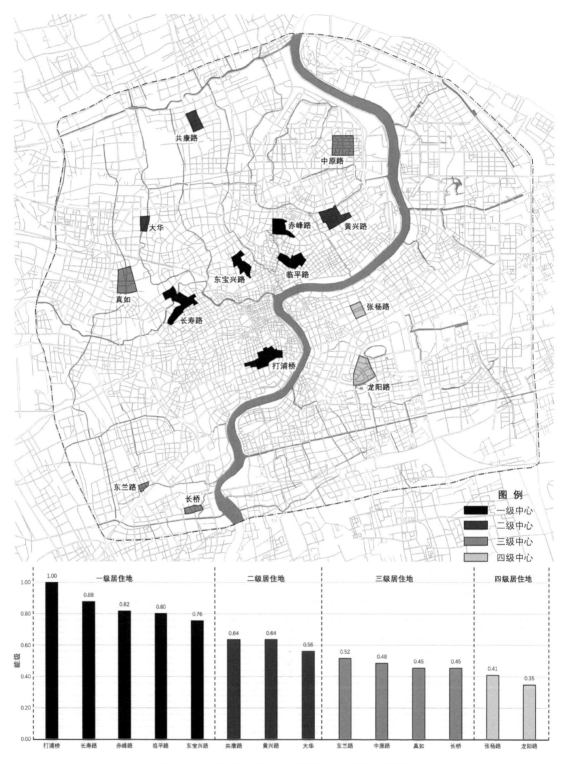

图 5.29　基于夜间行为密度测定上海居住地等级
*资料来源：作者绘制

5.2.1 中心区等级

借助手机信令数据,不仅可以通过对不同地段的行为密度进行总体比较,还可以对具有某一行为特征手机用户的时空轨迹进行针对性的挖掘。表 5.1 为带有手机用户匿名编号信息的手机信令数据格式,该数据类型由于包含了单个匿名用户在不同时段的基站坐标,从而形成对单个用户的动态时空轨迹的追踪,所以也可以将该类数据称为动态信令数据。借助动态信令数据,可以有效地确定中心区某个具体时段的活动者,并且精确定位这些活动者在其他时段的基站坐标,这就为研究中心区空间使用者分布的空间特征提供了基础。图 5.30、图 5.31 为人民广场中心区昼间活动人群在某工作日 0 时至 24 时内的动态时空轨迹汇总。

表 5.1 以用地为单元的行为密度数据格式

用户匿名编号	时段基站坐标	时段基站坐标	时段基站坐标	……	时段基站坐标
1	$C_{(1,t1)}$	$C_{(1,t2)}$	$C_{(1,t3)}$	……	$C_{(1,t24)}$
2	$C_{(2,t1)}$	$C_{(2,t2)}$	$C_{(2,t3)}$	……	$C_{(2,t24)}$
3	$C_{(3,t1)}$	$C_{(3,t2)}$	$C_{(3,t3)}$	……	$C_{(3,t24)}$
……	……	……	……	……	……
n	$C_{(n,t1)}$	$C_{(n,t2)}$	$C_{(n,t3)}$	……	$C_{(n,t24)}$

* 资料来源:作者绘制

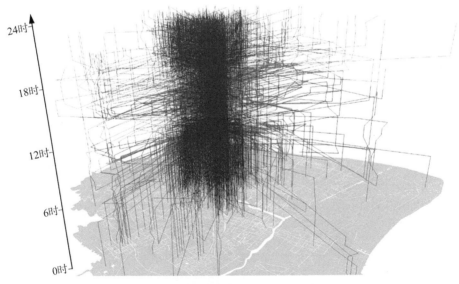

图 5.30 人民广场中心区活动人群时空动态轨迹(z 轴表示时间)
* 资料来源:作者绘制

城市中心区内的活动包括了就业、消费、游憩、居住等多种类型,不同的中心区活动在行为时间和行为模式上可能存在差异,但为了从总体上识别中心区的主要活动人群,故而简化研究仅将从上午 10 时至下午 5 时的社会型行为的高峰时段的中心区活动人群作为研究对象。选取所有工作日数据中各个用户在每个小时所在的基站空间坐标,如果检测到某个手机用户每天在

图 5.31　人民广场中心区活动人群时空动态轨迹
*资料来源：作者绘制

上午10时至下午5时的时间内至少有一半的时间（4 h以上）其坐标位于中心区内同一基站，则认为该手机用户是中心区的使用者，该基站为此用户的活动发生地。对中心区用户的活动时长限定下限，从而避免了手机用户在短时间内通过各种交通方式穿越中心区造成的测量误差。在所有被识别的中心区活动人群中，既包括在中心区内活动的就业人群、消费人群和游憩人群，也包含了昼夜都位于中心区内的居住人群（退休者、家庭主妇、家庭周边上学的儿童）。从总体上而言，上述人群都是中心区空间的使用者，也是中心区内活动的主体，所以都被纳入研究的范围。

对所有中心区使用者在工作日夜间凌晨0时、1时、2时、3时、4时、5时所在的基站空间坐标进行筛选，若其中至少一半的时间（3 h以上）其坐标位于某基站，则认为该基站所在的区域为该手机用户的居住地。根据上述方法，共从20万手机用户的连续信令数据中识别获得中心区使用人群共9.7万人，对每个用户所涉及的中心区和居住地所在的基站坐标等分别进行了标识。以人民广场中心区为例，共识别获得昼间在人民广场中心区活动的手机用户6 017人，这些用户在昼间分布在人民广场中心区内72个手机基站周边，而在夜间则分散至市域范围内1 519个手机基站的服务范围，将这些手机用户的活动地与居住地进行连接，这些连线即反映了人民广场中心区的辐射范围（图5.32）。

（a）确定中心区活动人群和活动地

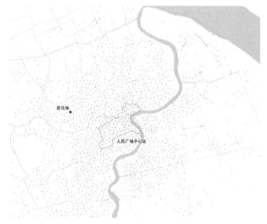

（b）确定中心区活动人群居住地

（c）连接活动地和居住地　　　　（d）测算中心区所有活动人群活动地与居住地的距离

图 5.32　人民广场中心区使用者的分布密度
*资料来源：作者绘制

以中心区所有使用者的活动地和居住地之间距离的平均值作为各个中心区的行为距离（表5.2），人民广场中心区的行为距离最远，达到 9.0 km；五角场、陆家嘴、徐家汇、虹桥、张江、火车站中心区的行为距离在 7.0~8.0 km 之间；打浦桥、长寿路、塘桥、临平路中心区的行为距离在 5.0~6.0 km 之间；漕河泾中心区和虹口体育场中心区的行为距离最低，分别为 4.9 km 和 4.6 km。将各中心区的活动行为距离标准化后得到通勤联系视角下的能级，用自然间断点分级法分为 4 个等级，分别表示一级中心、二级中心、三级中心和四级中心。其中一级中心为人民广场中心区；二级中心为五角场、陆家嘴、徐家汇、虹桥、张江、火车站中心区；三级中心为打浦桥、长寿路、塘桥、临平路中心区；四级中心为漕河泾中心区和虹口体育场中心区（图 5.33）。

表 5.2　中心区行为辐射区级

中心区名称	中心区行为距离 /km	能级	中心区名称	中心区行为距离 /km	能级
人民广场	9.0	1.00	打浦桥	5.6	0.62
五角场	7.8	0.87	长寿路	5.4	0.60
陆家嘴	7.7	0.86	塘桥	5.4	0.60
徐家汇	7.7	0.86	临平路	5.3	0.59
火车站	7.3	0.81	漕河泾	4.9	0.54
虹桥	7.3	0.81	虹口体育场	4.6	0.51
张江	7.3	0.81			

*资料来源：作者绘制

5.2.2　居住地等级

通过手机动态信令数据，不仅可以从城市众多手机用户中识别中心区空间的使用者，同时也可以识别这些在中心区进行工作、消费、游憩等活动的手机用户的居住地，通过对中

/158/ 城市中心体系时空行为大数据研究

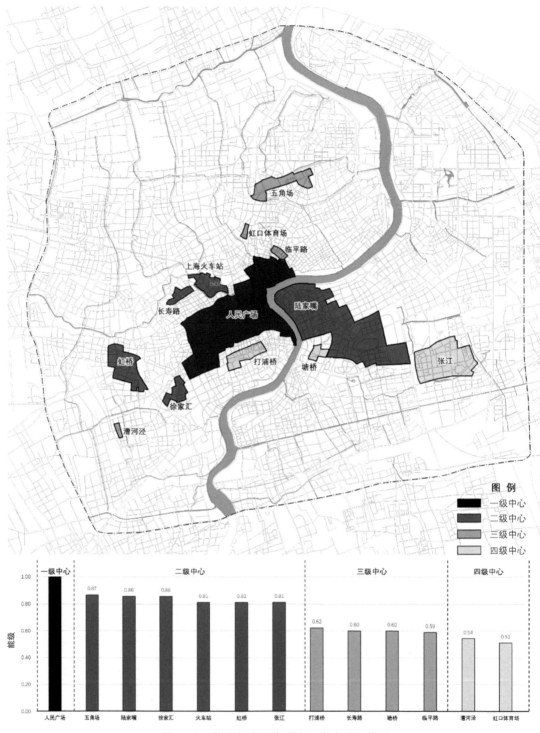

图 5.33 基于行为距离测定上海中心区等级
*资料来源：作者绘制

区使用者居住点进行汇总，同样可以对城市中心体系使用者的居住地等级进行分析。本节使用 ArcGIS 软件中的核密度计算方法绘制上海城市中心体系使用者居住点分布的密度图，研究不同中心区其使用者居住点的空间分布态势。

将各个中心区使用者居住点空间密度前 10% 的地区定义为居住地。人民广场中心区使用者的居住地位于上海浦西的曲阜路、陆家浜路、淮海中路和海宁路地区；陆家嘴中心区使用者的居住地位于浦东的东方路、张杨路以及龙阳路地区；火车站中心区使用者的居住地位于上海火车站周边，火车站西侧的真如、大场地区和火车站北侧的共康路地区；徐家汇中心区使用者的居住地为徐家汇地区以及上海中心城区西侧的真如、万里城、东兰路和长桥地区；虹桥中心区使用者的居住地为虹桥地区和真如、东兰路地区；五角场中心区使用者的居住地为五角场地区和大柏树、中原地区；长寿路中心区使用者的居住地为长寿路、真如和大华地区；漕河泾中心区使用者的居住地主要为漕河泾、漕宝路和真如地区；此外，打浦桥、虹口体育场、塘桥中心区使用者的居住地则主要为这些中心区内部。（图 5.34 参见彩图附录）

以所有中心区使用者居住地的分布密度作为行为距离视角下评价居住地等级的标准（图 5.35 参见彩图附录），将各个地段的居住地密度标准化后得到行为距离视角下的居住地能级，用自然

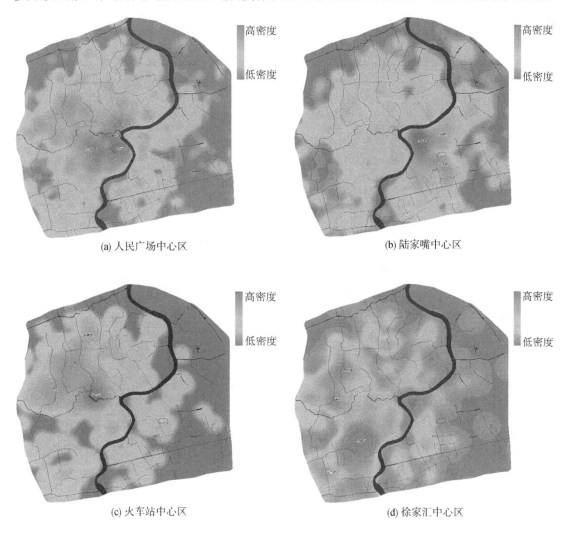

(a) 人民广场中心区　　　　　　　　　　(b) 陆家嘴中心区

(c) 火车站中心区　　　　　　　　　　(d) 徐家汇中心区

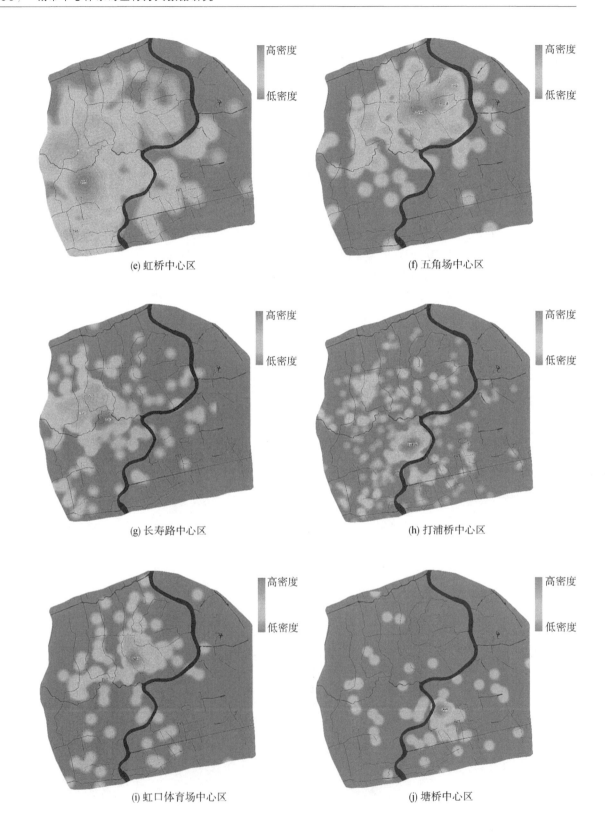

(e) 虹桥中心区　　　　　　　　　(f) 五角场中心区

(g) 长寿路中心区　　　　　　　　(h) 打浦桥中心区

(i) 虹口体育场中心区　　　　　　(j) 塘桥中心区

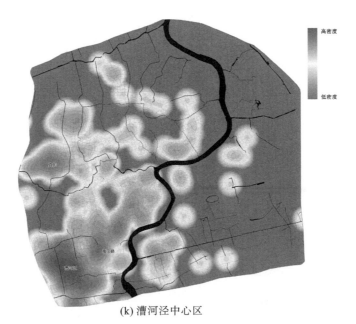

(k) 漕河泾中心区

图 5.34　上海中心体系各中心区使用者的居住地密度
＊资料来源：作者绘制

间断点分级法分为 4 个等级，分别表示一级居住地、二级居住地、三级居住地和四级居住地。其中一级居住地为打浦桥、长寿路、临平路；二级居住地为大华、真如；三级居住地为共康路、龙阳路、赤峰路、东宝兴路、中原路、张杨路；四级居住地为黄兴路、东兰路、长桥（图 5.36）。

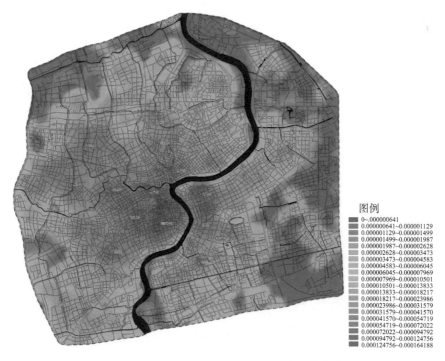

图 5.35　上海中心体系使用者的居住地总体密度
＊资料来源：作者绘制

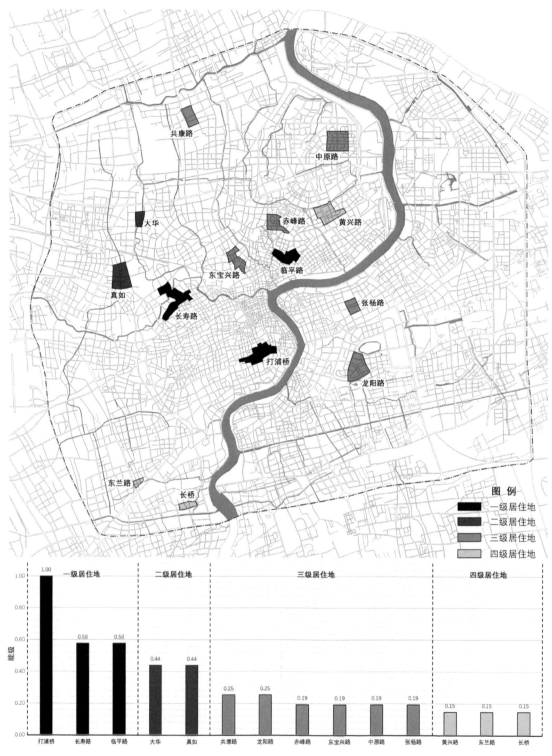

图 5.36　基于行为距离测定上海居住地等级
*资料来源：作者绘制

5.3 中心体系等级构成综合判定

5.3.1 两种视角测定结果的比较

1）中心区等级测定结果比较

基于行为密度视角的中心区能级代表了各个中心区对中心区活动的吸引力强弱，基于行为距离视角的中心区能级则代表了各个中心区对中心区使用者的影响范围。使用 SPSS 软件对两种视角下中心区测定结果进行相关性比较，相关系数为 0.627，属于较强相关，这说明中心区对活动的吸引力越强，其对空间的影响范围越大（表 5.3）。

表 5.3 两种视角下中心区能级测定结果的比较

中心区名称	从行为密度视角测定中心区能级	从行为距离视角测定中心区能级	中心区能级测定结果的比较
人民广场	1.00	1.00	
陆家嘴	0.36	0.86	
上海火车站	0.10	0.81	
徐家汇	0.08	0.86	
虹桥	0.07	0.81	
五角场	0.06	0.87	
打浦桥	0.07	0.62	
长寿路	0.06	0.60	
临平路	0.05	0.59	
张江	0.02	0.81	
漕河泾	0.02	0.54	
虹口体育场	0.02	0.51	
塘桥	0.01	0.60	

* 资料来源：作者绘制

同时，通过比较不同视角下中心区能级的测定结果，可以发现：

（1）能级测定结果可以有效将中心区划分为不同等级

基于两种视角的中心区测定结果可以清晰地将中心区划分为 4 个类型簇群，对应中心区的不同类型。人民广场主中心区无论在活动吸引力还是吸引力空间范围方面都具有最高的能级，显著领先其他中心区；上海火车站、徐家汇、五角场、虹桥、上海火车站等副中心区具有相似的能级特征，形成具有鲜明标志性的簇群，其特点是对活动的吸引力强于区级中心，但仍显著低于市级主中心区，但在吸引力的空间范围方面已经与区级中心区形成显著差距；陆家嘴作为新形成的市级主中心区，其能级特征居于以上两类的过渡阶段，其活动吸引力相比副中心区有明显提升，但距离历史上长期存在的人民广场主中心区还有一定差距；最后一个类型簇群是在两种测定结果中都表现出较低能级的长寿路、打浦桥等区级中心区。

（2）不同等级中心区在不同视角下能级测定结果并不协调

尽管行为密度与行为距离都从某种层面反映了中心区的能级，但其考察内容有所不同。基于行为密度视角测定中心区能级，反映了中心区对活动的吸引能力；而基于行为距离视角测定中心区能级，反映了中心区对活动吸引力所影响的空间范围。比较不同等级中心区在两种视角下的能级测定结果，发现能级测定层级并不协调。

对于一级中心区与二级中心区，同样将一级中心区人民广场中心区的能级标准化为1.0，根据行为距离视角的测定结果，二级中心区陆家嘴、上海火车站、徐家汇等中心区的中心区能级可达到0.8~0.9。而基于行为密度视角测定的中心区能级，陆家嘴、上海火车站、徐家汇等二级中心区的能级仅仅达到0.06~0.36。这说明一级中心区与二级中心区在集聚能力方面的差异，二级中心区的服务辐射范围与一级中心区较为接近，但在行为密度上有较大差距。由于一级中心区对应传统空间视角下的市级中心区，二级中心区则主要对应于副中心区类型，一级、二级中心区在不同视角下能级测定结果的不协调性，证明了传统空间视角下对市级主中心区与市级副中心区的界定，即两者在空间范围上都服务全市范围，但市级主中心区服务职能更加综合全面，而副中心则主要承担商业、商务或行政等某一项特定服务职能。正是由于副中心区在服务职能上的专业性，使得其活动吸引能力尽管在空间尺度上与市级主中心区差异很小，但在活动吸引总量上差距甚大。

对于二级中心区与三级中心区，情况则截然相反。将一级中心区人民广场中心区的能级标准化为1.0，根据行为距离视角的测定结果，二级中心区与三级中心区之间的能级差距约为0.19~0.27；而根据行为密度视角测定的中心区能级，二级中心区与三级中心区之间的能级差距约为0.02~0.09。这说明二级中心区与三级中心区在集聚能力方面的差异，二级中心区的行为密度与三级中心区较为接近，但在服务辐射范围上有较大差距。由于二级中心区对应传统空间视角下的市级副中心区，三级中心区则主要对应于区级中心区，二级、三级中心区在不同视角下能级测定结果的不协调性，证明了尽管城市副中心区与区级中心区在行为活动的强度方面较为接近，但副中心区具有显著大于区级中心区的服务辐射范围，构成了两者之间的主要差异。

（3）距离城市较远的中心区相比同类中心区活动吸引力较弱

比较两种视角下中心区能级的测定结果，可以发现五角场、张江、塘桥、漕河泾等距离城市中心较远的中心区，其在行为密度视角下测定的能级会略低于行为距离视角下测定的能级。例如，五角场中心区在从行为距离视角下测定的能级高于距离城市中心更近的徐家汇中心区，但在行为密度视角下测定的能级则低于徐家汇中心区。这些距离城市中心较远的城郊中心区与其他同类中心区相比，尽管其吸引力影响区域的空间规模相似，但对活动的吸聚能力则有所不及。

2）居住地等级测定结果比较

基于行为密度视角的居住地能级代表了各个居住地对居住活动的吸引力强弱，基于行为距离视角的居住地能级则代表了各个居住地吸聚距离较远的中心区活动者居住活动的能力。使用SPSS软件对两种视角下居住地测定结果进行相关性比较，相关系数为0.923，属于强相关，这说明居住地内居住密度越高，就会吸引越多来自周边中心区的活动者在这里居住（表5.4）。

表 5.4 两种视角下居住地能级测定结果的比较

居住地名称	从行为密度视角测定居住地能级	从行为距离视角测定居住地能级	居住地能级测定结果的比较
打浦桥	1.00	1.00	
长寿路	0.88	0.58	
赤峰路	0.82	0.19	
临平路	0.80	0.58	
东宝兴路	0.76	0.19	
共康路	0.64	0.25	
黄兴路	0.64	0.15	
大华	0.56	0.44	
东兰路	0.52	0.15	
中原路	0.48	0.19	
真如	0.45	0.44	
长桥	0.45	0.15	
张杨路	0.41	0.19	
龙阳路	0.35	0.25	

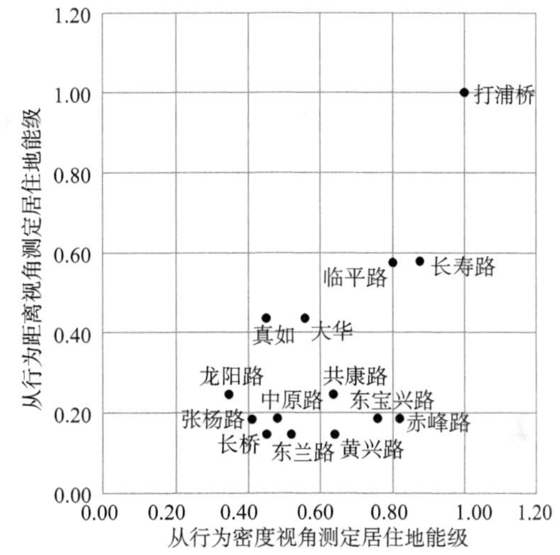

* 资料来源：作者绘制

5.3.2 中心体系等级构成的综合判定

在对中心区和居住地的等级判定中，基于行为密度视角和基于行为距离视角的测定结果共同反映了城市中心体系中各个功能节点在活动吸聚能力和吸聚空间规模方面的特征，两个视角不可互相取代，因此中心体系的综合能级需要从行为密度视角和行为距离视角进行综合测算。对中心区和居住地而言，综合能级的计算采取以下公式：

综合能级 = 行为密度视角的能级 × 行为距离视角的能级

经计算，上海城市中心体系包含一级中心区 1 个，为人民广场中心区；二级中心区 5 个，包括陆家嘴中心区、上海火车站中心区、徐家汇中心区、虹桥中心区和五角场中心区；三级中心区 5 个，包括长寿路中心区、打浦桥中心区、临平路中心区、张江中心区和漕河泾中心区；四级中心区 2 个，包括为虹口体育场中心区、塘桥中心区。（图 5.37）

此外，上海城市中心体系包含打浦桥、长寿路、临平路等一级居住地 3 个；真如、大华和共康路等二级居住地 3 个；东宝兴路、黄兴路、中原路、赤峰路等三级居住地 4 个；张杨路、龙阳路、东兰路和长桥等四级居住地 4 个。（图 5.38）

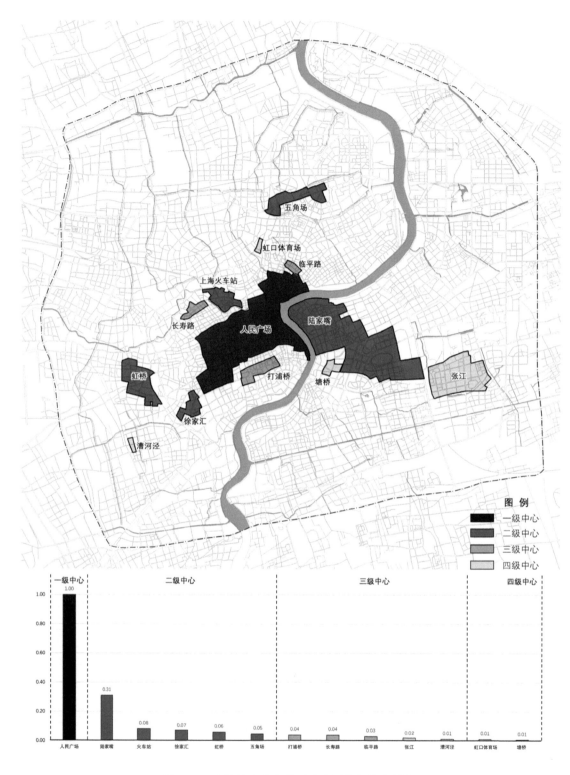

图 5.37 上海城市中心体系中心区等级综合判定

* 资料来源：作者绘制

第五章　时空行为视角下的城市中心体系等级结构 \167\

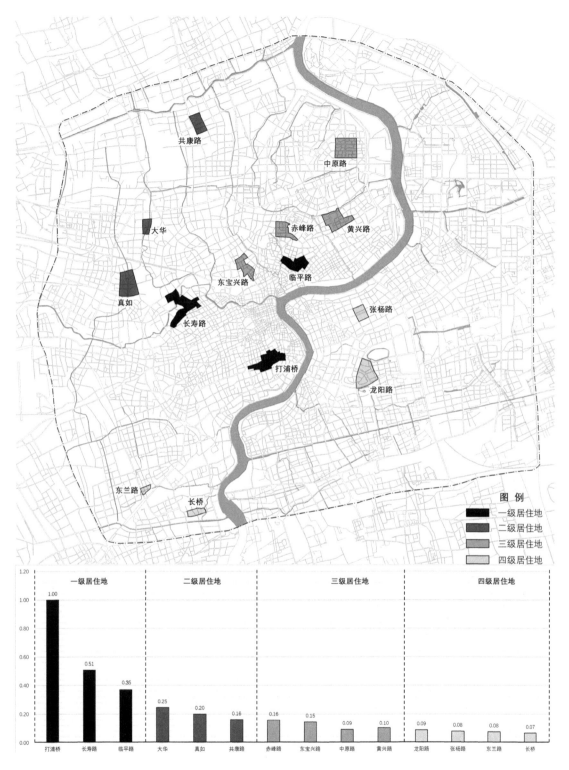

图 5.38　上海城市中心体系居住地等级综合判定
*资料来源：作者绘制

第六章 时空行为视角下的城市中心体系"叠环"空间模型

在识别上海城市中心体系等级构成的基础上,笔者发现不同等级的中心区在空间布局上存在若干规律性特征,即单中心区空间结构存在环形单元规律,多中心区复合结构存在形态生长链、能级衰减链、职住分离链等规律,进而总结城市中心体系"叠环"空间模型。本章以上海为案例,总结了城市中心体系"叠环"空间模型的结构要素、形态特征与形成机理。

6.1 单中心区空间结构:环形单元

6.1.1 "环形单元"结构的发现

在行为研究的视角下,城市中心区是城市社会性活动高密度聚集的空间场所,在中心区进行公共活动人群居住点分布的空间范围称作中心区的腹地。中心区腹地体现了中心区能够提供服务的最大限度的空间尺度,也反映了中心区在该空间范围内影响人群活动区位选择的能力,因为中心区能级越高,中心区腹地的空间范围越大。

根据上海城市中心体系内各中心区的测算结果显示,中心区活动者的居住点在腹地内不是均质分布的,居住点高密度聚集的地段即是该中心区的居住地。为了研究居住地在中心区腹地中的分布特征,使用ArcGIS 10.4软件的标准差椭圆方法可以对中心区腹地进行空间统计。标准差椭圆方法是测量一组点的分布趋势的常用方法,通过计算点集空间分布的标准差,在空间上绘制一个椭圆,椭圆中心为点集的重心,椭圆的倾斜角度反映了点集的空间分布趋势,椭圆的边界由点集的分布密度决定,在ArcGIS软件中可以生成分别包裹68%、95%、99%点集的椭圆边界(图6.1)。

分别绘制上海中心体系内各中心区使用者居住点分布的标准差椭圆,标准差为1,即椭圆内包含中心区68%使用者的居住点,同时在图中将中心区活动人群夜晚高密度聚集的居住地标明。可以发现除了打浦桥、虹口体育场、塘桥等区级中心的居住地位于中心区内部

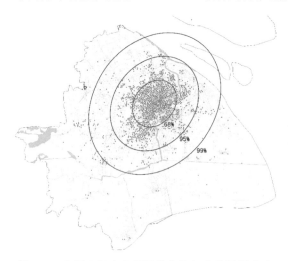

图6.1 人民广场中心区居住点的标准差椭圆分布
＊资料来源:作者绘制

以外，其他中心区的居住地都位于以中心区为核心、与标准差椭圆成同心圆形态的环形圈层上。通过比较各个中心区与其居住地的空间组织特征（图6.2），可以发现具有如下特点：① 中心区位于标准差椭圆中心，居住地位于以中心区为核心、与标准差椭圆呈同心圆形态的环形圈层上；② 尽管不同中心区使用者分布的标准差椭圆规模相似，但居住地与中心区构成的同心圆形态的尺度相差很大，能级较高的中心区居住地与中心区距离较远，能级较低的中心区其居住地与中

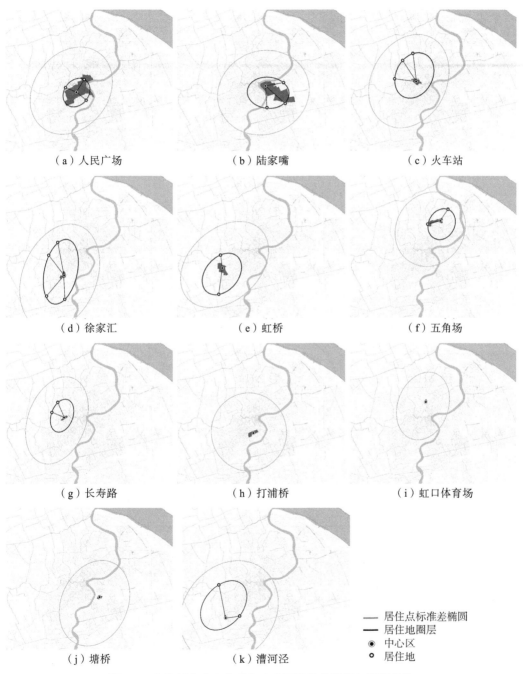

图6.2 上海城市中心体系各中心区标准差椭圆与环形结构
* 资料来源：作者绘制

心区距离较近，部分低等级中心区如三级、四级中心区的居住地与中心区重合；③ 中心区、居住地、标准差椭圆组成的同心圆结构形态受到河流等地形要素影响，与河流方向垂直的标准差椭圆轴线会相应变短，而与河流平行方向的标准差椭圆轴线则相应变长。由于中心区内居住地与中心区呈现同心圆圈层关系，因而将中心区与居住地的这种形态称为环形结构，将一个中心区与居住地组成的环形结构称为中心区环形单元。

6.1.2 环形单元的概念内涵

1）环形单元的形成机制

中心区环形单元的形成是中心区活动人群的昼夜行为密度在中心区内、外部动态变化的结果。在中心区的运行时段（主要是昼间），腹地范围内的人群向中心区集聚。根据上海多核心模型分析的结果，在不考虑其他中心区影响的情况下，中心区是其腹地内行为密度最高的地段，而腹地内的人群行为密度以中心区为基点随距离以负指数函数递减。而在夜间，中心区主要活动停顿，中心区由于可用于居住功能的空间有限，不可能承担所有在中心区活动人群的居住需求，所以原先聚集在中心区的人群在腹地范围内重新聚集。

人群居住地的区位是双向博弈的结果，距离中心区过近的地段一方面土地成本高昂，另一方面也要承担中心区活动引发的交通拥堵、环境污染等问题；而距离中心区过远的地段则需要为使用中心区的公共服务设施付出更多的时间成本，最终找到一个各方面需求得到平衡的距离，人群在围绕中心区特定距离的圈层上重新集聚为若干簇群，形成居住地（图 6.3）。

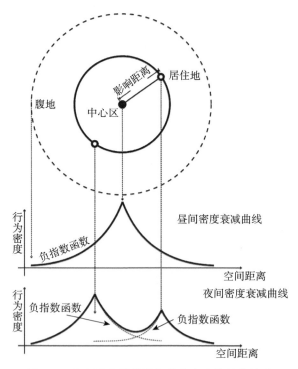

图 6.3　中心区环形单元与行为密度的昼夜波动

* 资料来源：作者绘制

2）环形单元的构成要素

中心区环形单元由中心区、中心区腹地、居住地和围绕中心区并贯穿居住地的居住地圈层组成（图6.4）。

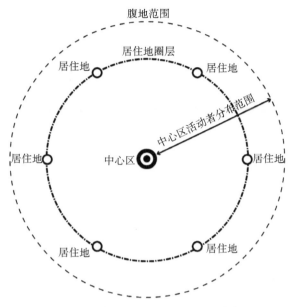

图6.4 中心区环形单元的空间构成
* 资料来源：作者绘制

——中心区。城市中心区位于环形单元的核心，是城市中公共活动高度集聚的特定区域。城市中心区具有以下特征：① 行为分布的高密度性，城市中心区是城市中社会经济活动最为密集的区域，使得人群聚集成为中心区的重要特征，同时中心区广泛分布的高层建筑也使中心区承载高密度人群活动成为可能；② 行为人群的高流动性，大部分中心区活动人群不居住于中心区内部，进入中心区内部活动具有较强的目的性，在完成其工作、消费、游憩行为之后会离开中心区，这使中心区内行为人群的规模分布具有显著的流动性；③ 行为类型的高异质性，在个体行为的空间异化作用下，公共空间行为和非公共空间行为受到了完全不同的作用力影响，公共空间行为向中心区聚集，而非公共空间行为则向中心区外转移，在这种作用下城市中心区内行为类型出现显著的异质化特征。

——中心区腹地。中心区内部高度集聚的公共活动人群只有一部分来自中心区内部的居住人群，其余大部分来自中心区周边一定范围之内的居住人群。中心区使用者的居住范围称为中心区腹地，中心区腹地向中心区提供就业、消费、游憩人群，同时也承接中心区活动人群的居住需求。

中心区腹地是中心区及中心区环形结构形成的基础，中心区是为了满足腹地居住人群对公共空间和公共活动的需求而产生的，大规模、高等级的中心区需要足够广阔的腹地作为支撑，缺乏腹地的中心区难以产生和发展。

——居住地。居住地是中心区活动人群的居住空间（居住点）在腹地范围内以簇群状分布的结果。大多数中心区的腹地中，中心区活动人群的居住点不是均质分布的，而是在腹地内部呈现簇群状分布，这种簇群状分布的居住点形态称为居住地。

——居住地圈层。居住地与中心区的距离，是居住地可达性和地价成本等因素的双重力量博弈的结果。居住地倾向于出现在与中心区呈现同心圆形态的环形结构上，与中心区保持相近的距离，以中心区为核心、串联居住地的环形圈层称为居住地圈层。

3）环形单元时空行为的动态特征

在中心区环形结构的发展过程中伴随着公共服务设施的集聚和非公共服务设施的外迁和扩散，二者是同时发生的，是公共空间行为向中心区的聚集和非公共空间行为向中心区外部的转移。在昼间时段，人群从广大腹地范围内的居住地向中心区聚集，从事就业、消费和游憩活动，中心区成为腹地范围内的行为密度核心；而在夜间时段，人群则离开中心区向腹地内的居住地聚集，进行居住休息活动，居住地成为腹地范围内的行为密度核心（图6.5）。

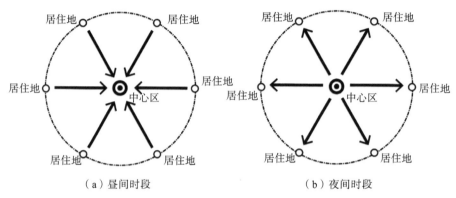

（a）昼间时段　　　　　　　　　　（b）夜间时段

图 6.5　中心区环形单元及其昼夜行为动态变化

＊资料来源：作者绘制

6.2　多中心区复合结构："叠环"规律

6.2.1　中心体系的空间演化律："叠环"形态生长链

当城市内有不止一个中心区存在时，就出现了中心区之间的空间组合方式问题。中心区环形单元之间在空间组合上具有两种类型，第一种是同等级中心区之间的组合方式，第二种是高等级中心区和低等级中心区之间的组合方式。通过比较上海城市中心体系内各个中心区环形单元的空间布局，可以发现存在中心体系的空间演化律。

1）同等级中心区之间的空间组合

所谓同等级中心区，指的是等级相同、能级相似的中心区。上海中心体系内最为典型的案例是陆家嘴、徐家汇、五角场和上海火车站四个同等级中心区，将这些中心区的环形单元同时置于城市底图上〔图6.6（a）〕，可以发现这些中心区的环形单元不仅空间规模相似，而且中心区环形单元的空间组合呈现特定的规律：中心区环形单元充分伸展，并且环形单元之间重叠面积最小。这说明同等级中心区在空间组合过程中，通过在布局上保持合适的距离，使得其环形单元在尽量避免重复交叠的前提下可以最大限度地包含周边的区域。

如果将上述中心区环形单元经过拓扑变形还原成正圆形，可以发现在中心区环形单元充分伸展和尽量避免重复交叠的双重前提下，中心区的组织模式呈现环形单元并列叠置的形态。同等级中心区之间表现出的这种组合方式，反映了同等级中心区在空间布局上的两点特征：

——同等级中心区对于腹地具有竞争关系，缺乏腹地的中心区难以形成

同等级中心区的服务职能相似，所以中心区之间需要保持足够的空间距离，才能使各个中心区都能具有足够广阔的腹地来为中心区提供就业、消费和休憩等活动人群。同样原因，如果某个区域已经被既有中心区腹地所覆盖，则难以支持同等级中心区的发展。

——同等级中心区在空间布局中其环形单元会避免重叠

各个中心区居住圈层的形成不仅受到所在中心区的影响，同时也受到周边其他中心区的影响。居住地及居住地圈层本身就是人群在居住点选择过程中，平衡与中心区不同距离下可达性、住房成本、服务便捷性等不同因素综合博弈的产物，当两个中心区环形单元重叠面积过大，则意味着其中一个中心区的居住地会受到另一个中心区所产生的高房价、交通污染、交通拥堵等不利因素的影响，从而促使其居住者迁移到更合适的居住点。所以在多个中心区对人群的"吸引—疏解"作用影响下，居住地会在各个中心区之间找到平衡各方面作用力的区位，最终形成环形单元并列叠置的结构〔图6.6（b）〕。

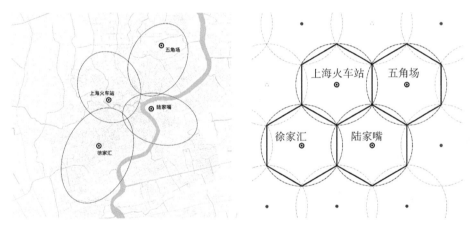

（a）上海同等级中心圈核单元典型布局形态　　（b）上海同等级中心圈核单元布局形态拓扑

图6.6　上海同等级中心区环形单元并列叠置形态及其拓扑结构

＊资料来源：作者绘制

2）不同等级中心区之间的组合方式

上海城市中心体系中，高等级与低等级中心区的空间布局在整体空间结构中也存在规律性特征。将等级最高的一级中心区——人民广场中心区和处于二级中心区等级的陆家嘴、上海火车站、徐家汇中心区的环形单元置于城市底图上，可以发现上海火车站、陆家嘴、徐家汇中心区都位于人民广场中心区环形单元的居住地圈层上（图6.7）。同时，对上述二级中心区——上海火车站、陆家嘴、徐家汇中心区周边的长寿路、曲阜路、打浦桥等三级中心区的环形单元组织进行研究，可以发现这些三级中心区同样位于上一级中心区环形单元的居住地圈层上（图6.8）。中心区间的这种空间组合方式，也存在于上海其他不同等级中心区之间的空间组合形态

上，反映了上海城市中心体系中不同等级中心区之间的组合方式具有特定的规律：低等级中心区倾向于形成高等级中心区环形单元的居住地圈层。

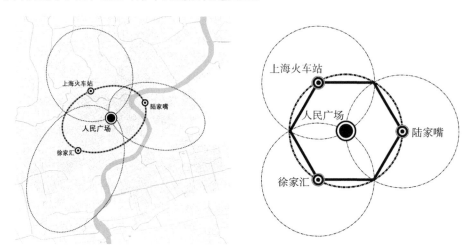

图 6.7　上海一级、二级中心区空间组合模式
*资料来源：作者绘制

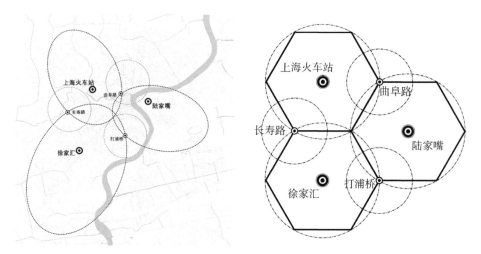

图 6.8　上海二级、三级中心区空间组合模式
*资料来源：作者绘制

这种空间规律看似巧合，却非常符合时空行为视角下，中心区与其腹地在"空间异化"作用下造成的行为内容的差异。根据单中心区环形单元的特征，中心区无法容纳所有内部活动者的居住需求，在中心区外部形成环形形态的居住地圈层，居住地呈簇群状分布在以中心区为核心的居住地圈层上。随着中心区规模的提升，其外部居住地的人口集聚越多，为了满足这些居住地居民的日常公共服务需求，就以居住地为核心形成公共服务设施集聚，最终形成次等级的中心区。

因此，高等级中心区与低等级中心区的空间关系，也反映了中心体系产生和发展的空间演化规律。高等级中心区在"空间异化"过程中，使中心区使用者的居住点逐步远离中心区，并在腹地范围内重新聚集；随着高等级中心区业态升级，或者居住地规模的扩大，居住地的居住人口的低等级服务需求（如日常公共服务需求）无法从原高等级中心区获得，就会在各个居住地形成小规模的公共服务设施簇群，并发展成为低等级的中心区。上一层级的中心区能级越高，腹地范围越大，其环形单元内形成的居住地规模越大，则形成的下一层级的中心区能级越高。而随着下一层级中心区的发展和环形单元形态完善，也会在其周边形成以该层级中心区为核心的居住地，而这些居住地又会产生为其提供服务的更低等级的中心区，从而完成新一轮的循环过程（图6.9）。

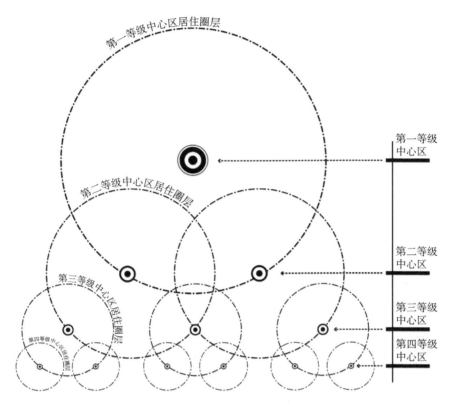

图 6.9　城市中心体系的"叠环"形态生长链
*资料来源：作者绘制

在这个中心体系的生长过程中，高等级中心区与低等级中心区提供不同的服务内容，中心区等级越低，服务业态越倾向于日常化，因此高等级中心区与低等级中心区之间不存在腹地的竞争关系，低等级中心区的环形单元可以在高等级中心区居住地圈层上层层叠置，形成叠环形态。由于这一过程在中心体系的总体结构形成中不断循环，是中心体系空间结构形成的重要内在动力，因此可以称为中心体系的"叠环"形态生长链。

上海中心体系布局的这一规律解释了中心区之间在空间上的结构关系，同时也明确提出高等级中心区对低等级中心区空间区位形成的影响机制。在这一规律的影响下，城市中心体系内高等级中心区能够促进周边特定区位低等级中心区的形成，进而影响更低等级中心区的布局。

6.2.2 中心体系的等级扩展律："叠环"能级衰减链

在上海城市中心体系所表现出的中心体系生长链中，中心区通过空间异化作用在其环形单元边缘形成居住地，而居住地因为出现大量居住人口又产生了服务这些人口的新中心区。在上海城市中心体系衍生的过程中，中心区的能级也发生着变化，表现出规律性的特征。

依旧以围绕人民广场地区的若干中心区为例，其中一级中心区——人民广场中心区具有最高的能级，围绕人民广场中心区环形单元的二级中心区陆家嘴、上海火车站和徐家汇中心区则比人民广场中心区能级较低；而围绕二级中心区——陆家嘴、上海火车站和徐家汇中心区环形单元的曲阜路、打浦桥、长寿路中心区则表现出更低的能级，如图 6.10 所示。这说明上海城市中心区在"叠环"形态生成新中心区的过程中，产生于原中心区环形单元边缘的新中心区会出现显著的能级衰减，即相比位于中心区环形单元核心的原有中心区，位于其环形单元边缘的新中心区的能级会相对降低。

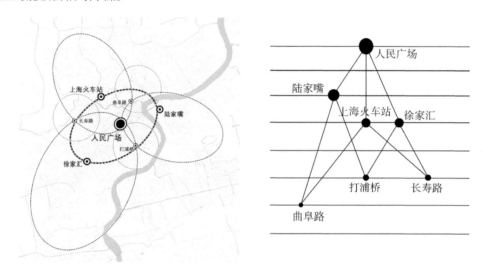

图 6.10　中心体系等级扩展与能级衰减
*资料来源：作者绘制

中心体系能级的衰减规律解释了上海城市中心体系中复杂结构体系的形成过程。中心体系内中心区的能级高低，在很大程度上由中心区服务人群的规模决定，服务规模越大，中心区能级越高。在既有中心区环形单元中，中心区服务于整个腹地的人口，具有较高的能级，而在中心区空间异化作用下在中心区环形单元边缘形成的居住地，仅仅是中心区广大腹地范围中的一部分受到中心区活动而迁移并在此处重新居住的人群，所以当新居住地出现服务当地居住人群的中心区时，其服务的人群规模要远低于原有中心区的服务人群规模。受到服务人群规模的限制，出现在原有中心区环形单元边缘的中心区，其能级往往较原有中心区要低。这使得中心体系在通过"叠环"形态生成新中心区过程中，位于原有中心区环形单元边缘的新中心区一定比原有中心区能级更低，这就造成中心体系形态发展过程中等级体系能够持续扩展。

当然并不是处于同一中心区环形单元边缘的次级中心区都有相同的能级衰减，在围绕人民广场中心区的陆家嘴、上海火车站和徐家汇中心区中，陆家嘴中心区的能级相对其他两个中心区更高，这是因为陆家嘴中心区的发展路径与其他中心区略有不同，由于政策因素的影响，陆家嘴中心区没有经历一般低等级中心区的"居住点簇群—居住地—低级中心区—高级中心区"的发展过程，其早期的公共服务设施不是由本地居住地人口的公共服务需求自发形成，而是在浦东开发的政策下快速发展形成，在尚未形成足够规模的居住人口累积的情况下，直接经过了"低级中心区—高级中心区"的发展过程，在发展路径上相比其他中心区具有明显优势，这也是陆家嘴中心区相比徐家汇等中心区具有更高能级的原因。

上海中心体系的能级衰减规律解释了中心体系在空间扩展中等级结构的扩展过程，同时也对不同类型中心区的发展路径进行了分类阐述。在这一规律影响下，城市中心体系内高等级中心区的发展促进了低等级中心区的出现，这一过程不断循环，是中心体系内能级从强到弱依次递减结构的形成原因，因此可以称为中心体系的"叠环"能级衰减链（图6.11）。

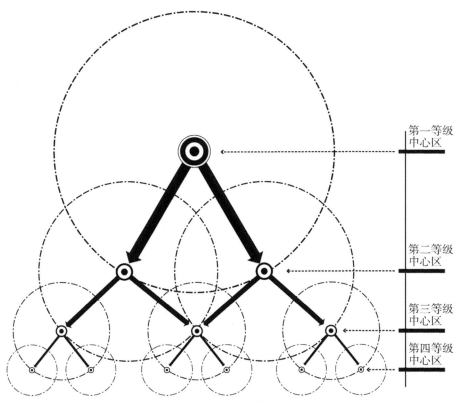

图 6.11　城市中心体系的能级衰减链
＊资料来源：作者绘制

6.2.3　中心体系的职住熵减律："叠环"职住分离链

观察"叠环"形态中不同类型中心区内活动人群的夜间分布，可以发现其活动人群居住空间的实际分布特征存在显著差异。对于以人民广场为代表的一级中心区，白天行为密度最高的中心区核心地段由于居住用地比例过低，在夜间行为密度显著降低，大部分活动人群都离开中心区，并在距离中心区一定距离的居住地上重新聚集（如长寿路、打浦桥等地区）[图6.12（a）参见彩图附录]。对于以徐家汇为代表的二级中心区，中心区内仍有一定的居住空间，所以其活动人群在夜间虽然大部分迁移至中心区外部的真如、东兰路等居住地，但在中心区内部仍有一定的居住活动〔图6.12（b）参见彩图附录〕。而对于以塘桥为代表的低等级中心区〔图6.12（c）参见彩图附录〕，中心区核心内还有大量的居住空间，中心区的使用者主要是中心区及其周边的居民，因而中心区不仅是昼间行为密度的核心，也是夜间行为密度的核心，昼夜行为密度差异较小。

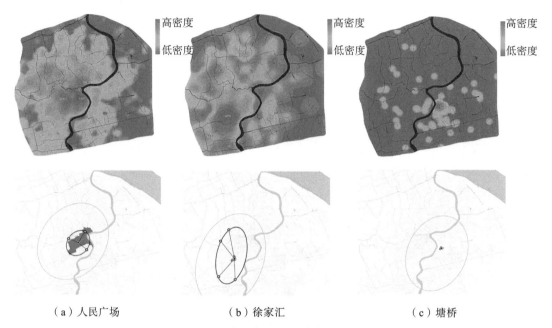

（a）人民广场　　　　　　　　（b）徐家汇　　　　　　　　（c）塘桥

图6.12　不同类型中心区活动人群的夜间分布

* 资料来源：作者绘制

不同类型中心区其活动人群的夜间分布的不同规律，说明了中心区在发展过程中，其公共服务职能与居住职能的混合度变化。在排除干扰因素的理想平原上，当尚未形成中心区时，其人群居住空间与活动空间是随机均质分布的；对于低等级中心区，公共服务设施还未充分占据核心地段，土地成本也尚未对居住设施形成足够的疏散效应，所以这类中心区虽然已经在腹地内形成较强的聚集效应，但并不能向外疏解居住人群并在其周边形成居住地；随着中心区等级的提升，中心区内公共服务设施挤占了越来越多的居住空间，使得居住成本越发高昂，同时中心区内交通、生态等负面效应对居住设施产生了显著的疏散效应，这都使得居住人群向中心区外迁移，从而在中心区周边形成居住地；当中心区发展到高级阶段，中心区内部只能为整个中心区活动人群提供极其有限的居住空间，大部分活动人群在夜间都会位于中心区外部的居住地及居住地圈层。在这一过程中，随着中心区等级的升高，中心区内部的就业、消费等公共活动与居住等非公共活动逐步分离，称为中心体系的"叠环"职住分离链。

在中心区从低级向高级发展的过程中，中心区从公共活动与非公共活动充分混合的状态，随着中心区等级的升高，其公共活动比重越来越多，非公共活动比重越来越少，最终接近成为一个完全服务于公共活动的城市区域。从物理学角度看，就业、消费和居住等职能充分混合的自然状态，是高熵状态，而居住等非公共活动被从中心区疏解，中心区成为纯粹的就业、消费和游憩的公共活动空间，是一种低熵状态。根据物理学定律，系统内部熵值的减小，是外界给予能量与物质的结果。在中心区从低等级向高等级发展的过程中，熵值不断减小，这也说明正是人类社会经济活动对于城市空间的不断干预，包括对中心区投入的大量经济、人力、物质和政策资源造成发展动力在空间上的非均衡分布，是中心体系内公共职能与非公共职能不断分离的根本原因（图6.13）。

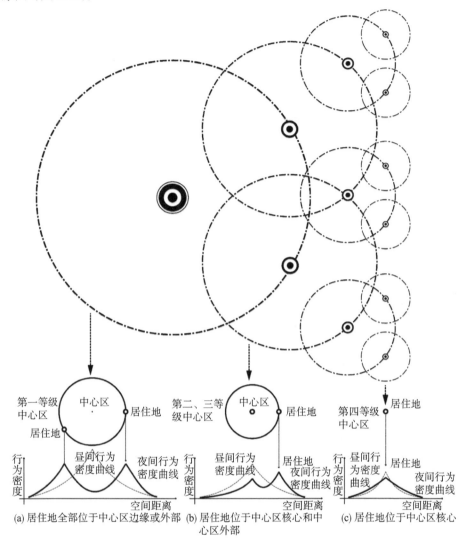

图6.13 居住地分布特征的类型

*资料来源：作者绘制

6.3 城市中心体系的"叠环"空间模型

环形单元构成了单中心区的基本空间结构，而中心体系的"叠环"规律反映了多中心区复合结构的基本规律，在两者的互相影响下不同等级的中心区与其周边中心区形成了特定的空间"叠环"形式，遵循一定的模式性特征（图6.14）。本节基于对上海城市中心体系的分析，将中心体系内各个中心区提取出来，单独考察中心区与其周边区域的结合方式，通过拓扑变形寻找共性要素（图6.15），构建中心体系内四个等级中心区不同的"叠环"空间模型。

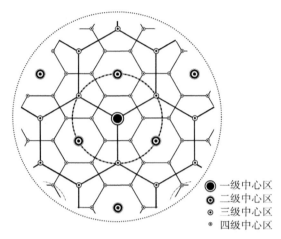

图 6.14 城市中心体系"叠环"空间模型
*资料来源：作者绘制

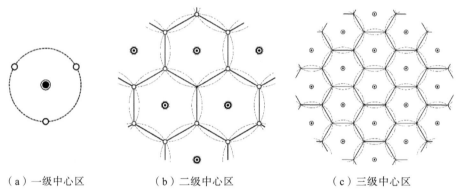

（a）一级中心区　　　（b）二级中心区　　　（c）三级中心区

图 6.15 各类型中心区的空间拓扑抽象
*资料来源：作者绘制

6.3.1 一级中心区

一级中心区是城市中心体系中最高等级的中心区，位于城市最为核心的地段，以人民广场中心区为代表。一级中心区通常为市级综合主中心区，这是因为一级中心区占据了城市中人口密度最高、消费能力最强的区位，具有最高的能级和广阔的辐射范围，因此成为市级中心区；同时一级中心区由于占据了城市最佳的地段，因此无论对于生产型、生活型服务业而言都是最佳的布局区位，因此一级中心区往往会成为综合型中心区。

1）模式理论阐述

——空间组织特征。一级中心区空间模式由中心区及其外部的居住地圈层构成，两者构成了一级中心区的环形单元。中心区内部有发育完善的硬核结构，中心区内部有多个硬核甚至形成硬核连绵，在中心区硬核结构"单核—圈核—轴核—极核"构成的硬核结构序列中，一级中心区的硬核结构通常以轴核、极核形态等高等级结构为主。同时，由于一级中心区硬核结构发育较为完善，其内部仅有少量居住组团。中心区外部以中心区为圆心形成居住地圈层，居住圈层上依托一级中心区疏解出的居住人口形成若干一级居住地和二级中心区。二级中心区具有与一级中心区相似的环形单元空间尺度，通常为市级副中心区或市级主中心区。由于一级居住区居住圈层上的二级中心区之间对腹地存在竞争关系，所以二级中心区之间保持较远的距离。二级中心区之间的居住圈层重合的地区由于受到一级中心区和二级中心区的居住人口空间异化效应的复合影响，所以形成了等级较高的一级居住地。在一级、二级中心区的空间异化效应和二级中心区之间对腹地竞争的综合影响下，二级中心区和居住地在一级中心区周边间隔布局（图6.16）。

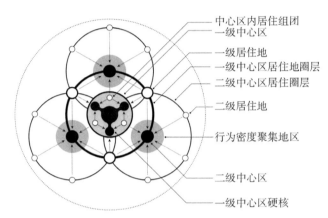

图 6.16　一级中心区"叠环"空间模式
*资料来源：作者绘制

——动态行为特征。在昼间时段，人群从周边的一级居住地向中心区内流动；在夜间时段，人群从中心区向周边的居住地流动。作为一级中心区的重要特征，一级中心区核心地区基本为发达的硬核区域所占据，中心区居住人群较少，中心区内部也只有少量居住组团。夜间时段，大量居住人口和居住用地都在异化效应的作用下疏解到中心区外部，昼间时段则吸引大量的工作、消费人群进入中心区，这使得一级中心区内部昼夜间人口密度变化较大，同时在周边形成若干等级较高的居住地。

2）实证解析

人民广场中心区是上海唯一的一级中心区，其环形单元以人民广场地段为核心，环形单元边缘向北至上海火车站地段，向西至长寿路地段，向南至徐家汇地段，向东至陆家嘴地段。人民广场中心区是上海发展最早的中心区，其环形单元覆盖了上海人口密度最高的区域。人民广场中心区是上海城市中心体系发展的历史原点和结构中心（图6.17）。

在传统空间研究对上海中心体系的界定中，人民广场中心区为市级综合主中心区。从行为视角对其进行解释，首先人民广场中心区发展历史最为悠久，占据了城市中人口密度最高、消费能力最强的区位，所以具有最高的能级和广阔的辐射范围，因此毫无疑问是市级中心区；同时人民广场中心区由于占据了城市最佳的地段，无论对于生产型、生活型服务业而言都是最佳的布局区位，因此人民广场中心区也成为综合型中心区。

一级中心区居住地圈层上分布着打浦桥、长寿路和临平路三个居住地，这三个居住地都为一级居住地。这三个一级居住地不仅位于人民广场中心区环形单元的居住地圈层上，同时也处于陆家嘴、徐家汇和上海火车站三个二级中心区的居住地圈层上，这代表打浦桥、长寿路和临平路这

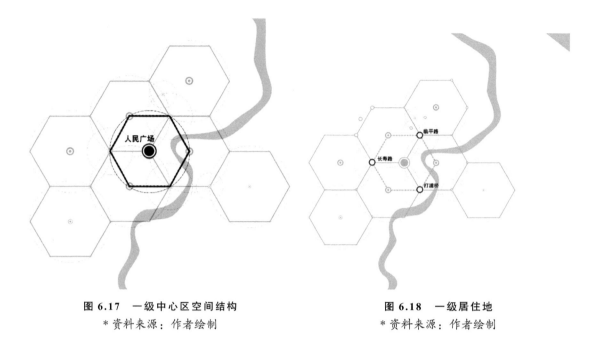

图 6.17　一级中心区空间结构
*资料来源：作者绘制

图 6.18　一级居住地
*资料来源：作者绘制

三个居住地不仅承接了一级中心区人民广场中心区向外疏解的居住人口，同时也承接了二级中心区陆家嘴、徐家汇和上海火车站中心区向外疏解的居住人口，在这两方面的影响下打浦桥、长寿路和临平路成为上海中心体系内承载最多中心区活动人群的最高等级的居住地（图6.18）。

6.3.2　二级中心区

二级中心区具有比一级中心区更低的能级，通常为市级主中心区和市级副中心区，以陆家嘴中心区、上海火车站中心区、徐家汇中心区、虹桥中心区和五角场中心区为代表。

1）模式理论阐述

二级中心区的形成通常依托一级中心区的居住地产生的日常消费需求，因此形成与一级中心区的环形单元边缘，城市外围的二级中心区则是服务于城市郊区难以使用一级中心区的居住人口的日常消费需求，由于相比前者，城市外围的二级中心区在活动人群聚集中受到一级中心区向外疏解的居住人群消费需求的支持较少，主要依靠腹地内居住人群的自发聚集，所以无论在活动人群的行为密度还是行为辐射距离上，城市外围的二级中心区都弱于城市中心的二级中心区。二级中心区具有与一级中心区相似的行为辐射距离，所以属于市级中心区。二级中心区倾向于成为专业副中心区，大部分自发形成的二级中心区在相当长的发展过程中都是以商业、文化等生活型服务业为主，形成商业副中心区，而非自发生成的中心区，在其产生过程中，政策因素等外在推动力对行政、商务等职能的作用力要大于商业、文化等职能，所以该类中心区在产生的初期，倾向于先形成商务或行政职能的集聚，发展成为商务副中心区或行政副中心区。尽管二级中心区在发展过程中倾向于成为专业副中心区，但这并不意味着所有二级中心区都只能停留在专业副中心区阶段，部分二级中心区在足够的腹地和外在因素推动下可以发展成为更高等级的市级主中心区。

——空间组织特征。二级中心区与一级中心区相比，中心区内部硬核结构发育较初级，中心区硬核系统通常为单核结构,即中心区内部只有一个硬核。由于中心区内硬核结构发育不足,中心区内围绕硬核还有大量的居住设施用地,可以服务于中心区内居住人群。在中心区环形单元的空间结构方面,在二级中心区居住地圈层与其他二级中心区的居住地圈层交叠的地方由于居住人口溢出效应的叠加而形成二级居住地,其中部分二级居住地在其居住人口日常消费需求的带动下转变成为更低等级的三级中心区,通常为区级中心区。在中心区的空间异化效应和与二级中心区之间对腹地竞争的综合影响下,三级中心区和二级居住地在二级中心区周边间隔布局(图6.19)。

——动态行为特征。作为二级中心区的重要特征,中心区硬核周边仍有较多居住用地,所以中心区在夜间仍有大量居住人口,这是二级中心区和一级中心区相比较的差异之一。以徐家汇、火车站、五角场中心区为例,昼间时段的活动人群不仅来自于其周边的二级居住地和三级居住地,同样大量来自其中心区内部的居住人群,而人民广场中心区的活动人群则绝大部分来自中心区外部,其内部居住用地所能承载的居住人群较为有限。在昼间时段,人群从周边的二级居住地和三级居住地向中心区内流动,从中心区内的居住组团向中心区硬核流动;在夜间时段,人群从中心区向周边的居住地流动,从中心区内的硬核向中心区内的居住组团流动。

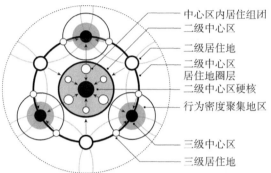

图 6.19　二级中心区"叠环"空间模式
*资料来源:作者绘制

2) 实证解析

陆家嘴中心区、徐家汇中心区、上海火车站中心区、虹桥中心区和五角场中心区构成了上海中心体系中的二级中心区。其中,陆家嘴中心区、上海火车站中心区和徐家汇中心区位于人民广场中心区环形单元的居住地圈层上,而五角场中心区和虹桥中心区则在距离上述中心区足够距离的区位呈环形结构布局。上述五个二级中心区在结构中的形成机理和特征各有不同(图6.20)。

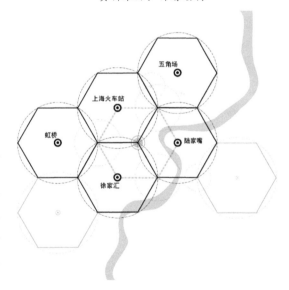

图 6.20　二级中心区空间结构
*资料来源:作者绘制

陆家嘴中心区位于人民广场中心区的环形单元边缘,但由于黄浦江的阻隔,居住地尚未形成足够规模便在浦东开发政策的驱动下提前向城市中心区转型,因此尽管陆家嘴中心区能够在较短时间内能级超越徐家汇、上海火车站中心区,仅次于人民广场中心区,但中心区的空间职能以政策带动型的总部商务经济为主,商业空间比重显著落后于徐家汇、上海火车站中心区。在传统空间研究对上海中心体系的界定中,陆家嘴中心区是市级主中心区。在时空行为视角下,陆家嘴中心区已经与其他二级中心区拉开了差距,但其无论在能级还是辐射区域面积上与作为一级中心区的人民广场中心区还是有较大距离。

介于一级、二级中心区之间的陆家嘴中心区并不是仅存在上海城市中心体系中的孤例，东京中心体系中的新宿主中心区、北京的西单主中心区、重庆的观音桥主中心区都是介于一级、二级中心区之间的中心区。其共同特征是中心区由原区级中心区发展形成，成为服务辐射范围较广的市级主中心区，空间规模体量上已经超越其他二级中心，但与首位主中心区仍有较大差距。陆家嘴中心区的空间结构特征和动态行为特征，表现了二级中心区向一级中心区升级的过渡阶段。

徐家汇中心区和上海火车站中心区在所有二级中心区中形成最早，在空间上位于人民广场中心区环形单元的边缘，是依托人民广场中心区向外疏解的居住地形成的次级中心。虹桥中心区和五角场中心区形成年代较晚，从空间上并不位于上一级的人民广场中心区的环形单元居住地圈层上，所以虹桥中心区和五角场中心区更多的不是依靠人民广场中心区向外疏解的居住人群，而是在与其他中心区距离较远的区位依托杨浦区和长宁区较广阔的腹地范围发展而来。由于相比徐家汇、上海火车站中心区，虹桥和五角场中心区在活动人群聚集中受到人民广场中心区向外疏解的居住人群的支持较少，主要依靠腹地内居住人群的自发聚集，所以无论在活动人群的行为密度还是行为辐射距离上，虹桥和五角场中心区都弱于处于人民广场中心区环形单元边缘的其他三个二级中心。

在传统空间研究对上海中心体系的界定中，大部分二级中心通常都被界定为市级副中心区。二级中心区倾向于成为专业副中心区，因为徐家汇、上海火车站、虹桥和五角场中心区大部分二级中心区形成的来源，或是一级中心区空间异化作用向环形单元边缘疏解出居住人口，或是城市郊区难以使用一级中心区的居住人口的日常消费需求，所以大部分自发形成的二级中心区在相当长的发展过程中都是以商业、文化等生活型服务业为主，形成商业副中心区；而以陆家嘴中心区为代表的非自发生成的中心区，在其产生过程中，政策因素等外在推动力对行政、商务等职能的作用力要大于商业、文化等职能，所以该类中心区在产生的初期，倾向于先形成商务或行政职能的集聚，发展成为商务副中心区或行政副中心区。

二级中心区也产生了若干二级居住地与三级居住地。二级居住地包括真如、大华和共康路，都是位于二级中心区上海火车站环形单元的边缘，同时真如处于虹桥中心区环形单元的影响范围内，说明主要是受到城市北部上海火车站、虹桥等中心区的空间异化作用影响形成的居住地（图6.21）。三级居住地包括东宝兴路、黄兴路、中原路地区，位于二级中心区五角场中心区的环形单元的居住地圈层上（图6.22）。

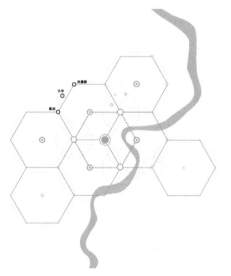

图 6.21　二级居住地
*资料来源：作者绘制

6.3.3　三级中心区

三级中心区能级比二级中心区更低，形

成于一、二级中心区向外形成的居住地圈层上，大量居住人口对日常服务的需求促成了这些地段出现三级中心区。三级中心区的特点在于空间异化效应还未充分进行，所以中心区的活动人群同时也居住在中心区内部或中心区周边，从传统空间视角表现为区级中心。在城市中心地段，由于缺乏足够的腹地，已经形成的二级中心区会对三级中心区升级构成阻碍，但在城市外围由于缺乏其他高等级中心区竞争而获得较大的腹地范围，从另一方面也支持其从三级中心区向二级中心区升级。三级中心区依托一级居住地的消费需求产生，是中心体系中等级较低的中心区，通常为规模较大的区级中心，以打浦桥、长寿路和临平路中心区为代表。

图 6.22　三级居住地
*资料来源：作者绘制

1) 模式理论阐述

——空间组织特征。三级中心区通常位于一级中心区环形单元边缘的居住圈层和二级中心区居住圈层交叠的区位，在一级、二级中心区的空间异化作用下，承载了大量高等级中心区向外迁出的居住人口，为了服务于这些居住人群的日常消费需求而产生的公共设施聚集。由于中心区内部有大量高密度的居住设施，所以公共服务设施的聚集度和规模并不突出，往往并未

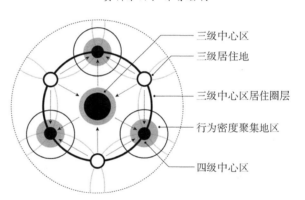

图 6.23　三级中心区"叠环"空间模式
*资料来源：作者绘制

形成硬核结构。在中心区环形单元的空间结构方面，居住圈层与其他三级中心区的居住圈层交叠的地方由于居住人口溢出效应的叠加而形成三级居住地，其中部分三级居住地在其居住人口日常消费需求的带动下转变成为更低等级的四级中心区（图 6.23）。

——动态行为特征。三级中心区与等级更高的一级、二级中心区不同，中心区对居住人群产生的空间异化效应较弱，活动人群大部分居住在中心区核心地段及其周边，只有少部分居住在距离中心区较远的居住地，因此中心区产生的由边缘居住地至中心区核心的昼夜通勤交通和消费导致的交通流并不强。大量人群居住在中心区核心及周边区域，使中心区夜间居住活动密度较高。

2) 实证解析

打浦桥、长寿路和临平路构成了上海中心体系中的三级中心区。它们都位于人民广场中心区一级中心环形和陆家嘴中心区、徐家汇中心区、上海火车站中心区三个二级中心环形单元边缘的重叠区域，因此打浦桥、长寿路和临平路中心区等三级中心区每个都处于一个一级中心区和两个二级中心区向外形成的居住圈层上，使这三个中心区成为上海中心城区内居住人口分布

最为密集的区域。大量居住人口对日常服务的需求促成了这些地段出现三级中心区。三级中心区周边已经很难形成居住地，仅有一个三级居住地赤峰路位于三级中心区——临平路中心区的环形单元的边缘上（图 6.24）。

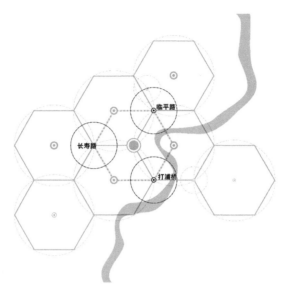

图 6.24　三级中心区空间结构
*资料来源：作者绘制

6.3.4　四级中心区

四级中心区是基于时空行为方法识别获得的中心体系中级别最低的中心区，通常为规模较小的区级中心，以虹口体育场中心区、塘桥中心区为代表。

1）模式理论阐述

——空间组织特征。四级中心区通常位于三级中心区居住圈层交叠的区位，是高等级中心区向外围迁出的居住人群产生的低等级中心区。中心区职能为服务所在片区的居住人群的日常消费需求，公共设施规模较小，业态较低端，未形成硬核结构。居住人群与就业、工作、消费人群在空间上高度同构，空间异化作用很弱，外部难以形成居住地（图 6.25）。

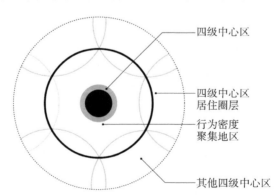

图 6.25　四级中心区"叠环"空间模式
*资料来源：作者绘制

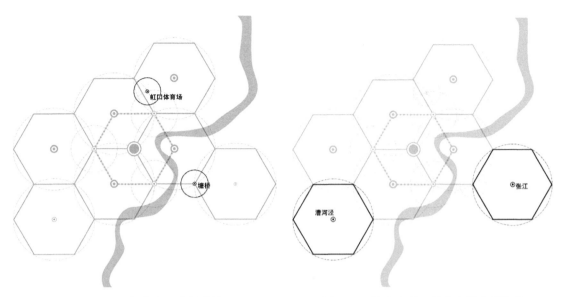

图 6.26　四级中心区空间结构　　　　　图 6.27　培育中的二级中心区空间结构
　*资料来源：作者绘制　　　　　　　　　　　*资料来源：作者绘制

——动态行为特征。由于四级中心区的就业、工作、消费与居住人群分布在空间上高度重合，所以内部行为在密度分布和空间布局上变化较小。

2）实证解析

上海城市中心体系中，虹口体育场中心区和塘桥中心区是较为典型的四级中心区，从空间结构上来看，四级中心区基本都位于三级中心区的环形单元边缘上，其中塘桥中心区位于陆家嘴中心区和张江中心区环形单元边缘的重叠区域，虹口体育场中心区位于临平路中心区环形单元边缘上（图 6.26）。

而在上海城市中心体系的空间结构中，漕河泾和张江中心区处于较为特殊的地位，尽管这两个中心区在能级上仅处于三级中心区的阶段，但根据其活动辐射范围来看，其已经开始向二级中心区演变（图 6.27）。漕河泾中心区和张江中心区能够向二级中心区演变的主要因素是这两个中心区都处于城市空间外围，周边区域缺乏其他高等级中心区竞争而获得较大的腹地范围，从而支持其形成规模更大的环形单元。根据传统空间方法对上海城市中心体系的界定，张江中心区已经成为城市副中心区，而二级中心区通常对应城市副中心区或以上的等级，所以漕河泾中心区也会向城市副中心区发展。与之相比，打浦桥、长寿路和临平路中心区尽管能级较高，但由于其处于城市中心，发展腹地已经被陆家嘴、上海火车站和徐家汇中心区瓜分，难以形成更高等级的二级中心区。

正因为漕河泾和张江中心区的特殊性，可以发现这两个中心区已经在环形单元内形成了较低等级的居住地——四级居住地张杨路、龙阳路、东兰路和长桥（图 6.28）。其中张杨路、龙阳路位于张江中心区的环形单元居住地圈层，是主要受到张江中心区影响形成的居住地；东兰路和长桥位于三级中心区漕河泾与二级中心区虹桥、徐家汇环形单元重叠区域，是同时受到漕河泾、虹桥、徐家汇等中心区的共同影响形成的居住地。

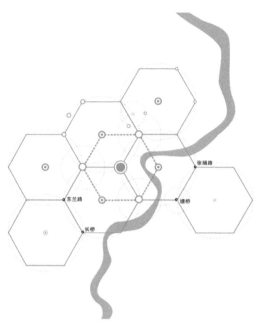

图 6.28　四级居住地
*资料来源：作者绘制

6.3.5　上海"叠环"空间模型总体结构

基于对上海城市中心体系中单中心区空间结构存在环形单元规律，多中心区复合结构存在形态生长链、能级衰减链、职住分离链等规律的认识，综合各个级别中心区的"叠环"空间模型，总结上海城市中心体系"叠环"空间模型的总体结构（表 6.1）。

表 6.1　上海城市中心体系内中心区空间结构

行为视角下的等级	空间视角下的等级	结构布局特征	空间拓扑形态	形成机理描述
一级中心区	市级主中心区	中心区位于城市中心、行为密度最高的区位		中心区向外疏解居住人群，形成较大规模的环形单元

续表 6.1

行为视角下的等级	空间视角下的等级	结构布局特征	空间拓扑形态	形成机理描述
二级中心区	市级主中心区、市级副中心区	于一级中心区环形单元边缘生成，并呈多边形结构向外增长	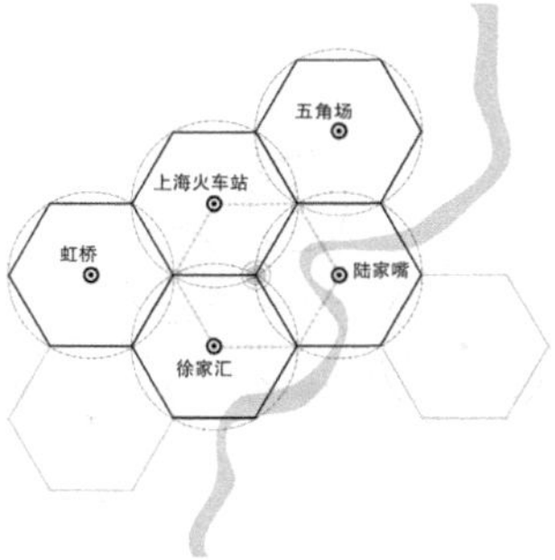	在中心区空间异化作用下，一级中心区环形单元边缘形成若干居住地，为了满足居住地居民日常公共服务需求发展成为商业副中心区； 政策因素推动下发展成为商务副中心区； 城市外围副中心区生长
三级中心区	片区级中心区	位于一、二级中心区环形单元边缘重合区域	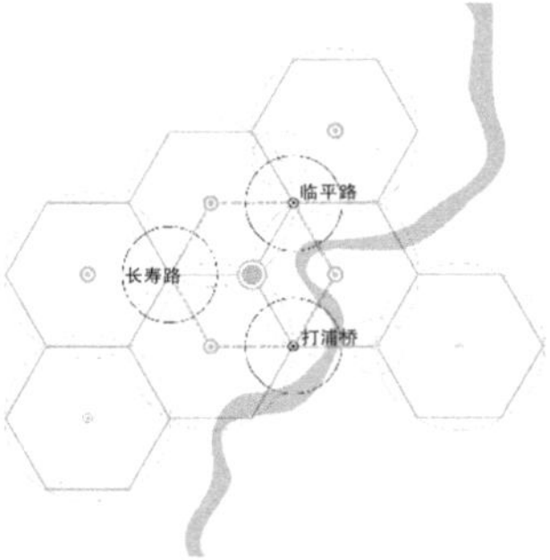	在中心区空间异化作用下，二级中心区环形单元边缘形成若干居住地，为了满足居住地居民日常公共服务需求发展成为区级中心
四级中心区	片区级中心区	位于三级中心区环形单元边缘	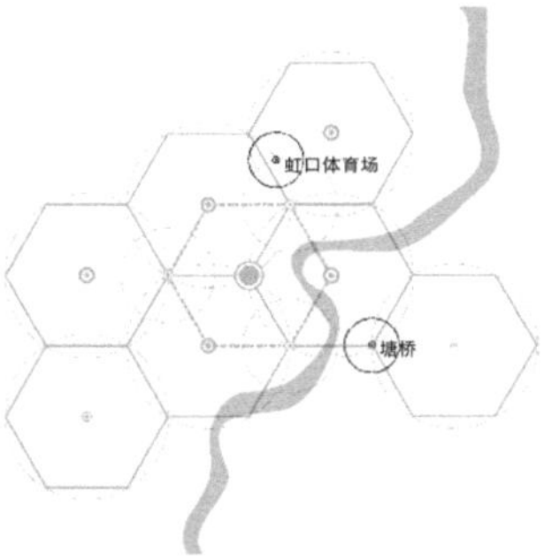	在中心区空间异化作用下，三级中心区环形单元边缘形成若干居住地，为了满足居住地居民日常公共服务需求发展成为区级中心
	培育中的市级副中心区	位于城市中心城区边缘，与现有二级中心区形成平行叠置形态	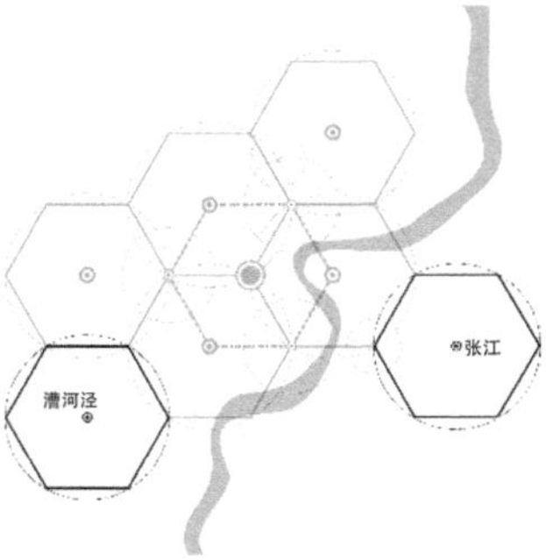	为了满足城市外围现有二级中心区难以充分覆盖的区域，由低等级中心区发展而来

*资料来源：作者绘制

上海城市中心体系内有最高等级的一级中心区1个，为人民广场中心区；二级中心区5个，包括陆家嘴中心区、上海火车站中心区、徐家汇中心区、虹桥中心区和五角场中心区；三级中心区 3 个，包括长寿路中心区、打浦桥中心区、临平路中心区；四级中心区 4 个，包括为虹口体育场中心区、塘桥中心区、张江中心区和漕河泾中心区〔图 6.29（a）〕。

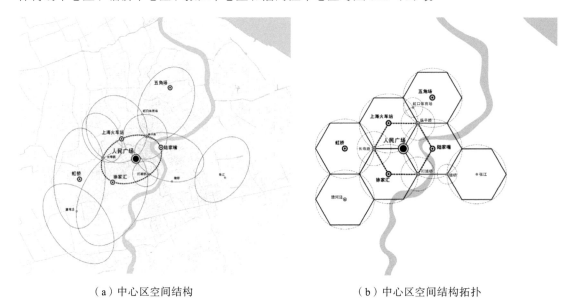

（a）中心区空间结构　　　　　　　　　　（b）中心区空间结构拓扑

图 6.29　上海中心区空间结构
*资料来源：作者绘制

上海城市中心体系内有一级居住地 3 个，分别为打浦桥、长寿路、临平路；二级居住地 3 个，分别为真如、大华和共康路；三级居住地 4 个，分别为东宝兴路、黄兴路、中原路、赤峰路；四级居住地 4 个，分别为张杨路、龙阳路、东兰路和长桥〔图 6.30（a）〕。

根据各个中心区的等级和环形单元规模，使用环形单元对中心区空间结构进行拓扑变形，发现"叠环"空间模型可以解释上海城市中心体系内中心区的空间结构。每个中心区的环形单元都可被视为围绕中心区的圆形区域，其中同等级中心区在中心区环形单元充分伸展和尽量避免重复交叠的双重前提下，中心区环形单元呈现平行并置形态。低等级中心区出现在高等级中心区环形单元边缘的居住地圈层上，尤其是多个中心区环形单元边缘交叠的区域受到多个中心区的影响，更加具有形成次级中心区的趋势〔图 6.29（b）〕。

同样使用环形单元对居住地空间结构进行拓扑变形，发现居住地空间结构同样可以纳入上海城市中心体系的"叠环"空间模型。其中一级居住地主要位于一级中心区人民广场中心区的环形单元边缘，二级居住地主要位于二级中心区上海火车站中心区的环形单元边缘，三级居住地主要位于二级中心区五角场中心区和邻近的三级中心区临平路中心区的环形单元边缘，四级居住地则主要位于距离城市较远的四级中心区张江中心区和漕河泾中心区的环形单元边缘。居住地等级分布一方面受到其所处的环形单元中心区的等级影响，处于同一中心区环形单元上的居住地等级倾向于一致，中心区等级越高，其周边的居住地等级越高；另一方面则明显受到城市地域的影响，城市中心的居住地等级较高，而五角场、张江等城市外围中心区周边的居住地等级则等级较低〔图 6.30（b）〕。

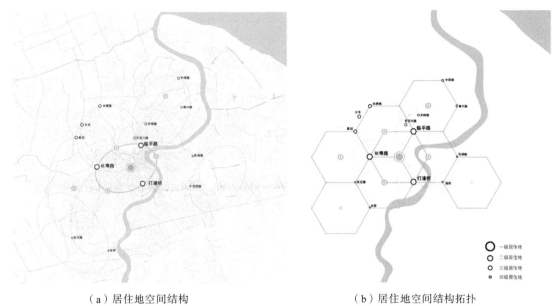

(a) 居住地空间结构 　　　　　　　　(b) 居住地空间结构拓扑

图 6.30　上海居住地空间结构
*资料来源：作者绘制

因此，对上海城市中心体系进行总结，发现上文提出"叠环"空间模型在上海城市中心体系的空间布局中确实存在。不仅如此，空间演化律、等级扩展律与职住熵减律在上海城市中心体系中也可以得到验证。具体而言，上海城市中心体系存在如下共性特征：

特征一：中心区通过环形单元结构形成同等级或低等级居住地。一级中心区在其环形单元的居住地圈层形成一级、二级居住地，而二级中心区则只能形成二级、三级居住地，中心区等级越低，形成居住地的能力越弱。

特征二：高等级居住地可以同时成为低等级中心区。根据职住熵减律，中心区等级越低，中心区内公共服务与居住活动的混合度越高，因而一级、二级居住地可以同时作为二级、三级中心区存在。

特征三：中心区通过环形单元结构形成低等级中心区。根据特征一与特征二，高级中心区通过环形单元形成同等级居住地，但该居住地在转化中心区的过程中只能成为低等级中心区，因而中心区通过环形单元只能形成更低等级的中心区。一级中心区促使二级、三级中心区的形成，而二级中心区则只能形成三级中心区、四级中心区。中心区等级越低，形成中心区的能力越弱。

可以发现，城市中心体系"叠环"空间模型的成立，基于城市中心体系内部人群活动的流动性。城市中心体系"叠环"空间模型是一种动态空间模式，人群活动随着昼夜更迭在其中的往复流动既反映了城市空间职能的分化，也反映了空间联系的形成（图 6.31）。在这个过程中，中心区是人群流动的推动者，正是中心区的存在割裂了人与土地之间的联系，使人群不得不在居所与工作、消费场所之间往返奔波；同时中心区也是人群流动的受益者，正是人群向中心区边缘的流动使更广阔的城市空间有了建设与发展的机会，从而推动了更多中心区的产生。对于中心区空间形态的形成与人群活动的发生，已经难以评价究竟哪个是因，哪个是果；但是毫无疑问的是，正是城市空间与行为活动之间的紧密互动，才造就了城市中心体系空间形态与今日社会生活的繁荣。

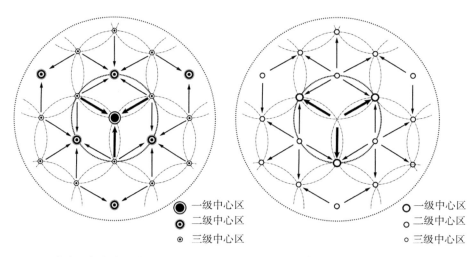

（a）昼间行为流动格局　　　　　　　（b）夜间行为流动格局

图 6.31　中心体系动态空间模式
*资料来源：作者绘制

第七章　总结与讨论

本章对时空行为视角下城市中心体系的研究观点及创新点进行总结，通过对城市中心体系"叠环"空间模型的反思与辨析，审视研究的不足，并对下一步的研究提出展望。

7.1　研究总结

7.1.1　本书的主要研究观点总结

前文在借助手机信令数据以及相关分析方法，对上海城市中心体系的空间识别、等级划分、空间形态等进行了详细的量化研究，得出了时空行为视角下城市中心体系的一些特征规律。

1）如何认识传统空间研究视角的优势与不足

在城市中心体系研究领域，传统空间研究视角及其方法的优势是将复杂的、普遍关联的城市中心体系进行解构，犹如庖丁解牛一般，简化为可以理解、可以认知的具体研究对象。通过从空间系统层面解构城市中心体系，将难以理清脉络的城市巨系统简化为建筑、土地利用、交通、绿地等相对独立的空间系统；通过从空间尺度上解构城市中心体系，将幅员数十平方千米的宏观城市区域简化为无数个地块、街区等小尺度空间单元；通过从空间指标上解构城市中心体系，将涉及城市中心体系与城市之间关系的重要价值判断，简化为容积率、建筑密度、街区高度等便于测量的数字。在难以对城市背后的复杂性进行整体研究的情况下，传统空间视角提供了研究城市中心体系具体问题的可行方案，也是长期中心体系研究依赖的有力武器。

但是传统空间研究视角的局限，在于忽略了城市空间背后的内在社会作用。城市空间环境最终呈现的空间形态，是长期社会活动运行的结果，而非其自身形成的成因。如果脱离了真正造就城市的人群活动、社会网络，而单纯讨论空间，就会陷入用空间解释空间的悖论，难以找到隐藏在空间系统背后左右城市发展的线索与脉络。

2）在时空行为的视角下，城市中心体系的本质特征是公共空间行为的集聚

正如人群的集聚产生了城市，人群特定行为的聚集产生了中心体系。城市中心体系的本质特征不仅是建筑群的集聚、商铺的集聚、人口的集聚，还是公共空间行为的集聚。公共空间行为是包括就业行为、消费行为和游憩行为的社会型行为的集合。不同城市片区的公共空间行为密度与决定城市中心体系布局的公共服务设施密度具有显著的量化关联。人群昼夜不同时段的行为由于其公共性的差异，对公共服务设施密度的促进作用随时段呈现动态波动，被称为中心体系与行为密度之间的动态关联规律。

3）在时空行为的视角下，城市中心区与中心体系的新内涵

城市中心区是城市各类公共空间行为的中心，以高度集聚、复杂交互的公共空间行为活动

为标志，以完善齐全的各类型公共空间和基础设施为活动载体，在有限的空间上集聚各项资源以最大限度地促成和协调各项社会经济活动的进行，并为之提供各类所需的条件。

在时空行为的视角下，中心区新内涵的重要特点在于认知到完整的中心区不仅仅包含传统意义上的中心区本体，即人群就业、购物、游憩行为聚集的区域，还包括了中心区腹地，即中心区使用者的居住、休息等非公共空间行为进行的场所。腹地是中心区存在和发展的基础，必须与中心区进行整体研究。

城市中心体系是城市各类公共空间及其公共空间行为的总体，在空间上表现为多种主导活动类型、多种等级规模和不同服务区域的中心区，这些中心区通过各类型的公共空间行为加以联系，形成互相依存的有机整体。

在时空行为的视角下，中心体系新内涵的重要特点在于认知到中心体系不仅仅是若干中心区的集合，还包括了中心区与城市的组合与关联方式。因此，从这种理解出发，中心体系包含了不同等级的中心区，也包含了不同等级的居住地。

4）在时空行为的视角下，城市中心体系等级划分的方式与标准

由"市级主中心区—市级副中心区—片区中心"构成的传统城市中心体系划分方法更多地依赖中心区空间规模指标，对于"市级"与"区级"在服务空间范围上的差异难以精确量化。在时空行为的视角下，本书建构包括行为密度和辐射范围双重指标的城市中心体系等级划分方式，将中心体系内的中心区与居住地划分为四个等级。

5）在时空行为的视角下，城市中心体系的形态是否存在空间规律

在认识到中心区与其腹地通过人群昼夜流动建立的紧密关联后，城市中心区不再是城市中一个个孤立的个体，而是城市中一个个环形单元的一部分，这些空间系统通过人群活动进行联系，最终组成了城市中心体系。

对于单个中心区，这个空间系统便是由中心区、中心区腹地、居住地和围绕中心区并贯穿居住地的居住地圈层组成的环形单元。在多个中心区组成的复合结构中，中心区通过环形单元的连接，形成"叠环"形态，"叠环"形态具有如下空间规律：

中心体系的空间演化律："叠环"形态内同等级中心区之间中心区环形单元充分伸展，并且环形单元之间重叠面积最小；非同等级中心区之间低等级中心区倾向于形成高等级中心区环形单元的居住地圈层，称为中心体系的形态生长链。

中心体系的等级扩展律："叠环"形态内产生于既有中心区环形单元居住圈层的新中心区相比既有中心区会发生能级衰减，促使中心体系形成高等级至低等级的等级结构，称为中心体系的能级衰减链。

中心体系的职住熵减律："叠环"形态内在中心区从低级向高级发展的过程中，中心区从公共活动与非公共活动充分混合的状态，随着中心区等级的升高，公共活动比重越来越多，非公共活动比重越来越少，最终接近成为一个完全服务于公共活动的城市区域，称为中心体系的职住分离链。

6）城市中心体系的"叠环"空间模型

在中心体系的空间演化律、等级扩展律与职住熵减律的影响下，中心区通过环形单元进行连接，通过层层套叠的方式，在总体层面形成中心体系的"叠环"空间模型。在"叠环"空间模型中，通过人群的流动、迁移，解释了中心区结构形态演化的空间机理，中心区之间的促进

与抑制作用发挥的空间规律，以及中心体系与城市空间关联的具体形态。

7.1.2 本书的主要创新点总结

本研究关注城市中心体系的基础理论和空间形态，以上海城市中心体系为研究对象，将手机信令数据与空间形态数据进行耦合，获得城市中心内大数量、大尺度、大范围的人群行为活动的基本特征，研究其与中心体系的空间关联，重点从个体行为的角度研究中心体系的布局、结构、形态，并对分析结果进行了规律的提炼，总结出了相应结论。

本书的创新点主要在于，关注城市中心体系与城市之间的行为联系，发现人群活动是中心体系内部各形成紧密关联的关键因素，以空间使用者的行为模式解释城市中心体系的空间组织规律，提出城市中心体系"叠环"空间形态模型。

该创新点主要包括以下几个部分：

1）对城市中心体系内涵进行再界定，将中心区之间联系与组织模式纳入研究范畴

城市中心体系不仅仅是城市中心区的集合，还包含了中心区与中心区、中心区与城市之间的复杂空间联系与空间秩序，这些联系与秩序是城市中心体系之所以称为"体系"的关键因素，但长期以来城市中心体系的概念认知却并没有包含这部分内容。本研究认识到，作为行为主体，人群对中心体系空间的使用方式是理解中心体系内部组织联系规律的关键所在。因此本书从时空行为的角度，对城市中心区、城市中心体系等概念的内涵进行重新界定，将中心区腹地、中心区使用者的居住地纳入中心区的总体框架，使中心区以及城市中心体系的内涵不仅仅包括了中心区本体，还增添了各个等级的居住地。中心区腹地、居住地纳入中心体系内涵的意义在于：居住地人群的活动与迁徙是中心区之间互相影响作用的桥梁，通过对城市中心体系内涵的重新界定，使中心区之间联系与组织模式真正成为城市中心体系研究的主要对象。

2）完善了城市中心体系的空间识别和等级划分方法，使中心体系的结构等级真正反映其在城市系统中的秩序

传统城市中心体系的空间识别与等级划分，更多基于对各个中心区自身空间规模和产业特征等方面的界定，而不能够真正反映城市中心体系作为一个系统，各个要素在其中的空间影响与作用。本研究完善了城市中心体系的空间识别和等级划分方法，从行为密度和行为辐射距离两个方面，度量了中心区对公共活动的吸聚能力以及影响范围，提出了包含各级中心区与居住地的中心体系等级构成，使中心体系的结构等级真正反映其在宏观城市系统中的秩序。

3）提出了城市中心体系"叠环"空间模型，解释了城市中心体系的空间组织方式与机理

本研究提出城市中心体系的"叠环"空间模型。通过该理论认识到城市中心体系不是孤立的个体，在中心体系的空间演化律、等级扩展律与职住熵减律的影响下，中心区通过环形单元进行连接，通过层层套叠的方式，在总体层面形成中心体系的"叠环"空间模型。在"叠环"空间模型中，通过人群的流动、迁移，解释了中心区结构形态演化的空间机理，中心区之间的促进与抑制作用发挥的空间规律，以及中心体系与城市空间关联的具体形态。

7.2 对本研究的反思与辨析

在城市中心体系的既有研究中，中心地理论等学说从空间本体层面阐述了城市服务业布局理论模式，提出城市商业网点的空间布局与其规模等级存在一定的规律性，这为此后长期以来以空间本体视角出发的城市中心体系空间研究奠定了重要基础。本研究在继承前人研究成果的基础上，通过对上海城市中心体系的手机信令数据的实证研究，从个体行为视角提出动态化的城市中心体系"叠环"空间模式，以人的动态行为作为新切入点阐述城市中心体系系统模型的结构特征与空间关联。研究发现上海城市中心体系空间结构一方面在若干内容上确实符合前人研究对城市中心地及商业设施分布的基本描述，例如上海城市中心区的空间分布符合中心地理论提出的多边形体系假设和等级化特征，但另一方面在个体行为视角下上海城市中心体系又体现出了大量中心地理论等理论体系无法解释的动态行为特征和结构关联，与既有研究相比，本研究提出的城市中心体系"叠环"空间模式具有以下几点主要差异值得辨析。

1）人口分布从均质分布到非均质分布

克里斯·泰勒提出的中心地理论在建构城镇空间布局时，为了简化研究提出了以下默认前提：研究范围为平坦均质的平原，人口和购买力均匀分布；较高等级的中心地比较低等级的中心地有更大的服务辐射范围。这两点前提是中心地理论的重要基础，居民点在地表均匀分布是推导中心地理论代表性的六边形结构体系的主要依据，而高等级中心地与低等级中心地在服务辐射范围上的差异也是中心地理论判定中心地等级规模的重要标准。同时这两点前提也紧密相关，正是由于人口在空间上均匀分布的前提，所以等级越高、服务能力越强的中心地就必然对应更大的服务区域。本研究通过个体行为数据的分析，发现上海城市中心体系中人口分布并不符合中心地理论提出的均衡分布假设，因此对中心体系结构模型中的人口分布条件进行了修正：

中心区服务人群在腹地内呈环形分布。本研究通过手机信令等数据的统计和测量方法对上海城市中心体系各个中心区服务人群的居住点进行研究，发现居住点不是均匀分布的，而是呈同心圆形态分布在中心区周边，而且居住点的分布中体现出显著的聚集趋势，围绕中心区周边的某个圈层形成若干居住点簇群，即居住地。这种中心区服务人群的环形分布特征，是本研究提出的上海城市中心体系空间结构与中心地理论结构体系的显著区别。

中心体系服务人群在中心城区内由内向外密度衰减。本研究通过手机信令等数据的统计方法对上海城市中心体系中各个中心区服务人群分布的标准差椭圆进行研究，发现城市中心能级更高、服务人群更多的高等级中心区（如人民广场中心区）未必比位于城市郊区能级低、服务人群更少的低等级中心区（如五角场中心区）具有更大的标准差椭圆面积。这说明由于城市中心的人口密度更高，所以城市中心的高等级中心区相比城市郊区的低等级中心区，可以在相似的腹地范围内汇聚更多的消费者和就业者。由于中心体系服务人群在中心城区内由内向外密度衰减，中心区的等级差异并不能完全表现为其服务辐射范围的多寡。

2）空间系统的动态性与联系性

中心地理论等传统理论在解释城市服务业的空间结构中，把城市中心地系统看作是相对静态和孤立的系统，侧重于对中心地等级与竞争关系的阐述，缺乏对中心地之间的相互联系及动态性研究，忽视不同等级中心地之间和同级中心地之间的横向与纵向交流，这使得传统中心地理论脱离了当前城市发展的实际状况，无法从机制上解释当前各级别中心地之间的紧密合作与分工。

本研究通过手机信令数据的实证研究，发现中心区与其腹地之间的关系不是垂直单向的等级化关联，而是具有复杂动态结构的中心体系网络，人群在昼夜时段中在不同等级的中心区和居住地之间流动迁移，相同等级、不同等级的中心区通过对人群行为的吸引和排斥作用而产生互动关联，其中心体系空间系统具有动态性和联系性。

城市中心体系空间结构的动态性。个体行为视角下的城市中心体系空间结构不是某个时间节点的静态孤立分析，而是通过行为研究建立中心体系的动态结构系统，研究人群在城市不同时段在各个中心区和居住地之间流动变化的特征规律，建立动态化的城市中心体系结构。城市中心体系空间结构的动态性，具体而言是个体不同类型的行为对空间选择的差异性，人群在进行就业、消费、游憩、休息等行为的时候会在城市内不同地段之间流动，使得在不同时刻城市行为聚集核心始终发生动态变化，不存在绝对静态的中心地，而是表现为对应不同行为类型的中心区和居住地。

城市中心体系空间结构的联系性。在个体行为视角下的城市中心体系空间结构中，以中心区和居住地组成的多元网络代替中心地理论中由中心地为核心的单一体系结构，关注中心区与其居住地之间的联系以及不同中心区之间的关联性。城市中心体系空间结构内部的联系是多元网络化的，高等级中心地对低等级中心地存在影响与控制作用，在空间异化效应影响下，高等级中心区通过在其腹地内形成居住地，促进低等级中心区的形成；低等级也有向高等级的反馈作用，低等级中心区通过公共设施和居住设施的发展，承载了高等级中心区疏解出的居住人口和低端服务职能，促进了高等级中心区的进一步升级。

3）建立人地耦合的系统分析

在传统的中心地理论的阐述中，传统中心地理论所形成的六边形网络系统是在理想条件下单因素封闭系统中形成的基准区位单元，人被视为土地的附着物均匀分布在区域内，人的主观因素在中心地理论的建构中没有得到足够的重视。本研究表明，城市中心体系作为个体行为选择的结果，必须对人群的行为因素加以考虑，就业、消费、居住等行为在改变中心区和居住地空间形态的同时，也是城市中心体系空间重构的基础动力，行为选择和空间发展之间存在互为因果的关系。作为"人—地"耦合系统的中心体系是一个复杂关联的开放系统，这个系统的关联性体现为人群和空间环境的双向互动，前者表现为城市从人群活动中获取中心区正常运行和演化的资金、设备、人才、信息、能源、技术等物质资源和社会能量，同时在多要素的驱动下将不适合中心区功能发展的人群活动向中心区外迁移，后者则表现为人群通过行为的空间选择过程，通过行为在空间上的聚集与扩散作用，促进原有中心区的升级和新中心区的形成。在城市中心体系的形成和发展过程中，个体行为作为城市结构的影响要素，积极参与了土地职能的演变和空间形态的塑造，通过人地耦合过程最终形成"行为—空间"多要素共同主导下的网络结构。

4）尊重自然因素对实证研究的影响

中心地理论作为区位论的延伸，更多考虑的是经济要素的空间分配和经济活动的空间配置，中心地理论未能就不同类型城市在不同的地形、山水交通等自然条件下如何构建其中心地结构做出合理的解释，在其理论模型中缺乏对气候、地貌、水文等自然条件的考虑。这些要素对于城市中心区区位选择、职能构成及其规模等级有着至关重要的影响。本研究提出的城市中心体系空间模型一方面弱化了对结构模型在数学上的严格限定，不盲目追求数学完美，降低空间模型对于具体城市案例的适用门槛；另一方面，通过基于手机信令数据的实证研究，强调空间模型的社会学属性，增强模型在解释复杂社会系统的可信度。在以上海为案例的城市中心体系实证研究中，可以显著观察到黄浦江等自然因素对中心体系空间结构的显著影响，使中心区环形单元和中心体系的空间形态在局部地段相比理论模型会产生一定的拓扑变形，但由于其空间结构模式能够从个体行为实证研究中获得社会学的理论支持，所以并不会削弱该理论的现实意义和对实践活动的指导价值。

总之，在以人为本的社会发展环境和全球信息技术快速变革的时代背景下，"空间行为—行为空间"的人地耦合关系成为城市中心体系研究发展的突破口。城市中心体系的"叠环"结构就是在这一机理影响下由城市空间形态与人群活动交互作用的产物，是在继承前人研究理论成果基础上的一种创新，推进城市空间研究理论脱离单一空间视角的局限，从更加多元动态的角度观察城市中心体系的发展。

7.3 研究的不足及未来的研究方向

一方面，受研究背景及个人精力限制，本研究集中于城市中心体系的层面；另一方面，受图文篇幅和分析数据限制，量化研究限制在上海城市中心体系的单一案例研究内。这些限制使得本研究存在一些遗憾与不足，许多有价值的问题有待进一步探讨。

——理论架构的进一步完善。基于个体行为视角的城市中心体系主要从发展阶段、等级要素、空间结构、空间形态等方面切入，完成对于中心体系空间模式的归纳，但对城市中心体系研究的整体框架而言，这仅仅只是冰山一角。受到手机信令数据精度的限制，缺乏中心区微观结构形态的研究，难以与城市中心体系的研究结论相对照；从经济学角度来看，缺乏产业、业态、政策等相关层面的研究；从城市空间角度来看，缺乏交通、生态等相关层面的研究；从社会学视角来看，对个体行为选择的研究也需要进一步加强。在今后的研究中，需要加强跨专业的综合研究，邀请多个专业背景的学者进行共同探索，构建完善的城市中心体系理论框架。

——多源数据的综合应用。本研究在对城市中心体系的研究中，主要应用了空间形态、土地利用和手机信令数据，通过多源数据的交叉关联，对城市中心体系的空间结构、空间形态进行了一定的探索。但受到数据来源的限制，无法将更多数据纳入本次研究的范畴，这在一定程度上对本次研究框架的全面性造成了局限。在今后的研究中，应进一步在研究中增添业态POI数据、浮动车数据、城市物理环境数据等更多的数据类型，以扩充城市中心体系的研究框架，对城市中心体系空间研究理论进行完善和补充。

——城市中心体系的发展演化研究。无论是对城市中心体系发展阶段、空间结构还是空间形态的研究，本研究对行为视角下城市中心体系的空间结构的研究都仅停留在现状研究的层面。从城市中心体系的发展演化的规律而言，城市中心体系经过单中心、一主多副、两主多副等发展阶段演变，城市中心体系内部等级结构和行为模式在不同阶段又会表现出怎么样的具体特征？城市中心区在从专业副中心区向综合主中心区转型过程中，其功能转型及其对周边活动的影响作用是否发生相应的变化？区级中心在向市级中心转型过程中，其腹地范围是否存在某种门槛要求？在城市中心区发展过程中，个体行为对空间演化的关联是否存在某种因果关系？从发展演化视角研究城市中心体系空间结构及人地耦合规律，是在个体行为视角下城市中心体系进一步的研究方向之一。

——拓展到城市中心区结构的微观视角。本研究对城市中心体系的研究基本以中心体系整体层面为主，而对于城市中心区内部的空间形态、业态、道路交通与个体行为之间的研究缺乏，没有进行讨论，而在更微观的硬核、阴影区等城市中心区构成要素方面也缺乏相应的研究。微观视角下城市中心区空间结构研究，需要提高个体行为数据的空间精度，并与城市空间数据进行更深层次的关联，对街区及建筑内人流的活动进行分析。在该领域未来需要投入更多的人力及资源进行调查和数据搜集，完善对城市中心区结构的微观认知。

——进一步加强比较研究。由于篇幅和数据所限，本研究仅以上海城市中心体系为案例，通过对上海城市中心体系内多个中心区的量化分析，以上海为原型建构城市中心体系的空间结构模式。在进一步的研究中，需要将同样的研究方法拓展到更多城市中心体系的研究中，将其研究成果与上海城市中心体系的研究结果相对照，通过比较研究获取城市中心体系发展的共性特征，再将研究结论应用到具体案例的个案研究中，才能更全面地理解城市中心体系的内涵。

结语

当前中国正处在转型期的探索阶段，城市规划领域也在这一历史潮流中提出了"以人为本"的规划理念。这一理念高度概括了中国城市规划当前转型发展的方向和目标，即从以前的物质规划、技术规划转向以人为本的城市规划。城市中心体系作为城市重要的公共空间，集聚着众多的市民，产生巨大的经济效益，中心体系能否最大限度地满足使用者的需求，其空间便于消费者、工作者的使用，同时产生最大的经济效益，这些必须要通过中心区空间的使用者——市民的行为来进行评判，不同的因素，如中心区布局、形态、规模、功能类型都会对使用者的行为产生影响。城市中心体系的发展面临比过去更多的不确定因素，对城市中心体系研究视野越来越宏观，角度越来越多元，这需要我们不断对城市中心体系重新认识和及时总结新的特征和规律。大数据的应用与新技术方法的进步，也刺激我们从更多的角度对城市中心体系进行审视。通过个体行为的研究与应用，能够弥补基于土地利用的静态城市规划对人类日常活动考虑不足的弊端，能够促进城市规划及管理更加关注人的行为的制约及能动因素，深入了解居民个性化的服务需求。在城市规划向"以人为本"跃进的路上，本研究仅仅迈出了一小步，希望尽我涓滴之劳，使城市规划更加精细化、社会管理更加智慧化、居民服务更加个性化。

参考文献

中文文献

安成谋,1990.兰州市商业中心的区位格局及优势度分析[J].地理研究,8(1):28-34.

白光润,2004.微区位研究的新思维[J].人文地理,19(5):85-88.

保继刚,楚义方,1999.旅游地理学[M].北京:高等教育出版社.

鲍军,2006.杭州市零售商业中心地系统研究[D].杭州:浙江工商大学.

边经卫.2006.大城市空间发展与轨道交通[M].北京:中国建筑工业出版社.

查德利,贺红权,吴江,2003.城市中心区演化与中心商务区形成机理[J].重庆大学学报(自然科学版),26(3):110-113.

柴彦威,沈洁,翁桂兰,2008.上海居民购物行为的时空间特征及其影响因素[J].经济地理,28(2):221-227.

柴彦威,申悦,肖作鹏,等.2012.时空间行为研究动态及其实践应用前景[J].地理科学进展,31(6):667-675.

柴彦威,翁桂兰,沈洁,2008.基于居民购物消费行为的上海城市商业空间结构研究[J].地理研究,27(4):897-906.

柴彦威,张文佳,张艳,等,2009.微观个体行为时空数据的生产过程与质量管理:以北京居民活动日志调查为例[J].人文地理,24(6):1-9.

柴彦威,赵莹,马修军,等,2010.基于移动定位的行为数据采集与地理应用研究[J].地域研究与开发,29(6):1-7.

陈伟新,2003.国内大中城市中央商务区近今发展实证研究[J].城市规划(12):18-23.

陈瑛,2002.特大城市CBD系统的理论与实践——以重庆和西安为例[D].上海:华东师范大学.

陈瑛,2005.城市CBD与CBD系统[M].北京:科学出版社.

褚正隆,2009.城市中心区空间形态的集聚度控制策略初探[D].重庆:重庆大学.

戴军,李翠敏,白光润,2005.上海市中心城区商务办公区区位研究[J].上海城市规划(1):10-13.

杜国明,张树文,张有全,2007.城市人口密度的尺度效应分析——以沈阳市为例[J].中国科学院大学学报,24(2):186-192.

杜霞,2008a.城市商业结构的郊区化、社区化研究——以上海市为例[J].商业研究(9):38-43.

杜霞,2008b.城市商业中心空间结构特征探讨——以上海市为例[J].山东师范大学学报(自然科学版),23(2):69-72.

段进，1999. 城市空间发展论[M]. 南京：江苏科学技术出版社.

方远平，闫小培，毕斗斗，2007. 1980年以来我国城市商业区位研究述评[J]. 热带地理，27（5）：435-440.

房艳刚，刘继生，2007. 当代国外城市模型研究的进展与未来[J]. 人文地理（4）：6-11.

房艳刚，刘鸽，刘继生，2005. 城市空间结构的复杂性研究进展[J]. 地理科学，25（6）：754-761.

冯健，周一星，2004. 郊区化进程中北京城市内部迁居及相关空间行为：基于千份问卷调查的分析[J]. 地理研究，23（2）：227-242.

冯健，周一星，2003. 近20年来北京都市区人口增长与分布[J]. 地理学报，58（6）：903-916.

冯健，2004. 转型期中国城市内部空间重构[M]. 北京：科学出版社.

付悦，2003. 商业中心区的空间构成研究[D]. 武汉：武汉理工大学.

高松凡，1989. 历史上北京城市场变迁及其区位研究[J]. 地理学报，56（2）：129-139.

顾朝林，等，2000. 集聚与扩散：城市空间结构新论[M]. 南京：东南大学出版社.

何军，杨忠，2005. 城市中心区的功能重定位与再开发：美国城市中心区的兴衰更替及其启示[J]. 生产力研究，12：067.

胡宝哲，2001. 东京的商业中心[M]. 天津：天津大学出版社.

胡昕宇，杨俊宴，史宜，2014. 特大城市中心体系产业空间关联特征[J]. 东南大学学报（自然科学版）(2)：445-450.

胡昕宇，2015. 亚洲特大城市中心区轴核结构空间与业态定量解析[D]. 南京：东南大学.

黄潇婷，柴彦威，赵莹，等，2010. 手机移动数据作为新数据源在旅游者研究中的应用探析[J]. 旅游学刊，25（8）：39-45.

黄亚平，2002. 城市空间理论与空间分析[M]. 南京：东南大学出版社.

江延领，1999. 上海外滩地区与香港中环地区历史发展及现状比较研究[D]. 上海：同济大学.

蒋三庚，2007. 现代服务业研究[M]. 北京：中国经济出版社.

蒋三庚，2008. 中央商务区研究[M]. 北京：中国经济出版社.

克里斯塔勒，1998. 德国南部中心地原理[M]. 王兴中，常正文，等译. 北京：商务印书馆.

李翅，2006. 土地集约利用的城市空间发展模式[J]. 城市规划学刊（1）：49-55.

李沛，1999. 当代全球性城市中央商务区（CBD）规划理论初探[M]. 北京：中国建筑工业出版社.

李政，2006. 天津城市商业体系和规划布局结构发展研究[D]. 天津：天津大学.

梁江，孙晖，2007. 模式与动因：中国城市中心区的形态演变[M]. 北京：中国建筑工业出版社.

刘博敏，1991. 试论城市商业中心系统发展的动态模式[J]. 城市规划（1）：23-27.

卢林，2009. 基于产业集聚的城市中心区功能结构优化研究[D]. 大连：大连理工大学.

卢涛，刘琼，邓梦，2001. 重庆市商业中心区空间构成特征与可持续发展[J]. 重庆建筑大学学报（社科版）(4)：10.

卢雪球，张青年，2010. 应用GIS的城市中心区定界方法[J]. 地理空间信息，8（4）：114-117.

陆大道，2003. 中国区域发展的理论与实践[M]. 北京：科学出版社.

迈克·詹克斯，等，2004. 紧缩城市：一种可持续发展的城市形态[M]. 周玉鹏，等译. 北京：中国建筑工业出版社.

曼昆，2003. 经济学原理：上册[M]. 3版. 梁小民，译. 北京：机械工业出版社.

孟祥林，2007. 城市扩展过程中的波核影响及其经济学分析[J]. 城市规划研究（1）：57-62.

宁越敏，黄胜利，2005. 上海市区商业中心的等级体系及其变迁特征[J]. 地域研究与开发，24（2）：15-19.

宁越敏，1984. 上海市区商业中心区位的探讨[J]. 地理学报（2）：163-172.

钮心毅，丁亮，宋小冬，2014. 基于手机数据识别上海中心城的城市空间结构[J]. 城市规划学刊，6：61-67.

秦萧，甄峰，熊丽芳，等，2013. 大数据时代城市时空间行为研究方法[J]. 地理科学进展，32（9）：1352-1361.

森川洋，1968. 中心地の階層性と都市の規模別分布[J]. 地理科学，10：38-39.

沙森，2005. 全球城市：纽约伦敦东京[M]. 周振华，译. 上海：上海社会科学院出版社.

沈建法，倪鹏飞，2011. 国际化城市概念与城市竞争力建设[J]. 规划师（8）：31-32.

沈琪，2014. 上海市人口分布与服务设施布局的空间协调性分析[J]. 甘肃科学学报，26（2）：139-142.

石慧霞，2006. 北京商务中心区现代服务业集群研究[D]. 北京：首都经济贸易大学经济学院.

史宜，杨俊宴，2011. 城市中心区空间区位选择的空间句法研究——以南京为例[C]. 转型与重构——2011中国城市规划年会论文集.

孙晖，梁江，2006. 近代殖民商业中心区的城市形态[J]. 城市规划学刊，6：26-30.

孙世界，2002a. 中国城市等级体系发展初探[C]. 中国城市规划学会2002年年会论文集.

孙世界，2002b. 城市中心的发展、制约与规划原则——以南京城市中心为例[J]. 华中建筑，20（5）：84-85.

孙一飞，1994. CBD空间结构演化规律探讨[J]. 现代城市研究（1）：32-34.

孙中亚，甄峰，2013. 智慧城市研究与规划实践述评[J]. 规划师，29（2）：32-36.

唐子来，1997. 西方城市空间结构研究的理论和方法[J]. 城市规划学刊（6）：1-11.

王朝晖，李秋实，2002. 现代国外城市中心商务区研究与规划[M]. 北京：中国建筑工业出版社.

王德，王灿，谢栋灿，等，2015. 基于手机信令数据的上海市不同等级商业中心商圈的比较——以南京东路、五角场、鞍山路为例[J]. 城市规划学刊，3：50-60.

王德，张晋庆，2001. 上海市消费者出行特征与商业空间结构分析[J]. 城市规划（10）：6-14.

王德，朱玮，黄万枢，2004. 南京东路消费行为的空间特征分析[J]. 城市规划汇刊（1）：31-36.

王德，朱玮，农耘之，等，2007. 王府井商业街消费者行为特征分析［J］. 商业时代（9）：16-19.

王慧，田萍萍，等，2007. 西安城市 CBD 体系发展演进的特征与趋势［J］. 地理科学，27（1）：31-39.

王建国，2011. 城市设计［M］.3 版. 南京：东南大学出版社.

王鲁民，邓雪湲，2003. 建立合理的城市空间等级秩序［J］. 南方建筑（4）：9-11.

王兴中，秦瑞英，何小东，等，2004. 城市内部生活场所的微区位研究进展［J］. 地理学报，59（增刊）：125-131.

威廉·阿隆索，2010. 区位和土地利用［M］. 梁进社，等译. 北京：商务印书馆.

吴明伟，孔令龙，陈联，1999. 城市中心区规划［M］. 南京：东南大学出版社.

吴文钰，马西亚，2006. 多中心城市人口模型及模拟：以上海为例［J］. 现代城市研究，21（12）：39-44.

吴文钰，马西亚，2007.1990 年代上海人口密度模型及演变［J］. 市场与人口分析，13（2）：40-47.

仵宗卿，柴彦威，戴学珍，等，2001. 购物出行空间的等级结构研究：以天津市为例［J］. 地理研究，20（4）：479-488.

仵宗卿，戴学珍，2001. 北京市商业中心的空间结构研究［J］. 城市规划（10）：15-19.

西里尔·鲍米尔，2007. 城市中心规划设计［M］. 冯洋，译. 沈阳：辽宁科学技术出版社.

席广亮，甄峰，魏宗财，等，2012. 南京市居民移动信息化水平及其影响因素研究［J］. 经济地理，32（9）：97-103.

谢守红，宁越敏，2005. 中国大城市发展和都市区的形成［J］. 城市问题（1）：11-15.

熊世伟，2001. 国际化城市的界定及上海的定位［J］. 现代城市研究，4：44-45.

徐本营，2012. 城市中心区高层建筑布局实证研究及动力机制分析［D］. 重庆：重庆大学.

徐雷，胡燕，2001. 多核 层级 网络——兼并型城市中心区形态问题研究［J］. 城市规划，25（12）：13-15.

徐慰慈，1998. 城市交通规划论［M］. 上海：同济大学出版社.

薛娟娟，朱青，2005. 城市商业空间结构研究评述［J］. 地域研究与开发，24（5）：21-24.

阳建强，吴明伟，1999. 现代城市更新［M］. 南京：东南大学出版社.

杨飞，裘炜毅，2005. 基于手机定位的实时交通数据采集技术［J］. 城市交通，3（4）：63-68.

杨飞，2007. 基于手机定位的交通 OD 数据获取技术［J］. 系统工程，25（1）：42-48.

杨俊宴，胡昕宇，2012. 中心区圈核结构的阴影区现象研究［J］. 城市规划，36（10）：26-33.

杨俊宴，史北祥，杨扬，2013. 城市中心区土地集约利用的评价模型：基于 50 个样本的定量分析［J］. 东南大学学报（自然科学版），4：039.

杨俊宴，史北祥，2012. 城市中心区圈核结构模式的空间增长过程研究：对南京中心区 30 年演替的定量分析［J］. 城市规划（9）：29-38.

杨俊宴，史宜，2014. 老城中心区的发展演替及动力机制研究：以上海市中心人民广场地区为例［J］.城市规划学刊，2:51-59.

杨俊宴，吴明伟，2008.中国城市 CBD 量化研究：形态·功能·产业［M］.南京：东南大学出版社.

杨俊宴，杨扬，唐雯，2012.东南亚城市中心区土地集约利用的评价模型：以新加坡为例［J］.南方建筑，1：009.

杨俊宴，2013.城市中心区规划设计理论与方法［M］.南京：东南大学出版社.

杨俊宴，章飙，史宜，2012.城市中心体系发展的理论框架探索［J］.城市规划学刊（1）：33-39.

杨吾扬，1994.北京市零售商业与服务业中心和网点的过去、现在和未来［J］.地理学报，61（1）：9-17.

于连莉，王宁，牛雨，2006.城市中心区交通发展对策研究［J］.规划师（S2）：49-51.

于涛，徐素，杨钦宇，2011.国际化城市解读：概念、理论与研究进展［J］.规划师（2）：27-32.

余建英，何旭宏，2003，数据统计分析与 SPSS 应用［M］.北京：人民邮电出版社.

俞路，张善余，韩贵峰，2006.上海市人口分布变动的空间特征分析［J］.中国人口·资源与环境，16（5）：83-87.

俞路，张善余，2006.近年来北京市人口分布变动的空间特征分析［J］.北京社会科学（1）：7-12.

约翰·里德，2010.城市［M］.郝笑丛，译.北京：清华大学出版社.

张景秋，蔡晶，2002.北京市中心商务区发展阶段分析［J］.北京联合大学学报（人文社会科学版）(3)：114-117.

张廷海，2008.现代商务中心区产业集聚效应与机制分析［J］.经济问题探索（3）：39-43.

张文新，2004.北京市人口分布与服务设施分布的协调性分析［J］.北京社会科学（1）：78-84.

章飙，杨俊宴，任焕蕊，2012.城市公共中心体系发展动力机制研究［C］.多元与包容：2012 中国城市规划年会论文集（01.城市化与区域规划研究）.

赵梓渝，2014.19 世纪以来长春商业格局发展研究［D］.长春：东北师范大学.

甄峰，翟青，陈刚，2012.信息时代移动社会理论构建与城市地理研究［J］.地理研究，31（2）：197-206.

郑瑞山，2005.新时期南京老城商业中心体系发展演变及动力机制研究［D］.南京：东南大学.

中国城市经济学会中小城市经济发展委员会，2012.中小城市绿皮书［M］.北京：社会科学文献出版社.

周振华，2005.现代服务业发展研究［M］.上海：上海社会科学院出版社.

邹德慈，2002.城市规划导论［M］.北京：中国建筑工业出版社.

英文文献

Ahas R, Aasa A, Silm S, et al, 2010.Daily rhythms of suburban commuters' movements in the Tallinn Metropolitan Area: case study with mobile positioning data[J]. Transportation Research Part C: Emerging Technologies, 18（1）: 45-54.

Ahas R, Mark Ü. 2005.Location based services—new challenges for planning and public administration?[J]. Futures, 37（6）: 547-561.

Alonso W, 1964. Location and land use: Toward a general theory of land rent [M]. Cambridge: Harvard University Press.

Batty M, 2000.Less is more, more is different: complexity, morphology, cities, and emergence[J]. Environment and Planning B: Planning and Design, 27（2）: 167-168.

Becker R A, Caceres R, Hanson K, et al, 2011. A tale of one city: using cellular network data for urban planning[J]. IEEE Pervasive Computing, 10（4）: 18-26.

Berry B J L, Garrison W L, 1958. A note on central place theory and the range of a good[J]. Economic Geography, 34（4）: 304-311.

Berry B J L, Parr J B, Epstein B J, et al, 1988. Market centers and retail location: theory and applications [M]. Englewood Cliffs, NJ: Prentice Hall.

Bourne L S, 1971. Internal structure of the city: readings on space and environment [M]. Oxford University Press.

Bryson J R, Daniels P W, 2010.Handbook of service science[M]. Springer US.

Bryson J R, Daniels P W, Warf B, 2004. Service worlds: people, technology, organizations[J]. London, UK: Routledge.

Bryson J R, Daniels P W, 1998.Service industries in the global economy[M]. Edward Elgar Publishing.

Calabrese F, Di Lorenzo G, Liu L, et al. 2011. Estimating origin-destination flows using opportunistically collected mobile phone location data from one million users in Boston Metropolitan Area[J]. IEEE Pervasive Computing , 10（4）: 36-44.

Calabrese F, Ratti C, 2006. Real time rome[J]. Networks and Communication Studies, 20（3-4）: 247-258.

Candia J, González M C, Wang P, et al, 2008. Uncovering individual and collective human dynamics from mobile phone records[J]. Journal of Physics A: Mathematical and Theoretical, 41（22）: 1-16.

Castells M, 2001.Space of flows, space of places: materials for a theory of urbanism in the information age [J]. The City Reader: 572-582.

Chai Y W, 1996. The internal structure of a city in Chinese arid area: a case study of Lanzhou, Gansu Province [J]. Chinese Journal of Arid Land Research, 9: 169-80.

Chai Y W, Wang E E, 1997. Basic concepts and notation of time geography [J]. Economic Geography, 17（3）: 55-61.

Chai Y W, Zhao Y, 2009. Recent development in time geography [J]. Scientia Geographica Sinica, 29(4): 593-600.

Chai Y W, Ma J, Zhang W J, 2010. The residential differentiation of tour-based spatio-temporaldecision-making of travel behavior in Beijing [J]. Geographical Research, 29(10): 1725-1734.

Chai Y W, Zhang W J, Zhang Y, et al, 2009. The production and quality management of disaggregated space-time data of individual's behaviors: a case study of activity-diary survey in Beijing [J]. Human Geography, 24(6): 1-9.

Chai Y W, Shen Y, Ma X Y, et al, 2013. The collection and management of space-time data of individual behavior based on location-based technology: a case study of activity-travel survey in Beijing [J]. Geographical Research, 32(3): 441-451.

Chai Y W, Zhao Y, Zhang Y, 2010. Time geography and its application in urban planning [J]. Urban Planning International, 25(6): 3-9.

Christaller W, 1933. Die zentralen Orte in Süddeutschland [M]. Jena: Gustav Fischer.

Clark C, 1951. Urban population densities [J]. Journal of the Royal Statistical Society, 114(4): 490-496.

Cox K R, Jonas A E G, 1993. Urban development, collective consumptionand the politics of metropolitan fragmentation [J]. Political Geography, 12(1): 8-37.

Davies D H, 1960. The hard core of Cape Town's CBD: an attempt at delimitation [J]. Economic Geography, (36): 53-69.

Huff D L, 1964. Defining and estimating a trading area [J]. Journal of Marketing, 28(7): 34-38.

Daniels P W, Ho K C, Hutton T A, 2005. Service industries and Asia-Pacific cities: new development trajectories [C]. London and New York: Routledge (Taylor & Francis Group), 21-92, 131-215, 243-320.

Daniels P W, Moulaert F, 1991. The changing geography of advanced producer services: theoretical and empirical perspectives [C]. London and New York: Belhaven Press, 70-117, 135-150.

Daniels P W, 1991. Service and metropolitan development: international perspectives [C]. London and New York: Routledge, 107-324.

Daniels P W, 1993. Service industries in the world economy [M]. Oxford: Blackwell Publishers, 113-166.

Davies R L, 1972. Structural models of retail distribution: analogies with settlement and urban land-use theories [J]. Transactions of the Institute of British Geographers, 59-82.

Davies R L, 1976. Marketing geography: with special reference to retailing [M]. London: Methuen.

Deville P, Linard C, Martin S, et al, 2014. Dynamic population mapping using mobile phone data [J]. Proceedings of the National Academy of Sciences, 111(45): 15888-15893.

Dijst M, 1999. Action space as planning concept in spatial planning [J]. Journal of Housing and the Built Environment, 14:163-82.

Dijst M, Vidakovic V, 2000. Travel time ratio: the key factor of spatial reach[J]. Transportation, 27: 179-200.

Eagle N N, 2005.Machine perception and learning of complex social systems[D]. Massachusetts: Massachusetts Institute of Technology, 125-136.

Eagle N, Pentland A S, Lazer D, 2009. Inferring friendship network structure by using mobile phone data[J]. Proceedings of the National Academy of Sciences, 106（36）: 15274-15278.

Eagle N, Pentland A S, 2009.Eigen behaviors: identifying structure in routine[J]. Behavioral Ecology and Sociobiology, 63（7）: 1057-1066.

Eagle N, Pentland A, 2006. Reality mining: sensing complex social systems[J]. Personal and Ubiquitous Computing, 10（4）: 255-268.

Ebenezer H, 1898.Tomorrow: a peaceful path to real reform[J]. Garden Cities and Town Planning Association, UK.

Ettema D, Timmermans H, Van Veghel L, 1996. Effects of data collection methods in travel and activity research[C]. Netherlands, Eind-hoven: European Institute of Retailing and Services Studies,109-121.

Giffinger R, Gudrun H, 2010. Smart cities ranking: an effective instrument for the positioning of the cities?[J]. Architecture, City and Environment, 4（12）: 7-26.

Girardin F, Calabrese F, Fiore F D, et al, 2008.Digital footprinting: uncovering tourists with user-generated content[J]. IEEE Pervasive computing, 7（4）: 36-43.

Girardin F, Vaccari A, Gerber A, et al, 2009.Towards estimating the presence of visitors from the aggregate mobile phone network activity they generate[C]//Intl. Conference on Computers in Urban Planning and Urban Management.

Giray F, Gercek A, Oguzlar A, et al, 2009.The effects of taxation on mobile phones: a panel data approach[J]. International Journal of Mobile Communications, 7（5）: 594-613.

Gonzalez M C, Hidalgo C A, Barabasi A L, 2008.Understanding individual human mobility Patterns[J]. Nature, 453（7196）: 779-782.

Gordon P, Kumar A, Richardson H W, 1989.Congestion, changing metropolitan structure, and city size in the United States[J]. International Regional Science Review, 12（1）: 45-56.

Hagerstrand T, 1970. What about people in regional science?[J]. Regional Science Association Papers, 24（1）: 7-21.

Hall P, 1988.Cities of tomorrow [M]. Oxford: Blackwell.

Hanson S, Hanson P, 1993. The geography of everyday life[M]//Advances in psychology. North-holland, 96: 249-269.

Heikkila E, Gordon P, Kim J I, et al, 1989, What happened to the CBD-distance gradient? land values in a polycentric city[J]. Environment and planning A, 21（2）: 221-232.

Herrera J C, Work D B, Herring R, et al, 2010.Evaluation of traffic data obtained via GPS-enabled mobile phones: the mobile century field experiment[J]. Transportation Research Part C: Emerging

Technologies, 18（4）: 568-583.

Hillier B, Leaman A, Stansall P, et al, 1976. Space syntax [J]. Environment and Planning B: Planning and design, 3（2）: 147-185.

Horwood E M, Boyce R R, 1959. Studies of the central business district and urban freeway development [M]. Seattle: University of Washington Press.

Huang X T, Ma X J, 2011. Study on tourists' rhythm of activities based on GPS data. Tourism Tribune, 26（12）: 26-29.

Nairn I, 1955.Outrage: on the disfigurement of town and countryside [J]. Architectural Review special, 59-82.

Illeris S, 1996. The service economy: an geography approach [M]. Denmark: John Wiley & Sons Ltd.

Isaacman S, Becker R, Cáceres R, et al, 2010. A tale of two cities [C]//Proceedings of the eleventh workshop on mobile computing systems & applications. ACM, 19-24.

Isaacman S, Becker R, Cáceres R, et al, 2011.Identifying important places in people's lives from cellular network data [C]//International Conference on Pervasive Computing. Springer, Berlin, Heidelberg, 133-151.

Jacobs J, 1961. The death and life of great American cities [M]. New York: Random House.

Johnson H J, 2000. Global positioning for financial services [C]. World Scientific, 58-114.

Kim H M, Kwan M P, 2003. Space-time accessibility measures: a geocomputational algorithm with a focus on the feasible opportunity set and possible activity duration [J]. Journal of Geographical Systems, 5（1）: 71-91.

Krisp J M, 2010.Planning fire and rescue services by visualizing mobile phone density [J]. Journal of Urban Technology, 17（1）: 61-69.

Krueger S G, 2012. Delimiting the postmodern urban center: an analysis of urban amenity clusters in Los Angeles [J]. University of Southern California.

Kwan, M P, 1998. Space-time and integral measures of individual accessibility: a comparative analysis using a point-based framework [J]. Geographical Analysis, 30（3）: 191-216.

Kwan, M P, 1999. Gender, the home-work link, and space-time patterns of non-employment activities [J]. Economic Geography, 75（4）: 370-394.

Kwan, M P, 2000. Interactive geo-visualization of activity-travel patterns using three-dimensional geographical information systems: a methodological exploration with a large data set [J]. Transportation Research C, 8: 185-203.

Kwan, M P, 2002a. Feminist visualization: re-envisioning GIS as a method in feminist geographic research [J]. Annals of the Association of American Geographers, 92（4）: 645-661.

Kwan, M P, 2002b. Time, information technologies, and the geographies of everyday life [J]. Urban Geography, 23（5）: 471-482.

Kwan M P, 2004. GIS methods in time - geographic research: geocomputation and geovisualization of human activity patterns [J]. GeografiskaAnnaler: Series B, Human Geography, 86（4）: 267-280.

Lan Z M, Feng J, 2010. The time allocation and spatio-temporal structure of the activities of migrants in 'village in city': surveys in five 'villages in city' in Beijing[J]. Geographical Research, 29(6): 1092-1104.

Lee K, Hong S, Kim S J, et al, 2009. Slaw: a new mobility model for human walks[C]. Brazil, Rio de Janeiro: International Conference on Computer Communications (INFOCOM 2009) IEEE, 855-863.

Leslie T F, 2010.Identification and differentiation of urban centers in Phoenix through a multi-criteria kernel-density approach[J]. International Regional Science Review, 33(2): 205-235.

Li W, McQueen R J, 2008. Barriers to mobile commerce adoption: an nalysis framework for a country-level perspective[J]. International Journal of Mobile Communications, 6(2): 231-257.

Li Q Q, Zhang T, Wang H D, et al, 2011. Dynamic accessibility mapping using floating car data: a network-constrained density estimation approach[J]. Journal of Transport Geography, 19: 379-393.

Li X, Ma X J, Wang C X, et al, 2009. Data mining method for exploring spatio-temporal behavior sequence patterns of urban residents[J]. Geography and Geo-Information Science, 25(2): 10-14.

Liu C C, 2010. Measuring and prioritizing value of mobile phone usage[J]. International Journal of Mobile Communications, 8(1): 41-52.

Liu H X, Danczyk A, Brewer R, et al, 2008. Evaluation of cell phone traffic data in Minnesota[J]. Transportation Research Record(1): 1-7.

Liu Y T, 2005. The social space of urban poverty in transitional urban China[M]. Beijing: Science Press.

Liu Y, Kang C G, Gao S, et al, 2012. Understanding intra-urban trip patterns from taxi trajectory data[J]. Journal of Geographical Systems, 14(4): 463-483.

Liu Z L, Wang M J, 2011. Job accessibility and its impacts on commuting time of urban residents in Beijing: from a spatial mismatch perspective[J]. Acta Geographica Sinica, 66(4): 457-467.

Liu Z L, Zhang Y, Chai Y W, 2009. Home-work separation in the context of institutional and spatial transformation in urban China: evidence from Beijing household survey data[J]. Urban Studies, 16(9): 110-117.

Long Y, Zhang Y, Cui C Y, 2012. Identifying commuting pattern of Beijing using bus smart card data[J]. Acta Geographica Sinica, 67(10): 1339-1352.

Lösch A. 1940. Die räumliche Ordnung der Wirtschaft[M]. Jena: Gustav Fischer.

Louail T, Lenormand M, Ros O G C, et al, 2014.From mobile phone data to the spatial structure of cities[J]. Scientific Reports, 4: 5276.

Lovell D J, 2001.Accuracy of speed measurements from cellular phone vehicle location systems[J]. Journal of Intelligent Transportation System, 6(4): 303-325.

Lu H P, Wang J F, Zhang Y B, 2009. Models and application of transport accessibility in urban transport planning[J]. Journal of Tsinghua University (Science & Technology), 49(6): 765-769.

Lüscher P, Weibel R, 2013. Exploiting empirical knowledge for automatic delineation of city centres from large-scale topographic databases[J]. Computers, Environment and Urban Systems, 37:

18-34.

Ma J, Chai Y W, Liu Z L, 2011. The mechanism of CO_2 emissions from urban transport based on individuals' travel behavior in Beijing[J]. Acta Geographica Sinica, 66(8): 1023-1032.

McMillen D P, McDonald J F, 1998.Suburban sub centers and employment density in metropolitan Chicago[J]. Journal of Urban Economics, 43(2): 157-180.

Miller H J, 1991. Modeling accessibility using space-time prism concepts within geographic information systems[J]. International Journal of Geographical Information Systems, 5:287-301.

Miller H J, 2004. Activities in space and time[J]. Handbook of Transport Geography and Spatial Systems, 5: 647-660.

Mills E S, 1967.An aggregative model of resource allocation in a metropolitan area[J]. The American Economic Review, 57(2): 197-210.

Mills E S, 1972.Studies in the structure of the urban economy[J]. Economic Journal, 6(2): 151.

Murphy R E, Vance J E, 1954. A comparative study of nine central business districts[J]. Economic Geography, 30(4): 301-336.

Murphy R E, Vance J E, 1954. Delimiting the CBD[J]. Economic Geography, 30(3): 189-222.

Muth R F,1969. Cities and housing: The spatial pattern of urban residential land use[M]. Chicago and London: The University of Chicago Press.

Nickerson R C, Isaac H, Mak B, 2008.A multi-national study of attitudes about mobile phone use in social settings[J]. International Journal of Mobile Communications, 6(5): 541-563.

Nie J, Bai Y, Sun K, et al, 2008.A fractal study on the structure of urban system in Hongsanjiao area[J]. Resources and Environment in the Yangtze Basin, 5: 002.

Ohmori N, Nakazato M, Harata N, 2005.GPS mobile phone-based activity diary survey[C]. Tokyo: Proceedings of the Eastern Asia Society for Transportation Studies, 1104-1115.

Park R E, Burgess E W, McKenzie R D, 1925.The City Chicago[M]. Chicago: The University of Chicago Press.

Parzen E, 1962.On estimation of a probability density function and mode[J]. The annals of mathematical statistics, 33(3): 1065-1076.

Phithakkitnukoon S, Dantu R, 2010. Mobile social closeness and similarity in calling patterns[C]. USA, Las Vegas: IEEE Conference on Consumer Communications & Networking Conference (CCNC 2010) Special Session on Social Networking (Soc-Nets).

Phithakkitnukoon S, Dantu R, 2011. Mobile social group sizes and scaling ratio[J]. AI & Society, 26(1): 71-85.

Pooley C, Whyatt D, Walker M, et al, 2010.Understanding the school journey: integrating data on travel and environment[J]. Environment and Planning A, 42(4): 948.

Pulselli R M, Romano P, Ratti C, et al, 2008.Computing urban mobile landscapes through monitoring population density based on cellphone chatting[J]. International Journal of Design and Nature and Ecodynamics, 3(2): 121-134.

Ratti C, Williams S, Frenchman D, et al, 2006. Mobile landscapes: using location data from cell phones for urban analysis[J]. Environment and Planning B: Planning and Design, 33（5）: 727.

Murphy R E, 1972.The central business district: a study in urban geography [M]. Chicago: Aldine-Atherton.

Reades J, Calabrese F, Sevtsuk A, et al, 2007. Cellular census: explorations in urban data collection [J]. IEEE Pervasive Computing, 6（3）: 30-38.

Redfearn C L, 2007.The topography of metropolitan employment: identifying centers of employment in a polycentric urban area[J]. Journal of urban economics, 61（3）: 519-541.

Rosenblatt M, 1956.Remarks on some nonparametric estimates of a density function[J]. The Annals of Mathematical Statistics, 832-837.

Sassen S, 2005.The global city: New York, London, Tokyo[J]. The Global History Reader, New York: Routledge, 116-124.

Schlaich J, Ottersttter T, Friedrich M, et al, 2010.Generating trajectories from mobile Phone data [C]. New York: Proceedings of the 89th Annual Meeting Compendium of Papers, Transportation Research Board of the National Academies, 17-24.

Small K A, Song S, 1994. Population and employment densities: structure and change[J]. Journal of Urban Economics, 36（3）: 292-313.

Song C, Qu Z, Blumm N, et al, 2010.Limits of predictability in human mobility[J]. Science, 327（5968）: 1018-1021.

Taubenböck H, Klotz M, Wurm M, et al, 2013.Delineation of central business districts in mega city regions using remotely sensed data[J]. Remote Sensing of Environment, 136: 386-401.

Thünen J H, Wartenberg C M, Hall P, 1966. Von Thünen's isolated state[M]. Oxford: Pergamon Press.

Tian Y Y, Zhang Y K, 2010. Function, scale and level investigation of multicentre developmental patterns of megacities[J]. International Conference on Optimization Design.

Tinbergen J, 1967. Matematicheskie modeli ëkonomicheskogo rosta: Perevods angliĭskogo [M]. Amsterdam:Economics.

Turner M, Love S, Howell M, 2008. Understanding emotions experienced when using a mobile phone in public: the social usability of mobile（cellular）telephones[J]. Telematics and Informatics, 25（3）: 201-215.

Westerman M, Litjens R, Linnartz J P, 1996.Integration of probe vehicle and induction loop data: estimation of travel times and automatic incident detection[J]. California Partners for Advanced Transit and Highways（PATH）, 13:1-118.

Woelfer J P, Iverson A, Hendry D G, et al, 2011. Improving the safety of homeless young people with mobile phones: values, form and function[C]. Vancouver: Proceedings of the SIGCHI Conference on Human Factors in Computing Systems. ACM, 1707-1716.

彩图附录

2010 年边界及用地　　　　2013 年边界及用地　　　　2015 年边界及用地

图 2.7　多位学者及本研究使用公共服务设施指数法对人民广场中心区的边界界定
* 资料来源：2010 年、2013 年中心区边界为杨俊宴（2013）、胡昕宇（2015）界定结果，2015 年中心区边界为本研究界定结果

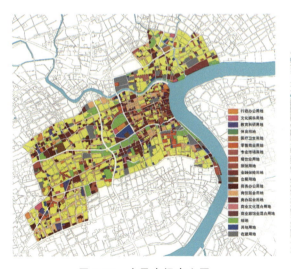

图 2.11　人民广场中心区
　* 资料来源：作者绘制

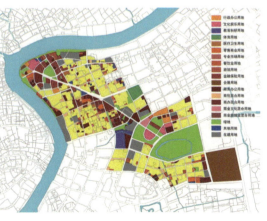

图 2.12　陆家嘴中心区
　* 资料来源：作者绘制

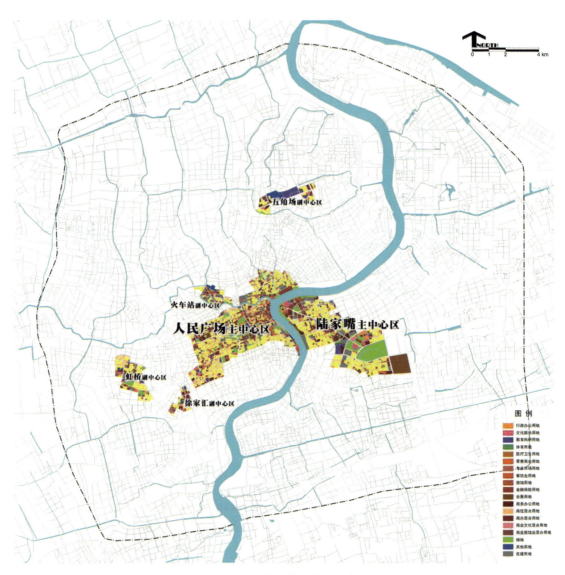

图 2.10 上海城市中心体系土地利用
* 资料来源：作者绘制

彩图附录 215

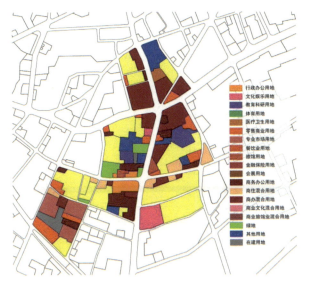

图 2.13　徐家汇中心区
*资料来源：作者绘制

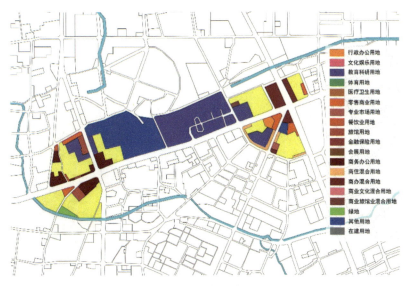

图 2.14　五角场中心区
*资料来源：作者绘制

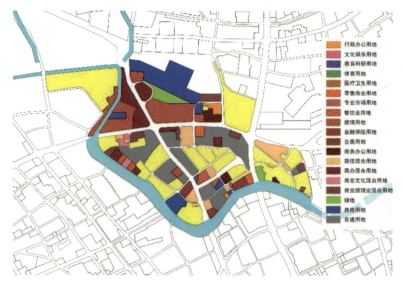

图 2.15　火车站中心区
*资料来源：作者绘制

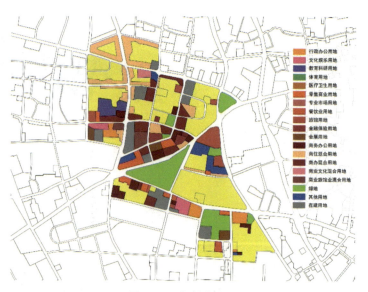

图 2.16　虹桥中心区
*资料来源：作者绘制

图 2.42　上海中心体系全局集成度
＊资料来源：作者绘制

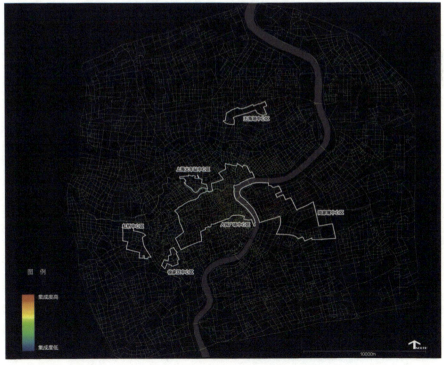

图 2.43　上海中心体系局部集成度
＊资料来源：作者绘制

图 2.46　上海主中心区内轴线全局集成度分布
*资料来源：作者绘制

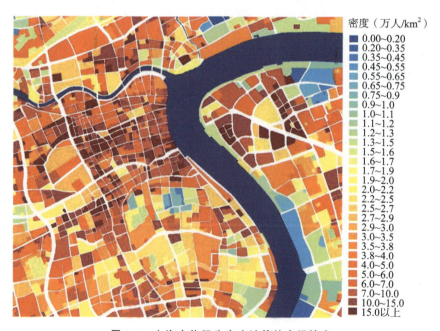

图 3.4　上海个体行为密度计算的空间精度
*资料来源：作者绘制

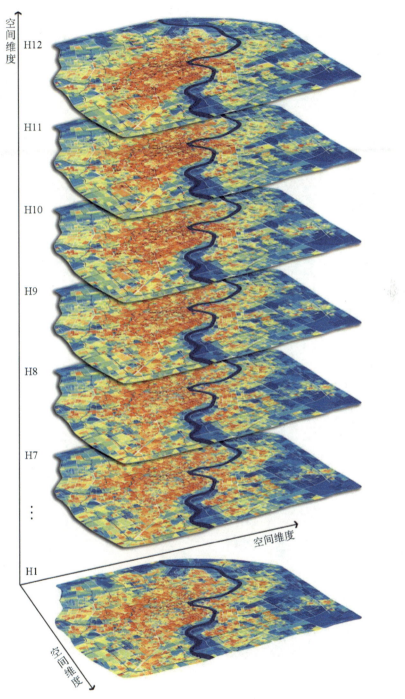

图 3.5　上海个体行为密度计算的时间精度
* 资料来源：作者绘制

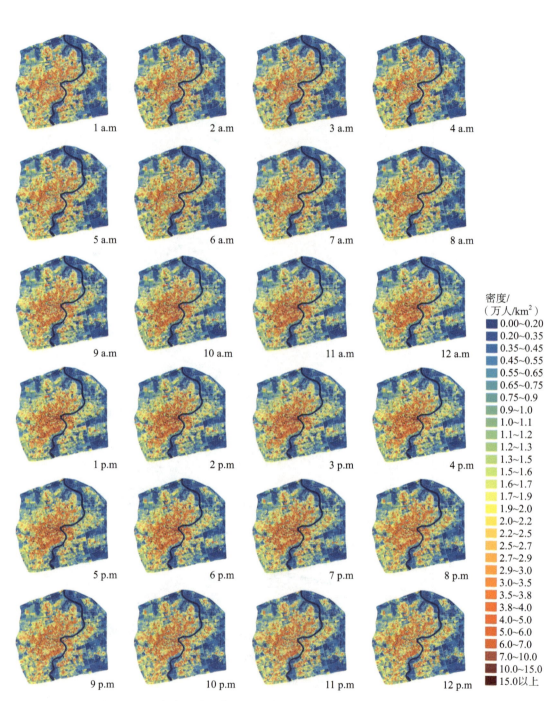

图 3.6 上海中心城区范围秋季某工作日手机用户行为密度分布图
＊资料来源：作者绘制

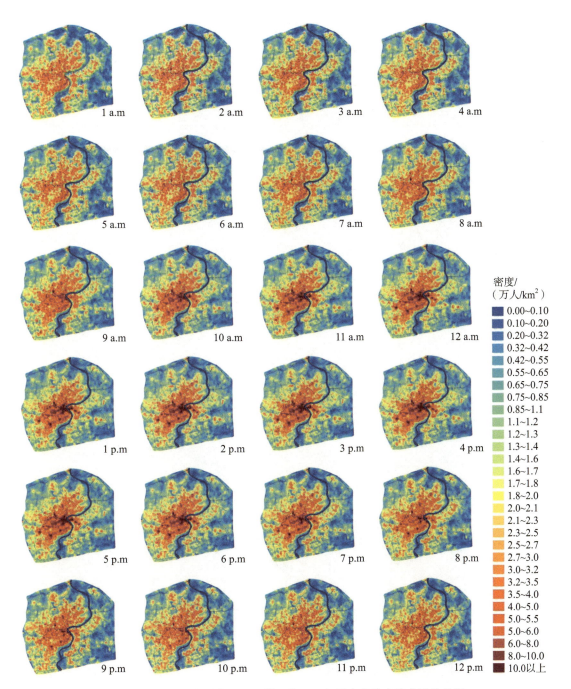

图 3.7 上海中心城区范围秋季某工作日手机用户行为密度分区趋势图

* 资料来源：作者绘制

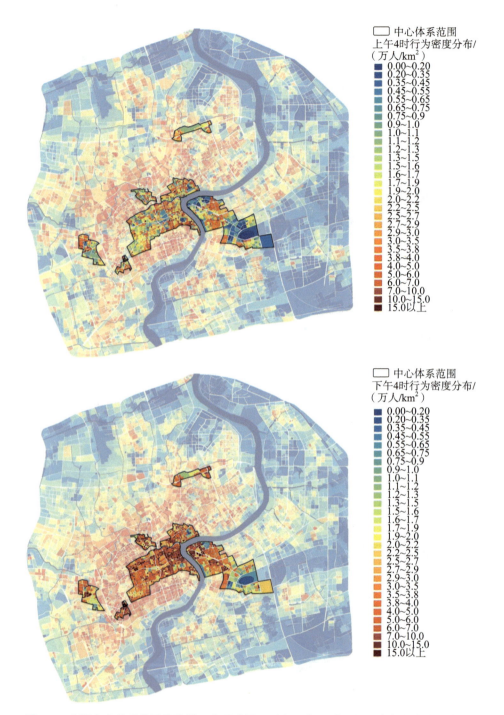

图 3.8 上海中心体系范围秋季某工作日凌晨 4 时与下午 4 时手机用户行为密度分布图
*资料来源：作者绘制

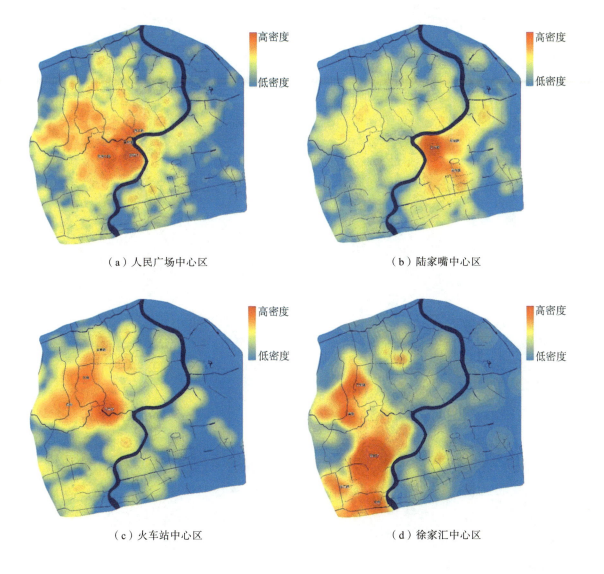

(a) 人民广场中心区　　　　　　　　(b) 陆家嘴中心区

(c) 火车站中心区　　　　　　　　(d) 徐家汇中心区

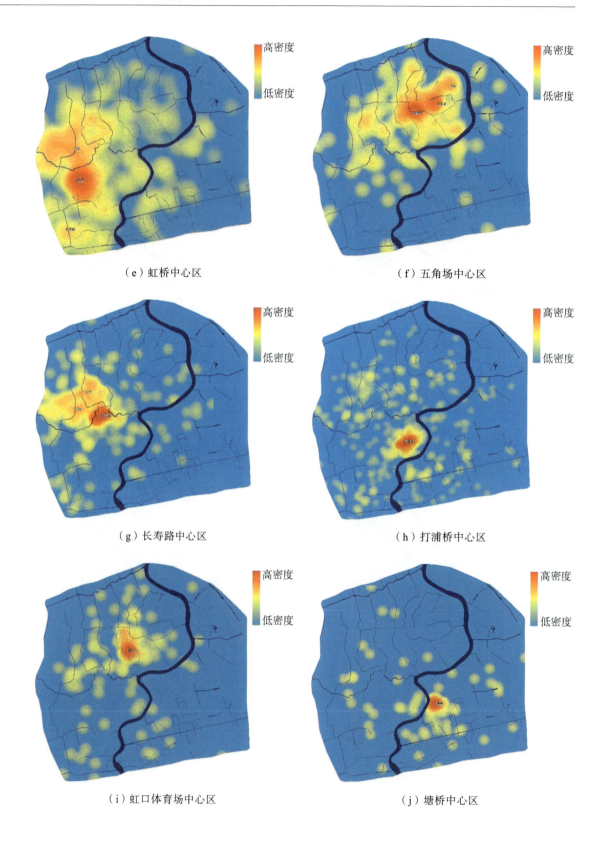

(e) 虹桥中心区　　(f) 五角场中心区

(g) 长寿路中心区　　(h) 打浦桥中心区

(i) 虹口体育场中心区　　(j) 塘桥中心区

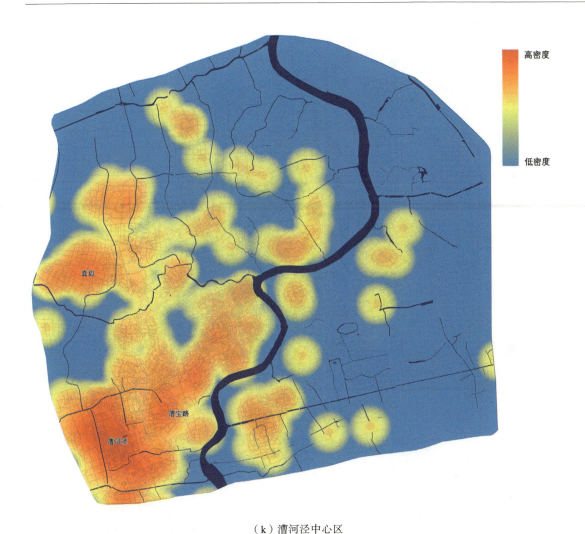

(k) 漕河泾中心区

图 5.34 上海中心体系各中心区使用者的居住地密度

*资料来源：作者绘制

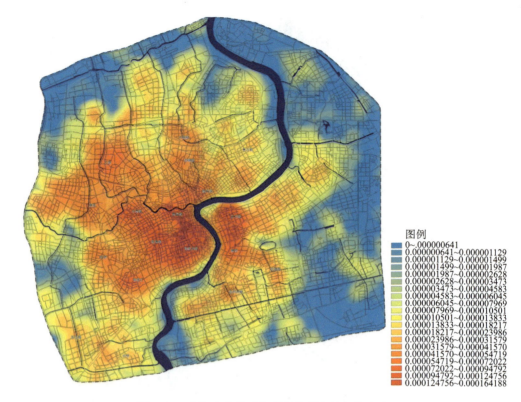

图 5.35　上海中心体系使用者的居住地总体密度
*资料来源：作者绘制

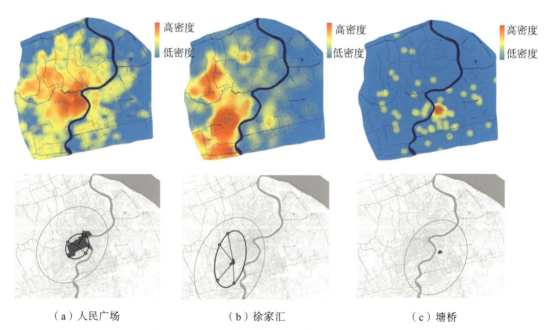

（a）人民广场　　　　　　　（b）徐家汇　　　　　　　（c）塘桥

图 6.12　不同类型中心区活动人群的夜间分布
*资料来源：作者绘制